CPTPP 국민보고서

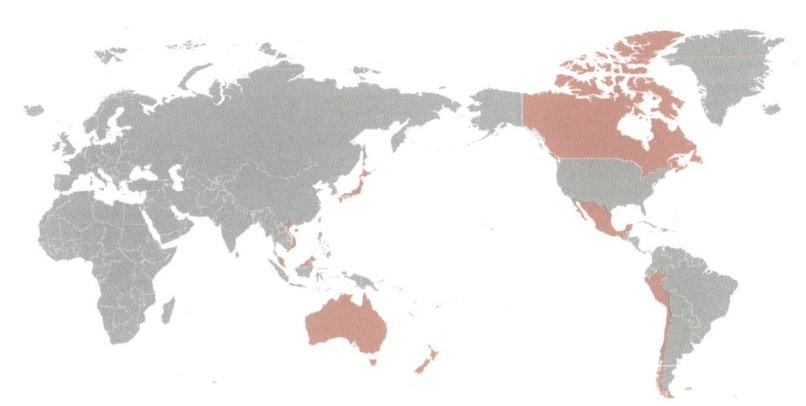

CPTPP 국민보고서
(포괄적·점진적 환태평양경제동반자협정)

- 정부보고서의 거짓 환상을 파헤친다

CPTPP 국민검증단 전문가위원 지음

차 례

발간사 박석운 _ 한국진보연대 대표 6

인사말 하원오 _ 전국농민회총연맹 의장 16
양옥희 _ 전국여성농민회총연합 회장 18
양경수 _ 전국민주노동조합총연맹 위원장 20
주해군 _ 전국어민회총연맹 중앙회장 22
윤미향 _ 국회의원 24
윤희숙 _ 진보당 상임대표 27

1. CPTPP의 거시경제적 영향 31
   나원준 _ 경북대학교 교수, 경제학

2. CPTPP, IPEF 협상과 상품제조업부문 영향과 분석 101
   백일 _ 울산과학대학교 교수

3. CPTPP 수산업 영향과 협상의 쟁점 131
   백일 _ 울산과학대학교 교수

4. CPTPP, 한국농업에 미칠 영향 151
   이수미 _ 농업농민정책연구소 녀름 연구기획팀장

5. CPTPP와 통상조약절차법 215
   김종우 _ 변호사, 민변 국제통상위원회

6. 한일 역사정의와 평화 그리고 CPTPP 가입저지 운동 229
   주제준 _ CPTPP 가입저지 및 식량주권 사수 범국민운동본부 정책팀장

보론. 한국으로 쓰러진 FTA, 한미 FTA 10년을 평가한다 274
   송기호 _ 변호사

엮은이의 글. 글을 마무리 하며 291
   주제준 _ CPTPP 가입저지 및 식량주권 사수 범국민운동본부 정책팀장

발간사

CPTPP 국민보고서, 한미 FTA 이후 15년 만에 또다시 통상협정 문제점 분석해

박석운 한국진보연대 대표

미국 정부가 자국 내 제조업의 대폭 확충과 고용기반의 확대를 꾀하는 반도체법(CHIPS and Science Act), 인플레이션 방지법(Inflation Reduction Act) 등 신중상주의적 정책과 신보호주의적 정책을 아예 내놓고 추진하고 있습니다. 종전까지 미국 정부가 내세우던 신자유주의적 통상정책이 새로운 국면으로 진화하고 있는 셈입니다. 미국이 세계무역기구(WTO)와 국제통화기금(IMF), 세계개발은행(IBRD)을 중심으로 한 자유주의적 통상질서를, 한미 FTA를 시작으로 한 양자 간 또는 중소다자 간 자유무역협정 중심으로 진화시킨 이래, 이번에 또다시 자국 내 고용기반 강화를 목표로 한 새로운 통상정책 방향을 추진하고 있는 것입니다. 정책변화의 주요 배경은 과거 압도적인 미국의 경제패권이 대폭 약화 돼가는 상황을 변화시켜, 자국에 유리한 방식으로 경제패권을 계속 유지·강화해보려는 정책적 노력으로 볼 수 있습니다. 이렇게 미국의 경제패권 추구전략이 바뀌고 있는데도, 한국의 통상관료들은 자유무역협정의 원조 격인 미국에서는 이미 '흘러가고 있는 옛노래'가 되어 버린 자유무역협정을 마냥 확대 재생산하려는 기존의 통상정책과 경제정책을 관성적으로 추진하고 있습니다. 그 대표적인 사례가 '포괄적·점진적 환태평양경제동반자협정(CPTPP)' 가입 추진 정책방향이라 할 수 있습니다. 실로 우둔한 통상정책 방향입니다.

한국은 최초로 2004년 4월에 한칠레 자유무역협정(FTA)을 체결한 이래, 2007년 4월에는 한미 FTA 협상을 타결시켰고, 이후 한EU FTA와 한중 FTA, 그리고 역내포괄적경제동반자협정(RCEP) 등을 연이어 체결하면서, 2021년 말까지 총 18건의 자유무역협정을 발효시켜서 58개국과 FTA를 체결한 상태에 있습니다. 이후 서명되었거나 타결된 상태인 4건의 FTA까지 포함시키면 모두 22건에 총 61개국과 이미 FTA를 맺고 있는 상태입니다.

이른바 '촛불정부'에서도 한국 통상관료들은 '글로벌 FTA 허브국가'라고 자임하면서 거의 '묻지마' 수준의 관성으로 FTA를 추진해 왔는데, 문재인 정권 말기인 2021년 12월 대외경제관계장관회의에서 CPTPP 가입을 추진하겠다고 결정했습니다. 이후 제대로 된 공론화 과정이나 이해당사자와의 소통, 의견수렴 과정도 거의 거치지 않은 채, 대선 이후 정권교체기인 2022년 4월 15일 대외경제관계장관회의에서 CPTPP 가입추진계획을 졸속으로 의결했습니다. 당시 정부는 정권교체기라는 어수선한 분위기를 틈타 국회 소관 상임위인 산업통상자원중소벤처위원회에 보고와 의결까지 완료하려고 서둘렀습니다. 그러나 그 무렵 농어민들의 대규모 반대 시위에 자극받은 탓인지, 다행스럽게도 국회 상임위에서 제동이 걸려 현재까지 CPTPP 가입추진계획 보고가 마무리되지 못한 상태입니다.

미국이 빠진 채 일본을 중심으로 출범해 있는 CPTPP에 미국이 추가 가입할 가능성이 별로 없는 상황임은 분명해 보입니다. 그 대신 미국은 조 바이든 대통령이 제안하고 2022년 5월에 15개국이 참가한 가운데 출범시킨 '인도·태평양경제프레임워크(IPEF)'를 중심으로 통상정책을 추진하고 있습니다. 한국도 미국, 일본과 함께 IPEF에 참여하고 있는데, 여러 상황을 종합해 보면, 향후 미국이 주도하는 중국 견제용 아태지역 정치·경제 네트워크는 때마침 출범한 IPEF를 중심으로 구축 추진되고, 반면에 CPTPP 가입 추진은 뒷전으로 밀려나는 듯한 상황이 전개되었습니다.

그런 상황에서 2022년 5월 10일 윤석열 정권이 출범했습니다. 윤석열 정권은 CPTPP 가입을 110대 국정과제에 포함시켰습니다. 불씨가 꺼지지 않은 것이 확인된 셈입니다.

그 이후 2022년 8월에는 산업통상자원부 장관이 "국회 보고 일정이 아직 잡히지 않았다"고 국회에서 답변하는 등 CPTPP 가입 협상이 미뤄지는 것 같은 분위기가 조성되기도 했습니다. 하지만 2022년 12월 28일 정부가 발표한 「자유, 평화, 번영의 인도-태평양 전략」에서는 CPTPP 논의에 참여할 것임을 다시금 공언하고 있습니다.

"개방적 자유무역을 지향하는 대한민국은 인도-태평양 경제프레임워크(IPEF) 출범에 참여하였으며 IPEF가 인태 지역의 실질적인 경제 협력체로 발전해 나가도록 주요국들과 긴밀히 협력할 것이다. 또한, 역내 새로운 경제·통상 질서 논의에도 선도적으로 참여할 예정이다. 역내포괄적경제동반자협정(RCEP)과 포괄적·점진적 환태평양경제동반자협정(CPTPP) 논의에 참여하고 신규 무역협정을 체결함으로써, 자유무역을 증진하고 보호주의에 대응하고자 한다."

2021년 12월 문재인 정권에서 CPTPP 가입 추진을 발표했을 때, 관련 전문가들은 한국이 일본과 멕시코를 제외한 CPTPP 기존 가입국들과 이미 자유무역협정을 맺고 있어서, CPTPP 가입 추진은 사실상 한일 FTA를 추진하는 의미를 갖는다고 분석했습니다. 한일 FTA는 노무현 정권 시절에 추진하다가 2006년에 여러 가지 심각한 부작용이 우려되어 최종 결렬되었던 경험이 있습니다(RCEP에 한국과 일본이 함께 참여하고 있기 때문에 한일 간에도 자유무역협정이 체결된 셈이라는 평가도 있지만, 그 의미가 다소 다른 것으로 보입니다). 그런데 그 이후 별다른 사정변경 상황이 생기지도 않았는데, 새삼스레 이 시점에서 사실상 한일 FTA 추진 의미를 갖는 CPTPP 가입을 추진하는 이유는 무엇일까? 특별한 다른 목적이 있는 것은 아닐까? 의문을 표하기도 했습니다.

한편 CPTPP에 새로 가입하는 국가는 기존 가입국들의 만장일치 동의를 받도록 돼 있는 조건에 비춰 보면, 기존 가입국과의 양자협상을 통해 일일이 동의를 받아야 하는 상황입니다. 이 과정에서 기존 가입국 모두에게 각각 농산물과 수산물의 추가 개방을 맞춤형으로 해 줄 수밖에 없는 상황에 빠질 것이 우려됐습니다. CPTPP 가입 협상을 하는 과정에서 농산물과 수산물을 추가 개방하면, 가뜩이나 빈사상태에 빠져 있는 한국 농업과 수산업은 더욱더 결정적인 치명타를 받게 된다는 상황인식이 공유되었습니다.

문재인 정권 말기에 졸속으로 CPTPP가 추진되는 상황을 접하고 충격을 받은 농민과 어민들은 2022년 4월에 CPTPP

가입저지 전국농어민대회 등 대규모 집회를 열고 적극적인 반대투쟁을 시작했습니다. 농민운동 단체들은 우루과이라운드 투쟁이나, 한칠레 FTA나 한미 FTA 반대 투쟁 당시부터 개방농정이나 자유무역협정에 대한 반대투쟁을 경험했기 때문에 초기부터 적극적인 투쟁 태세를 갖출 수 있었습니다. 거기에 더해 어민들이 전국적인 조직을 갖추고 CPTPP 반대 투쟁에 나선 것은 특기할만한 사항이었습니다.

그리고 농민과 어민들을 비롯한 민중, 시민사회운동단체들과 식품안전운동단체들은 몇 차례 간담회를 개최하면서 CPTPP 가입 추진의 심각성을 공유했습니다. 식량주권 관련 문제나 농어민의 생존권 관련 문제 이외에도 CPTPP 가입을 위한 일본과의 양자 협상 과정에서 최근 한일 간에 심각한 현안 문제로 대두되고 있는 후쿠시마 인근 8개 현 농축수산물 수입 개방 문제나 후쿠시마 방사선 오염수 방류 문제, 그리고 일본군 성노예 문제나 강제동원 노동자 문제 등 한일 간의 역사정의 관련 문제를 훼손시킬 수 있다는 위험이 공유됐습니다. 그래서 식품안전 과제와 역사정의 과제까지 포함하는 국민대책위인 CPTPP가입저지 범국민운동본부를 2022년 5월 출범시키고 활동을 시작했습니다.

한편, '포괄적·점진적 환태평양경제동반자협정(CPTPP)'이라는 명칭 자체가 너무 전문적이고 복잡한 내용이어서 일반 국민들은 물론이고 언론관계자나 사회여론 주도층들조차 어떤 문제점이 있는지 잘 알지 못하는 상황이었습니다. 정부에서는 묻지마 방식으로 추진하고 있는데 당사자인 농민, 어민은 물론 주권자인 국민들이 구체적인 문제점을 잘 모르는 상황에서 제대로 된 공론화 과정이나 심층적 검토 없이 덜컥 가입협상이 타결되어 버리고 나면, 결코 돌이킬 수 없는 엄청난 상황이 초래될 수도 있다는 위험이 예상됐습니다.

그래서 자유무역협정이나 통상협정 관련 전문가들과 'CPTPP 국민검증단 전문가위원회'를 구성하게 됐습니다. 한미 FTA 저지투쟁 당시 함께 했던 수많은 전문가들 중에 이 연구를 맡아 줄 수 있는 분들이 태부족한 상황이었습니다. 한미 FTA 투쟁 이후 15년이 지나는 사이에 한미 FTA 투쟁 당시 맹활약을 했던, 박상표 선생과 남희섭 선생께서는 이미 고인이 됐고, 정태인 선생도 병상에 계신 상황이었습니다(정태인 선생은 2022년 10월에 작고). 그래도 전문가연구단에서는 비록 어려운 여건이지만 CPTPP 관련 국민보고서 발간을 준비하기로 했고, 중간 연구보고를 위해 국회에서 토론회도 개최했습니다.

이 〈CPTPP 국민보고서〉의 구성은 다음과 같습니다.

먼저 'CPTPP의 거시경제적 영향' 부문은 나원준 교수께서 집필해 주셨습니다. 결코 쉽지 않은 주제 영역인데도 짧은 시간에 방대한 내용을 섭렵해서 일반인들도 알기 쉽게 잘 정리해 주셨습니다. 어떤 의미에서는 놀라운 수준의 괴력을 보여주신 셈입니다. 두 번째로 'CPTPP의 상품, 제조업에의 영향' 부문은 백일 교수께서 집필해 주셨습니다. 백 교수는 15년 전 한미 FTA 투쟁 당시부터 주전 전문가로 활약했고, 어떤 의미에서는 자유무역협정 상품·제조업에의 영향 관련해서 국내 최고의 전문가로 통하는 분입니다. 세 번째인 'CPTPP의 수산업에의 영향' 부문은 전문가 분을 여러 방면으로 물색해 봤지만, 끝내 찾지 못했습니다. 비판적 관점에서 국내 수산업 관련 연구를 정부로부터 독립적으로 수행할 전문가를 찾지 못한 것입니다. 결국 궁여지책으로 상품·제조업에의 영향과 관련한 전문가이신 백일 교수께서 이 부문도 함께 살펴보고 해당 부문을 집필해 주시게 됐습니다. 네 번째인 농업에 미칠 영향 부문은 독립적 전문 연구기관인 농업농민정책연구소 녀름의 집단적 검토와 논의 결과를 이수미 연구기획팀장께서 대표 집필했습니다. 농업 부문은 녀름과 같은 역량을 갖춘 독립적 전문 연구기관이 계속 유지·운영되고 있어서 그나마 큰 다행이라는 점이 이번 전문가연구단 과정에서 확인된 셈입니다. 다섯 번째로 'CPTPP와 통상조약절차법' 관련 부문은 김종우 변호사께서 집필해 주셨습니다. 김종우 변호사는 민주사회를위한변호사모임(민변) 통상위원회 위원장을 역임한 전문가입니다. 여섯 번째로 '한일 역사정의와 평화 그리고 CPTPP 가입저지운동' 부문은 주제준 범국민운동본부 정책기획팀장(한국진보연대 정책위원장)께서 집필해 주셨습니다. 주 위원장은 일찍이 한칠레 FTA 저지 운동을 할 때부터 한미 FTA를 거쳐 이번 CPTPP 가입저지 투쟁 때까지 시종일관 온갖 종류의 마른 일이나 궂은일 가리지 않고 투쟁에 필요한 일들을 주도적으로 맡아온 분입니다. 특히 '한일역사정의평화연대'의 공동운영위원장으로도 역할을 하고 있어서 맞춤한 내용의 보고서를 집필해 줄 수 있었습니다. 마지막으로 보론인 '한미 FTA 10년 평가' 부문은 송기호 변호사께서 집필해 주셨습니다. 송기호 변호사는 민변 통상위원회 초대 위원장으로 활동하면서 한미 FTA 투쟁 당시부터 각종 통상협정과 관련해 구체적 내용까지 촘촘하게 분석하고 각종 문제점을 공론화시키고 있는 전문가이신데, 이 글을 통해 한미 FTA 발효 10년에 즈음하여 정부 통상관료들이나 관변 전문가들이 거의 묻지마 방식으로 찬양 일변도의 평가를 내놓는 경향을 극복하고 실사구시적인 평가가 필요함을 확인시키고 있습니다.

한편으로는 이 국민보고서를 준비하면서 통상협정 내의 위생·검역 관련 부문을 집필할 전문가는 결국 물색하지 못했습니다. 가뜩이나 관련 연구자의 인적 풀(POOL)이 얕은 상황에서 신진 연구자의 발굴도 제대로 이뤄지지 않은 탓도 있는 것으로 파악됐습니다. 별 수 없이 이 국민보고서에서는 농업 부문의 집필 내용에 관련 내용을 일부라도 포함시키는 방식으로 떼운 셈이 됐습니다. 또한 이 국민보고서를 기획할 당시에는 방사선 위험 등 환경위험 관련 내용도 포함되는 게 좋겠다는 의견도 있었으나, 집필자를 물색할 수 없었습니다. 이 부문도 주제준 위원장의 집필 내용에 관련 내용을 일부 포함시키는 수준에 그치게 됐습니다.

이 국민보고서의 발간을 통해 한미 FTA 관련한 국민보고서의 맥을 거의 15년 만에 잇게 된 셈입니다. 그사이 뜸했던 신자유주의 세계화의 대안적 담론과 관련된 독립적인 전문가 네트워크가 새로 활동할 수 있는 기반이 최소한의 규모로라도 형성됐습니다. 관련 전문가들의 활발한 후속 연구작업을 기대해 봅니다.

마지막으로 이 국민보고서는 전국농민회총연맹과 전국여성농민회총연합 등이 참여한 '국민과함께하는농민의길'의 열정과 헌신으로 비로소 빛을 볼 수 있게 됐습니다. 농민의 길에 참여하고 있는 각 농민단체 지도부에 각별한 감사의 인사를 드립니다.

인사말

UR·FTA 그리고 CPTPP, 농민 수탈역사 끝장내야

하원오 전국농민회총연맹 의장

지난 30년 동안 세계를 지배해 왔던 자유무역의 시대는 끝났습니다. 코로나19 등 감염병이 주기적으로 확산되고 국제정세가 불안정해지면서, 소위 농업선진국들은 농산물 수출을 축소하며 자국 식량을 지키는 데 집중하고 있습니다. 반면에 식량을 수입에 의존하던 국가들은 새로운 방식의 식량위기를 겪고 있습니다. '자유무역'이라는 미명 아래 가려져 있던 '기울어진 운동장'이 적나라하게 드러나고 있는 것입니다.

그러나 우리 정부는 이 자유무역의 끝자락을 붙잡고 계속해서 개방만을 외치고 있습니다. 하다하다 이제는 완전히 개방해 버리겠다고 합니다. 농업관세철폐율이 100%에 육박하는 '포괄적·점진적 환태평양경제동반자협정(CPTPP)'에 가입하겠다 선언한 것입니다.

막아내야 합니다. 더 이상 외세와 자본이 우리 농업의 뿌리를 뒤흔들게 내버려 두어서는 안 됩니다. 쌀, 과일, 채소 수입하고 대신에 자동차나 휴대전화 팔면 된다는 저들의 감언이설에 더 이상 속아서는 안 됩니다. UR에서 FTA로, 그리고 FTA를 다시 메가FTA인 CPTPP로 이름만 바꿔가며 우리 농민을 수탈해 온 역사를 더 이상 반복해서는 안 됩니다.

〈CPTPP 국민보고서〉는 CPTPP와 신자유주의 개방농정을 막아내고, 식량주권을 실현하는 우리의 무기가 되어줄 것입니다. 한 사람이 열 걸음을 걸어야만 했던 우리의 외로운 싸움은, 이 책을 통해 이제는 수많은 국민들과 함께 열 사람의 한 걸음으로 승리할 수 있게 될 것입니다. 저 또한 더 많은 이들과 함께하기 위해 제 역할을 다하겠습니다.

감사합니다.

인사말

국가책임 농정과 농민권리 보장으로
나가야 할 때

양옥희 전국여성농민회총연합 회장

　2022년 3월 25일 정부세종청사에서 산업통상자원부 주최로 열린 CPTPP 공청회에 배포된 농업분야 피해보고서는 단 두 페이지에 불과할 정도로 부실했습니다. 5월 초 CPTPP 가입저지 범국민운동본부를 꾸릴 당시만 해도 이를 연구한 학자를 찾기도 힘들었습니다. 다행히 나원준 경북대교수님, 백일 울산과학대교수님, 이수미 녀름 연구기획팀장님, 김종우 변호사님, 박석운 대표님, 주제준 정책팀장님이 함께 참여하여 CPTPP 국민검증단 전문가위원회를 꾸려 조사연구 끝에 2022년 9월 5일 국회에서 'CPTPP 가입이 우리에게 미치는 영향'이라는 주제로 발표회를 갖고, 대한민국의 재앙이 되는 CPTPP에 대해 국민에게 알려야 한다는 사명감으로 어려운 조건에서도 오늘 〈CPTPP 국민보고서〉를 출간하게 되었습니다. 애써주신 전문가분들께 감사의 인사를 드립니다. 또한, 오늘 이 보고서가 나오기까지 CPTPP 가입저지 범국민운동본부를 이끌어주신 박석운 한국진보연대 상임대표 및 주제준 정책팀장님의 노고가 없었다면 불가능했을 것입니다. 수고 많으셨습니다. 아울러 출간을 맡아주신 한국농정신문에도 무한한 신뢰와 찬사를 보냅니다.

대한민국 정부는 2004년 한·칠레 FTA 발효를 시작으로 현재까지 58개국과 18건의 FTA를 체결하면서, 수출지상주의에 빠져 대한민국의 농업을 희생양으로 삼아왔습니다. 그 결과 대한민국 농업은 벼랑 끝에 몰려있습니다. 기후위기, 식량위기가 현실화되고 있는 지금, 개방농정을 끝장내고 식량주권을 강화하지 않으면 안되는 상황에 왔습니다. 국가책임 농정과 농민권리 보장을 명시한 농민·농업·농촌 기본법 제정을 통해 대한민국 농업을 살리고자 농민들은 고군분투하고 있습니다. 그럼에도 불구하고 대한민국 정부는 고장난 기관차처럼 최소한의 국내농업 보호장치마저 걷어내려 하고 있습니다. CPTPP는 재앙입니다.

지금까지의 모든 통상협정은 식량수출국에만 유리하게 작동합니다. 한미 FTA 체결 당시 정부는 대한민국의 제조업에 날개를 단 것처럼 선전했습니다. 하지만, 최근 미국의 IRA법으로 자동차 수출업체가 타격을 받고 있는데도 한미 FTA 협정위반이다 제소조차 못하고 있습니다. 굴욕적인 한미관계를 극복하지 않고서는 통상협정은 약소국에 불리하게 작동한다는 것을 알아야 합니다. 대한민국 농업의 멸망을 불러오고, 제조업에도 아무런 혜택 없는 CPTPP 추진이 누구를 위한 것인지 보고서를 읽고 많은 국민들이 CPTPP를 저지하는데 함께 하기를 희망합니다.

다시 한번 애써주신 모든 분들께 감사의 인사를 드립니다.

인 사 말

CPTPP의 심각한 문제점 국민 모두에게 알려야

양경수 전국민주노동조합총연맹 위원장

정부의 CPTPP 협상은 졸속적이고 밀실 협상으로 추진되고 있습니다. 왜 CPTPP를 추진하려는 것인지 국민을 설득해야 하는데, 통상절차법이 정하는 산업별 영향평가도 제대로 공개하지 않은 채 일사천리로 강행처리 하고 있습니다.

그나마 다행스럽게 농민들의 투쟁으로 농어촌의 피해는 널리 알려져 있습니다. 기후위기와 코로나19로 인해 세계 각국이 식량주권과 먹거리안전, 농어업의 지속성을 지키기 위한 특단의 대책을 앞다투어 만들고 있는 것과는 대조적입니다. 식량자급률은 19%대까지 떨어지며 국민 먹거리를 생산하는 농어업은 기반부터 무너져 있고, 농축산물 개방률 96.4%, 수산물 개방률 100%를 요구하는 CPTPP는 이렇게 겨우겨우 버텨내고 있는 농어업을 근간까지 말살시켜 버릴 것입니다.

일본 정부는 한국 정부에 후쿠시마 주변 8개 현 수산물의 수입금지 조치를 철폐할 것을 강하게 요구해 왔고 2023년 4월부터는 오염수의 해상 방류를 계획하고 있는 것도 심각한 문제입니다.

CPTPP는 단순히 품목별 관세를 폐지하는 여느 FTA와는 다릅니다. 관세 폐지뿐 아니라 상품무역, 원산지, 위생검역(SPS), 기술무역장벽(TBT), 국영기업 등 다양한 분야를 규제하고 있습니다. 이것이 CPTPP의 심각성입니다.

CPTPP는 국영기업에 의한 경쟁 제한 행위를 규율하는 내용을 담고 있어서, 국영기업에 대한 정부의 지원이 금지되면 공공성이 심각하게 훼손될 것입니다. 결과적으로 민영화가 가속화할 것입니다. 그뿐만 아니라 제조업도 심각한 타격이 불가피합니다. 일본과 FTA를 맺는 것 이상의 효과가 날 것인데 정부는 수수방관하고 있습니다. 자동차산업과 핵심 부품산업은 심각한 타격을 받을 것입니다.

이러한 시기에 〈CPTPP 국민보고서〉가 나오는 것은 여간 다행한 일이 아닙니다. 이 책으로 CPTPP 문제점에 대해 국민이 알게 될 것으로 기대합니다.

인 사 말

정부는 CPTPP 가입 중단을 즉각 선언해야 한다

주해군 전국어민회총연맹 중앙회장

　우리 수산업은 이미 혹독한 환경입니다. 선원을 비롯한 어업인의 고령화, 어선의 노후화 등으로 수산업의 기반이 흔들리고 있습니다. 기후 위기와 재난재해, 수산자원 감소, 고유가까지 겹치며 미래는 더욱 어두운 상황입니다. 어업 종사자는 2020년 10만명 아래로 떨어졌고 전체 어촌 58%가 소멸 위험 지구로 분류되었습니다.

　그런 와중에 정부는 CPTPP 가입을 공식화했습니다. CPTPP 체결이 되면 지금까지 우리 어업을 지탱해준 면세유 공급, 각종 수산 금융, 정책자금 등 연간 3조원 특히 면세유 7,000억원 규모가 사라지거나 축소됩니다. 어려운 여건 속에서도 그나마 유지할 수 있는 안전망을 걷어내는 격이며 우리 어민들 99%는 사라지거나 몰살당합니다.

　정부는 해방 이후 단 한 번도 어민, 농민을 위한 국가 간 협정을 해 본 적이 없었습니다. 오로지 경제성장 대기업 수출만을 위해 우리 농어민을 희생양 삼아 협정하고 있습니다. 언제까지 우리 농어민은 희생을 감수하며 살아야 합니까. CPTPP 가입으로 대한민국 농어민을 몰살시켜야 속이 후련하시겠습니까.

CPTPP 가입은 농어민만의 문제가 아닙니다. 삼면이 바다인 대한민국에서 어민이 사라진 후 건강한 수산물 공급은 누가 책임집니까. 수입 수산물이 식탁을 점령하여 채워질 것입니다. 우리의 삶에 먹거리는 더 저렴하다는 이유로 수입에 의존하면 식량주권은 무너지고 말 것입니다. 식량주권이 붕괴되면 더 비싸게 구입해야 될 상황으로 바뀔 것입니다. 한번 무너진 식량주권을 다시 복원시킨다는 것이 말처럼 쉬운 일인가요.

바다에서 땀 흘려 열심히 일하는 우리 어민들이 무슨 죄란 말입니까. 대한민국 정부는 지방, 어촌 소멸 시대 어민과 어촌을 버리는 정책을 지속할 것인지 아니면 어업과 어촌에 대한 국가적인 대책을 마련하여 다가올 식량 위기에 대비해야 하는지 분명히 답해야 합니다.

정부는 지금이라도 식량주권과 농어민의 생존권과 국민 건강권을 위협하는 CPTPP 가입 중단을 선언하고, 국민들의 목소리를 들어야 합니다. 또한 우리는 CPTPP 가입 후 수산업을 어떻게 지킬 것인가가 아닌 CPTPP 가입을 어떻게 막아내야 하는가를 고민해야 합니다. 그런 점에서 〈CPTPP 국민보고서〉 출간은 우리 어민들에게 큰 힘이 될 것입니다.

인 사 말

CPTPP, 경제효과는 과대평가 농수산업 현실은 무시

윤미향 국회의원

먼저 〈CPTPP 국민보고서〉 발간에 함께 하게 된 것을 매우 뜻깊게 생각합니다. 이번 보고서는 CPTPP 가입으로 농수산업 피해가 우려되는 상황에서 자유무역협정이 경제, 산업 등 우리 사회 각 분야에 미치는 영향을 분석하여, CPTPP가 몰고 올 폐해를 국민에게 알리기 위한 취지로 마련되었습니다. 보고서 발간을 위해 애써주신 전국농민회총연맹 하원오 의장님, 전국민중행동 박석운 대표님, 한국진보연대 김재하 상임대표님 그리고 한국농정신문을 비롯한 CPTPP 국민검증단 여러분께 깊은 감사와 격려의 말씀을 전합니다.

CPTPP는 회원국 간에 관세 및 비관세 장벽을 완화하는 자유무역협정으로 일본의 주도로 2018년 말에 시작되었습니다. 최근에는 TPP에서 CPTPP로 변화되는 과정에서 캐나다와 멕시코도 탈퇴하려는 움직임이 있어, CPTPP의 재구성 및 해체 등 변동 가능성도 제기되고 있는 상황입니다.

그간 CPTPP 가입에 따른 문제는 계속해서 지적되어 왔습니다. 수입 농산물 의존도 확대 등 농어민 피해부터 후쿠시마 농수산물 수입 예상으로 인한 국민 건강권 침해 문제까지, CPTPP는 단순히 농수산업계 생존권에서 더 나아가 국민의 먹거리 안전과 직결된 문제라는 점을 인식해야 합니다.

따라서 정부는 CPTPP 가입을 전제로 농수산업계 보호 대책 마련 등 사후관리 차원에서 접근하며 '준비'할 것이 아니라, CPTPP 가입의 파급효과 및 영향을 객관적으로 분석하고, 충분한 사회적 논의를 통해 근본적인 관점에서 '재검토' 해야 할 사안이라는 점을 강조하고 싶습니다.

뿐만 아니라 CPTPP 가입에 따른 경제성장 유발효과도 미미하다는 분석이 보고되고 있습니다. 대외경제정책연구원의 분석자료에 따르면, 한국이 CPTPP에 가입할 경우 경제성장에 미치는 효과는 GDP의 0.33~0.35%에 불과해 통계적으로 보면 사실상 0%라고 지적했습니다.

이러한 상황에서 CPTPP 가입을 강행하는 것은 국민 정서뿐만 아니라 국가 경제 측면에서도 부작용만 초래한다는 점을 정부는 인식해야 합니다. 저는 농림축산식품해양수산위원회 국회의원으로서 경제효과는 과대평가되고 농수산업 현실은 무시한 채 추진하는 정부의 CPTPP 가입에 대한 편향된 시각을 바로잡고, 국민적 동의 없는 CPTPP가 추진되지 않도록 끝까지 정부를 견제하며 입법부의 역할을 다하겠습니다.

아울러 국민 여러분께 CPTPP가 불러올 파급효과 및 영향에 대한 각계 전문가 분석이 담긴 〈CPTPP 국민보고서〉를 통해 CPTPP 등 국가의 올바른 통상외교 정책의 방향을 알리고, 더 나아가 한국 경제 및 농수산업계의 발전방안도 고민해 볼 수 있는 기회가 되기를 바랍니다.

다시 한번 〈CPTPP 국민보고서〉 발간을 위해 집필로 수고해 주신 CPTPP 국민검증단 나원준, 백일, 이수미, 김종우, 주제준, 송기호, 박석운 위원님을 비롯한 관계자 여러분께 감사드립니다. 지금 이 시간에도 일하고 계실 땅과 바다의 사람들, 농수산업 현장 노동자분들께 존경과 감사의 말씀을 드립니다. 고맙습니다.

인 사 말

CPTPP 국민보고서가 '식량주권' 씨앗으로 자라나길

윤희숙 진보당 상임대표

안녕하십니까, 진보당 상임대표 윤희숙입니다.

먼저 〈CPTPP 국민보고서〉가 나오기까지 'CPTPP가입저지 범국민 운동본부'를 이끌어주신 한국진보연대 박석운 상임대표님을 비롯한 집행 간부님들께 감사와 격려를 전합니다. 어려운 길임을 알면서도 함께 도움주신 나원준 경북대교수님, 백일 울산과학대교수님, 이수미 녀름 연구기획팀장님, 김종우 변호사님, 송기호 변호사님, 주제준 팀장님께도 감사를 전합니다.

농민들에게 2022년 상반기는 CPTPP(포괄적·점진적 환태평양경제동반자협정)투쟁을 여는 시기였습니다. 농민들의 거센 반대에도 불구하고 열렸던 CPTPP공청회(산업통상자원부 주최)에는 농업분야 피해보고서가 발표됐는데, CPTPP에 가입했을 경우 일어날 한국농업의 피해를 고작 두

페이지로 갈음해 농민들의 비난을 샀었습니다.

 지난 30년 간 '자유무역', '시장개방'이 어떻게 한국농업을 무너뜨리고 농촌을 해체시키고 농민을 죽였는지, 농민들은 뼈 속 깊이 겪었습니다.

 국민들은 코로나19를 거치며 기후위기, 식량위기가 현실이 됐음을 몸소 느꼈습니다. 이제 '식량난'이 다른 세상의 이야기가 아님을 우리 모두가 아는 것입니다. 한국의 식량자급률은 19.3%로 20%대 아래로 떨어졌습니다. 식량주권을 강화하고, 식량자급률을 높이지 않으면 한국 농업에 미래는 없을 것입니다.

 정부는 이제 종말을 향해 가고 있는 자유무역의 바짓가랑이를 잡고 있습니다.

 농업관세 철폐율이 96%에 달하는 CPTPP 가입을 고집하는 것이 이를 반증합니다. 보고서는 CPTPP 가입을 할 경우 가장 큰 문제 3가지를 꼽습니다. 첫째, CPTPP 회원국과의 양자협상에서 지불해야 할 입장료, 둘째, 앞서 얘기한 높은 시장개방률, 셋째, 기존 CPTPP협정문의 독소조항 문제입니다. CPTPP는 UR(우루과이라운드), FTA가 덩치를 더 키워 이름만 바꿔 나타난 메가FTA입니다.

〈CPTPP 국민보고서〉가 국민께 신자유주의 개방농정이 한국농업에 어떤 피해를 어떻게 입혔는지, CPTPP가 무엇이며 가입하면 어떤 영향을 미치는지를 알리는 데 큰 도움이 되길 바랍니다. 아울러 이 보고서를 접하는 모든 분들 마음에 '식량주권'이라는 씨앗이 심어지길 희망합니다.

진보당은 농산물 시장개방을 막고 한국농업의 위기를 극복하는 길에 언제나 농민과 함께 하겠습니다.

감사합니다.

1.
CPTPP의 거시경제적 영향

나원준
경북대학교 교수, 경제학

CPTPP의 거시경제적 영향

1. 세계자본주의의 구조 변화
   1.1. 신자유주의적 세계화의 모순
   1.2. 주권국가의 재발견
   1.3. 탈세계화와 미국 일극체제의 종말

2. 한국자본주의와 한미 FTA
   2.1. 수출 주도 경제와 신자유주의적 권력 재편
   2.2. 한미 FTA가 CPTPP 논의에 던지는 시사점

3. CPTPP를 둘러싼 각국의 엇갈린 시각
   3.1. CPTPP 논의의 역사
   3.2. 중국과 대만
   3.3. 체계의 변모 및 재편 가능성 : 미국의 입장

4. CPTPP의 경제적 영향
   4.1. FTA 체결 현황
   4.2. 양허 수준과 그 효과
   4.3. 정부 논리의 문제점 : CGE 분석 결과의 비판
   4.4. 무역수지 적자 문제
   4.5. 산업별 영향 : 제조업, 농축산업, 수산업
   4.6. 새로운 통상 규범
   4.7. 이익균형과 무역 이득의 공유 가능성

5. 경제안보와 한일 관계
   5.1. 경제안보
   5.2. CPTPP는 한일 FTA

6. 결론

1. 세계자본주의의 구조 변화

1.1. 신자유주의적 세계화의 모순

신자유주의의 절대 반지는 금융적 수익률이다. 그것만이 의사결정의 기준이다. 공동체의 가치나 산업 발전의 논리는 뒷전이다. 신자유주의는 금융 지배 자본주의로서 글로벌 공급망 가치사슬(GVC, Global value chain)로 상징되는 세계화를 그 한 가지 특징으로 한다. 신자유주의 세계화는 경제학의 전통적인 자유무역이론에서 명분을 찾지만 교역의 이득이 꼭 신자유주의의 외양을 띠어야만 하는 필연성은 없다. 교역의 이득은 규제되고 조절되는 자본주의에서도 실현될 수 있기에 그렇다.

다만 전통적인 자유무역이론은 그것 자체로 문제가 많다. 대학의 보수적인 교육과정에서는 비교우위론을 근거로 어떤 나라든 자유무역으로부터 이득을 본다고 설파하지만 비교우위론 자체가 이론적으로 결함이 있는 우화적인 가설일 뿐이다. 실제로는 국제적인 분업체계에서 해당 나라가 어떤 역할을 하는지가 중요하다. 무역에서 모두가 승자일 수는 없으며 패자가 존재하는 것이 현실이다.[1]

---

[1] Blecker, R. (2021), 'International trade and development,' in: Rochon, L-P. and Rossi, S. (eds.), An Introduction to Macroeconomics, Second Edition, Edward Elgar.; 장하준 (2020), 『사다리 걷어차기』, 개정판 부키.

신자유주의의 확산을 주도한 초국적 자본은 세계 곳곳에 사업을 재배치하고 공장을 이전하며 노동을 유연화, 외주화하는 방식으로 활동한다. 자본 유치를 욕망하는 각국의 수출 특구와 조세피난처는 초국적 자본에게 유리한 축적의 기회를 제공한다. 이에 따라 초국적 자본과 그 국제적 대리인들은 자유무역의 전도사가 되었다. 2013년 유엔무역개발회의(UNCTAD) 보고에 따르면 교역의 80%가 초국적 기업과 연계된 공급망 내에서 발생하고 있으며 교역의 1/3이 다국적기업의 계열사들 사이에서 이루어지고 있다고 한다.[2] 초국적 자본은 자유무역의 패자를 양산하며 전 세계적으로 불평등을 심화시킨 주범인 것이다.

신자유주의 세계화는 전 지구의 경제적 상호연결을 가져 왔으나 그 과정은 모순을 내포한 것이었다. 체제의 재생산을 위협하는 요인도 나란히 커졌다. 국내적 불평등은 대표적인 체제 위협 요인이 되고 있다. 신자유주의적 세계화가 진행되는 과정에서 다차원에 걸쳐 심각한 수준으로 증폭된 불평등은 어느 한두 나라의 일이 아니다. 2020년 기준 세계 78억 명 인구 가운데 60%에 달하는 46억 명이 가진 재산보다 상위 2천여 명이 가진 재산이 더 많다면 너무한 것 아닌가. 구미 각국에서는 전후 황금기가 지나고 신자유주의의 영향력이 커지면서 국내적으로 사회보장이 약화되고 공공서비스와 복지의 공급이 축소되는

---

2) 파올로 제르바우도 (2021), 『거대한 반격』, 다른백년.

양상이 수반되었다. 오랜 임금 정체로 국민소득 중에서 노동소득이 차지하는 비중인 노동소득분배율은 주요국에서 1990년대부터는 줄곧 하락세를 면치 못하고 있다.

자본이동이 제한되었던 케인스주의 시대와 경제적 이유로 세계화를 추구했던 신자유주의 시대(특히 1980년대 이후 기간)를 비교하면 분배는 물론 성장 측면에서도 케인스주의 시대가 신자유주의 시대보다 우월했다. 신자유주의자들이 약속했던 번영은 오직 부자와 기업만을 위한 것으로 명백히 드러났다. 긴축정책은 2008년 글로벌 금융위기 이후 저소득층의 빈곤문제를 심화시켰고 급기야는 전염병 확산에 대비하는 공적체계의 약화로 이어졌다. 2020년 팬데믹에 대한 준비 부족은 신자유주의적 긴축정책의 영향이었다. 이 시대가 목도한 무수히 많은 불필요한 죽음이 신자유주의와 그것이 초래한 불평등의 대가였다는 사실을 잊어서는 안 된다. 신자유주의가 그 죽음의 진짜 범인이었다.

기실 신자유주의적 세계화는 불평등을 전 세계적으로 확대시키는 과정이었다. 여기에는 두 가지 상호연관된 차원이 존재한다. 첫 번째 차원은 지금까지 논의한 국내적 불평등이고 두 번째 차원은 국가 간 불균등 발전이다.

신자유주의는 국내적으로는 간접고용과 비정규직, 위장된 자영업자 노동의 광범위한 사용으로 노동 유연화에 집중한다. 신자유주의적 노동 유연화는 노동자를 기업 조직 내에서 계약조건에 따라 차별(비정규직)하고 형식적으로 다른 기업 소속인 것처럼 분리(외주, 하청)시키며 더 나아가 그 노동자를 제도적 보호 밖의 소속 없는 독립사업자(특고, 플랫폼)로 밀어낸다. 이와 같은 유연화 구조는 공급망에도 그대로 적용되어 왔다. 본래 한 기업 조직 안에서 이루어지던 공정들이 분리되어 다른 기업에 하도급으로 주어지면서 원하청의 공급체계가 형성되었다. 때로는 기술경쟁력이나 비용경쟁력이 있는 해외 기업에 외주나 하청을 주기도 했다. 그렇게 공급망이 세계화되면서 글로벌 가치사슬이 창출되었다. 이와 같은 해외 하청 기업의 공급체계는 직접투자로 수직 계열화되기도 하지만 그렇지 않은 경우도 많다. 공급망 세계화는 이처럼 노동 유연화가 국경을 넘어 확장된 결과였다. 그 두 과정은 동전의 양면처럼 동시에 진행되었다.

그렇게 공급망이 세계화되는 과정에서는 국내 불평등뿐만 아니라 국가 간 불균등발전도 심화되었다. 초국적 자본은 전 지구적 범위에 걸쳐 다수의 참여자들로 구성된 복잡한 공급망 네트워크를 구축함으로써 최고 수준의 노동 유연화를 달성할 수 있었다. 선진국에서 노동 유연화는 국내적으로는 노동의 저항에 다소 가로막힐 수밖에 없었지만 국제적인 분업체계를 통해서는 얼마든지 전면화될 수 있었다. 노동 유연화는 노동보호가 취약한 주변부 신식민지 나라들에서 극에 달했다. 그곳에서 임금과 노동조건은 '밑바닥을 향한 경주(race-to-the-bottom)'

로 규율되었다.

　신자유주의적 재편은 세계 각국에 수출 중심 경제를 이식했다. 수출지향 경제가 전 지구적으로 추동되었다. 그러나 주변부 나라들은 대개 글로벌 가치사슬의 저부가가치 영역에 고착되는 '발전의 함정' 문제를 극복하기 어려웠다. 수출지향 경제에서는 국제경쟁력 측면에서 가장 생산적인 활동에 특화하는 것이 중요하게 여겨졌기에 지역 공동체의 필수 소비를 위한 생산은 정책적으로 버려지는 경향이 있었다. 전통산업은 강제적으로 쇠퇴의 길을 걸어야 했다. 전통 산업의 강요된 쇠락은 공동체를 소멸시킨다. 특히 아시아에서는 농업이 정책적으로 버려지는 운명에 내몰리기 일쑤였다. 내수시장은 경시되는 정도가 아니라 수출 증진을 위한 내핍이 강조되어 임금 억제로 국내수요를 위축시키는 긴축 편향이 지배적이었다.

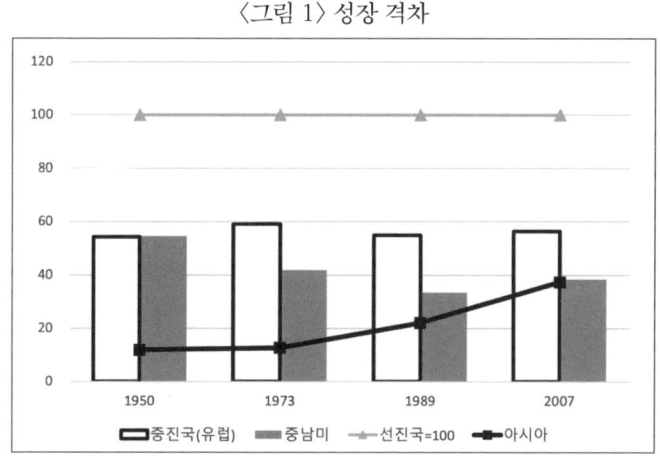

〈그림 1〉 성장 격차

자료 : Setterfield, M. (2021), Table 13.1.

주류 경제학자들은 경제성장 과정에서 선진국이든 후진국이든 격차가 줄어드는 수렴 현상이 나타날 것이라고 주장해왔다. 그러나 글로벌 제조업 교역에서 고부가가치 영역으로의 공급망 내 이동에 성공한 한국 등 일부 아시아 나라를 제외하면 선진국과 신흥국 간 성장 격차는 전혀 좁혀지지 않고 있다. 아시아를 빼고 나면 각국의 성장률이 수렴하는 현상도 관측되지 않는다. 〈그림 1〉은 그와 같은 사실을 입증한다.[3]

세계 어디서든 신흥국의 자립적 발전 전략은 반강제로 단념된다. 중남미와 아프리카, 남아시아의 신식민지 나라들은 수출주도성장이라는 수입된 전략을 내걸고 글로벌 공급망에 편입되어 최악의 노동조건으로 관리되는 '스웻샵(sweat shop)'을 초국적 자본에게 제공한다. 미국 등 선진국과 국제기구들은 수출 증진과 균형재정 달성을 명분으로 신흥국에 저임금과 재정긴축의 내핍정책, 국유자산 및 광물자원 개발권의 시장 매각 등 신자유주의 정책을 적극 추천했다. 이들 정책은 글로벌 공급망을 최저비용으로 유지하면서 제국주의적 이권을 향유하려는 목적임이 명백하다. 지구 전체로 시야를 넓히면 현실은 부유하고 세계화된 중심부 도시의 네트워크와 처참하게 황폐

---

3) Setterfield, M. (2021), 'Economic growth and development,' in: Rochon, L-P and Rossi, S. (eds.), An Introduction to Macroeconomics, Second Edition, p. 379, Table 13.1. 그림은 선진국의 1인당 국민소득을 100으로 표준화한 다음 각 그룹의 1인당 국민소득의 상대적인 크기를 비교한 것이다. 여기서 선진국과 중진국의 구분은 1950년을 기준으로 하며 선진국에는 미국, 영국, 스웨덴, 노르웨이, 스위스, 네덜란드, 일본, 호주, 오스트리아, 벨기에, 캐나다, 덴마크, 핀란드, 프랑스, 독일, 이탈리아가 포함된다. 중진국은 과거 체코슬로바키아, 과거 소련, 헝가리, 뉴질랜드, 포르투갈, 스페인이다. 중남미는 아르헨티나, 브라질, 칠레, 멕시코다. 아시아는 중국, 방글라데시, 남한, 대만, 인도, 인도네시아 6개국이다.

화된 주변부 신식민지가 분리된 채 공존하는 모습에 가깝다. 이와 같이 신자유주의적 세계화는 국가 간 불균등 발전을 강제했고 그로 인한 희생은 신식민지의 민중들에게 특히 가중되어 왔다. 별은 신식민지의 가난한 민중들에게는 깃들지 않는다.

1.2. 주권국가의 재발견

그러나 전 지구적 범위에서 시장 통합을 지향했던 신자유주의적 세계화의 흐름이 순탄하지만은 않았다. 그간에 곳곳에서 암초를 만났다. 세계무역기구(WTO)가 추구해온 다자간 자유무역은 도하 라운드를 거치면서 사실상 실패했다. 지역화 경향의 표출로 점차 양국 간 자유무역협정(FTA)이 자유무역의 중심 협상 형태가 된 것 역시 WTO 체제의 불안정성을 노출시킨 증거로 평가할 수 있다. 물론 WTO 체제든 FTA든 제국주의 자본에 의해 주도되는 점에서는 차이가 없다.

세계화의 지체라고 할 '슬로벌라이제이션(slowbalisation)' 경향은 글로벌 금융위기 이후 2010년대 긴축의 시대로 들어서면서 더 뚜렷해졌다. 특히 2020년에 개시된 코로나19 위기는 이 세계화의 지체 경향을 폭발적으로 강화시킨 계기였다. 실로 코로나19 위기는 신자유주의적 세계화가 쇠퇴하는 과정에 있어 하나의 큰 전환점이 되고 있다. 코로나19 위기를 거치면서 교역량의 감소, 글로벌 공급망 재편 및 물류 사슬 축소, 기업들의 본국 회귀, 보호주의와 경제안보 개념의 확산, 중국과 서방의 분리로 특징지어지는 포스트 코로나 세계경제질서의 큰 추세가 점점 더 확고하게 자리를 잡아가게 되었다.

CPTPP와 같은 최근의 '메가 FTA'는 두 나라 사이에 체결되는 것이 아니라 특정 경제블록을 구성하는 여러 나라를 포괄한다. 메가 FTA는 다자간 자유무역이 가져오는 이점과 함께 각국의 민감 품목을 중심으로 양허 수준을 협의할 수 있는 신축성도 기할 수 있는 장점이 있다. 그런데 메가 FTA는 최근 강조되는 경제안보 개념과도 접점이 있다. 왜냐하면 그것은 특정 권역 내에 교역을 집중시키면서 동시에 경제블록 외부와 내부 사이에 장벽을 쌓는 것이기 때문이다. 그런 의미에서 최근 메가 FTA의 확산은 주도 세력의 의도에 따라서는 단지 보다 많은 나라들 사이에서 체결되는 자유무역협정으로 해석하고 넘어갈 일이 아니다. 오히려 최근의 블록 경제화 추세와 맞물리는 지점이 있다는 사실에 유념할 필요가 있다. 메가 FTA는 세계화의 지체 및 블록 경제화 추세와 맞물린 신자유주의적 세계화의 모순적 현상이라고 볼 법하다.

코로나19 위기를 계기로 탈세계화 및 국가의 경제개입 확대는 이미 거스를 수 없는 대세가 되었다. 이런 현상들은 적어도 어느 정도는 신자유주의적 세계화의 파국을 반영한다. 그런 가운데 주요국 정부는 장래 또 다른 위기 상황에 대처하면서 경제의 '회복력'을 유지할 수 있는 방안에 관심을 기울이고 있다. 최근 경제의 회복력 개념을 둘러싼 논의에서는 특히 공급망 안

정화의 중요성이 강조되고 있다.

 이에 따라 주요국에서는 경제의 회복력을 제고하기 위해 생산설비의 본국 배치와 반도체, 제약 등 전략산업 및 핵심 분야 경쟁력 강화에 주력하는 상황이다. 각국이 특정 경제블록으로 모여드는 현상도 이와 같은 경제안보 강화와 연관되어 있다. 분명한 점은 자국화(온쇼어링)와 본국 회귀(리쇼어링)는 그동안 우리가 잊고 있었던 자립적 민족경제의 소중한 가치를 다시금 확인시켜주는 것이라는 사실이다.

 실제로 신자유주의는 자본의 사업 위험을 노동자와 사회 전체에 떠넘겨 예측 불가능한 경제위기와 재앙적인 기후위기의 위험을 조성해왔다. 초국적 자본은 고정비용을 최소화하기 위해 과잉설비를 줄이고 외주화로 이른바 '적시(just-in-time)' 공급망을 확보하는 전략을 취했다. 이는 재고와 저장설비를 최소 규모로 유지하려는 것인데 결국 이로 인해 공급망 교란 시 위험이 증폭되는 부작용이 발생하고 말았다. 특히 한국 민중의 입장에서는 식량자급률이 낮은 나라의 경우 그와 같은 부작용이 자칫 식량안보 기반 약화로 이어질 수 있다는 사실이 중요하다고 하겠다. 요컨대 경제를 제 발로 서게 하지 않고 초국적 자본에 굴종해온 신자유주의적 세계화의 귀결은 극단적인 불평등과 비극적인 기후 재앙, 식량위기, 그리고 제2, 제3의 팬데믹이 될 것이다. 그런 만큼 우리는 자립적 경제의 소중한 가치를 저버려서는 안 된다.

신자유주의 세계화는 자본의 활동 범위가 국가권력의 작동 범위로부터 벗어나도록 한 점에서도 특징적이다. 초국적 자본은 주권국가의 통제를 벗어남으로써 사회에 대한 책임도 부담하지 않게 되었다. 시장이 국가를 집어삼킨 것이다. 역설적이게도 현재 세계화의 위기는 세계화가 포화 상태가 되어 더는 세계화를 비껴간 남은 지역이 지구상에 없을 정도가 된 탓이라고 볼 일이다. 더는 제국주의 자본에게 이윤의 원천이 될 추가적인 식민지가 남아 있지 않다는 뜻이다. 달도 화성도 아직은 상상 속에만 존재할 따름이다.

그렇다면 한국경제와 한국 민중은 앞으로 어떤 길을 갈 것인가. 불평등 심화를 감수하면서 신자유주의의 노예로 남아 달을 닮은 신식민지의 길을 계속 걸을 것인가. 지금 한국경제와 한국 민중은 이미 자체 모순으로 무너져 내리고 있는 신자유주의적 세계화의 길을 계속 가야만 하는지를 결정해야 하는 실존적인 문제에 직면해 있다.

2022년 12월 16일 서울 여의도 국회 앞에서 열린 '밥 한 공기 쌀값 300원 보장! 양곡관리법 전면개정! 폭등한 농업생산비 및 농가부채 해결 촉구! TRQ-CPTPP 저지! 전국농민대회'. 농민들의 행진을 막기 위해 경찰이 설치한 철제 펜스를 보며 농민들이 굳은 표정을 짓고 있다.
출처: 한국농정신문

우리는 칼 폴라니가 제시한 거대한 전환의 '두 번째 운동'인, 경제를 사회에 다시 의식적으로 종속시키는 과제를 마주하고 있다. 포스트 코로나 대전환의 시대에 초국적 자본에 대한 통제와 사회의 자기보호는 주권국가의 권능을 온전히 회복하는 것에서부터 비로소 시작될 수 있다. 노예의 길을 벗어난 주권국가는 시장에 대한 민주적 통제를 확립하고 초국적 자본의 이윤 논리에 맞서 공공성과 사회적 안전의 가치를 수호해낼 새로운 역할을 부여받고 있다. 그것이 바로 오늘 자주적이고 민주적인 주권국가가 짊어진 시대적 과제다. 신자유주의적 세계화가 가져온 온갖 질곡을 타파하는, 과감한 체제 전환의 길을 열어갈 책임이 한국 민중 앞에 제기되고 있다.

1.3. 탈세계화와 미국 일극체제의 종말

제2차 대전 종전 후 케인스주의 복지국가는 수십 년간 자본의 이동을 주권국가의 틀에 묶어놓았다. 외환거래도 제한되었다. 그러나 브레튼 우즈 체제가 종말을 맞고 신자유주의 시대가 도래하면서 주요국에서 자본에 대한 통제가 이젠 거의 사라졌다. 그 후 세계경제는 사적인 금융 권력의 통제와 영향 하에 놓이게 되었다. 금융시스템의 자유화로 국경을 넘나드는 자본 흐름 총액이 지금은 세계 GDP의 20%까지 확대되었다. 이에 따라 세계 각국은 잠재적으로 급격한 자본유출입이 초래될 수 있는 위험에 상시 노출되어 있다. 외국인자금 이탈에 따른 주가 폭락과 환율 급등은 일상이 되었다. 2022년 한국이 다시 마

주한 외환위기의 공포는 어제 오늘 일만은 아니다.

신자유주의적 금융자유화는 주권국가의 자주성을 침해하며 단극화된 세계경제 지배질서에 대한 예속을 강요해 왔다. 그동안의 신자유주의 세계화의 하나의 실체적 단면은 달러 체제와 미국 주도 세계경제 질서에의 예속이라고 할 수 있다. 자유를 획득한 초국적 자본의 불안정하고 예측이 어려운 움직임은 곳곳에서 주권국가를 투기적으로 공격하며 신흥국 외환위기를 불러온다. 그렇게 달러에의 복종을 강요한다. 그럴 때마다 안전자산으로 인식된 달러에 모두가 목말라 하니 위기가 반복될수록 미국 국채로의 자본 도피와 쏠림 현상도 반복된다. 위기는 늘 신흥국 경제제도의 비효율성에 대한 지나친 비난을 낳았고 IMF로부터의 자금 지원은 신자유주의적 구조조정을 선결조건으로 했다. 이른바 워싱턴 컨센서스라는 이름으로 긴축과 민영화를 비롯한 신자유주의적 규칙이 강제되었다.

달러체제를 유지하는 수단은 다양하다. 전 세계 어디든 좌익 정권이 들어서면 미국이 정치군사적으로 개입해 전복시키고 고립시켜 왔지만, 제한 없는 자본이동도 못지않게 폭력적이다. 미국이 주도하는 세계경제 지배질서는 역설적이게도 평화를 깨고 불안을 자극해야만 안정되는 셈이다.

코로나19 이후 최근 세계자본주의 위기 속에서도 대규모 자본유출 가능성은 달러 헤게모니를 강화시키는 메커니즘으로 기능하고 있다. 그러나 국내적, 국제적 불평등과 함께 급격한 자본유출 위험은 글로벌화된 신자유주의 체제의 안정성을 위협하는 요인이기도 하다. 역설적이게도 미국의 영향력을 키우는 체제 안정 요인이 체제 불안정을 불러온다.

헤게모니 국가로서의 미국의 향후 지위가 현 체제의 지속가능성을 좌우할 것이라는 점에는 이견이 있을 수 없다. 신자유주의 세계질서는 패권국가로서의 미국의 지위와 연동된 문제다. 그런데 최근에는 달러 헤게모니의 지속가능성에 대해 의문을 제기하는 시선이 점점 더 늘어나고 있다. 몇 가지 시나리오가 거론된다.[4]

먼저 달러의 지배력이 약화되는 시나리오가 있다. 그 경우 20세기 초 양차 대전 사이 기간처럼 헤게모니의 불완전한 이동으로 국제정세가 매우 불안정해지는 상황이 예견된다. 반면에 미국 의도대로 과거 미소 냉전처럼 두 개의 세계로 분열된 구도가 복원되는 시나리오도 있다. 이 경우 미국의 우월적 권력이 세계 반쪽에서만 통하면서 신자유주의 질서도 힘을 잃어갈 것이다. 이 두 시나리오와는 달리, '전략적 경쟁'이라는 이름의 미국의 중국에 대한 일방적인 배제가 첨단산업에 국한되면서 부분적인 현상 유지와 부분적인 탈세계화가 병존할 것으로 점치는 시각도 있다.

---

[4] 김계환·사공목·강지현·정선인·김바우·김윤수·이문형 (2021), 『경제패권경쟁시대 전략적 자율성을 위한 산업통상 전략』, 산업연구원.

결과적으로는 전면적인 것이든 부분적인 것이든 탈세계화 국면이 예상된다. 그 과정에서는 중장기적으로 달러의 지배적 지위가 약화될 것이라는 전망에 힘이 실린다. 어떤 시나리오를 따르든 미국 일극체제는 사실상 수명을 다했다. 향후 미국이 쇠락의 길을 걷게 될 것이라는 일각의 예상은 함의가 작지 않다. 그 예상대로 지금까지의 일극체제 세계화는 이미 조금씩 힘을 상실하는 중인지도 모른다. 적대적으로 분열된 세계에서 주요국 간 갈등이 현재진행형으로 점점 더 고조되는 것도 그런 사정 때문인지 모른다.

달러 중심 세계경제는 미국 경제의 강고함 때문이 아니라 미국을 제외한 다른 나라들이 겪고 있는 불안정과 취약성 때문에 유지되고 있다. 제3세계 나라들로서는 당장 달러 말고 다른 확실한 대안이 없는 탓에 달러 중심 체제의 극복을 위해 애쓸 이유가 없고 그럴 능력도 불분명한 사정이 있다. 그런 가운데 미국 국채가 글로벌 무역 불균형의 지속불가능성을 지연시키면서 여전히 안전자산의 도피처로 역할하고 있으므로 이 체제가 지탱되고 있는 측면이 없지 않다.

그러나 최근 들어서는 미국 자신부터 신자유주의적 세계화로부터 이탈하는 모습을 보이고 있다. 트럼프 행정부와 바이든 행정부가 둘 다 그렇다. 단적으로 자국 산업보호에 치중하면서 FTA와 같이 민감한 통상 이슈가 제기되는 자유무역에는 참여하지 않으려는 태도가 바로 미국의 복잡한 상황을 여실히 보여

준다. 미국 산업이 실력을 회복하기 전까지는 개방 수준이 높은 기존 자유무역협상 테이블로 돌아오기는 어려울 것이다.

문제는 미국의 세계전략에 있어 경제적인 차원과 정치군사적인 차원이 반드시 일치하는 것은 아니라는 사실에도 있다. 특히 네오콘은 정치군사적 패권을 경제적 이해보다도 앞세우는 성향이 뚜렷하며 현 시점에서는 중국과 러시아 등을 견제하는 대결 구도를 본격화하고 있다. 이에 따른 국제적 긴장은 언제든지 전쟁을 수반한 충돌로 비화할 위험이 상존해 있다. 미국이 이처럼 경제적 정치군사적 대결을 강화하는 배경에는 중국의 기술력 향상 및 국제 지위 상승이라는 중요한 변화가 자리하고 있다.

달러 헤게모니 하의 신자유주의 세계질서는 그 기초가 허약하다. 분명한 차이가 있고 기능적으로 우월한 대안적 발전 모델이 등장한다면 허물어질 수도 있을 것이다. 특히 최근 중국 경제의 부상은 많은 시사점을 제공한다. 중국은 경제적 발전을 거듭하며 세계경제에서 역할이 확대되고 있다. 이는 미국이 직면한 경제적 어려움과 맞물려 국제관계에 있어 기존의 균형을 무너뜨리는 효과로 나타나고 있다. 세계경제가 중장기적으로 달러 중심의 단극 체제에서 다극 체제로 진화하는 과정에 있다는 전망이 제시되는 배경이다. 미국의 세기는 과연 끝날 것인가 하는 우려와 함께 미국의 지배 엘리트 집단과 보통 시민들 및 친미 우방국들의 태도 변화가 유발되고 있는 점에도 주목하지 않을 수 없는 실정이다. 이젠 미국 자신도 신자유주의적 세계화가 버겁다.

중국경제의 부상은 이미 국제관계에 있어 기존 균형을 무너뜨리고 있다. 이에 미국의 세계전략도 바뀌었다. 미국의 타깃이 바뀌고 있다. 지금은 중국과 미국 간에 눈에 보이지 않는 패권경쟁이 점점 더 심화되는 국면임을 부인하기 힘들다. 미국이 본격적으로 반중 블록화에 나서면서 '경제안보'라는 낯선 이름으로 신냉전의 소동들이 이어지고 있는 것이 작금의 현실이다.

지금 미국은 인도-태평양 경제프레임워크(IPEF), 칩4(CHIP4), 인플레이션 감축법 등을 통해 자신이 여태껏 만들어온 질서의 기반을 스스로 무너뜨리는 중이다. 미국은 전통적인 우방국들을 대상으로 중국이냐 미국이냐의 양자택일을 강제한다. 중국과의 관계 단절을 요구한다. 미국이 자국 중심주의로 회귀하고 제국주의 경향을 노골적으로 드러냄에 따라 자유무역의 시대도 종말을 고한다. 신자유주의 세계화도 더는 가망 없는 것이 되어간다.

미국의 대 중국 전선은 태평양 지역에서는 일본, 대서양 지역에서는 영국을 핵심 우방으로 하면서 확대되고 있다. 일본은 극우세력을 중심으로 개헌을 통해 군사대국인 보통국가로 변신할 것을 기대하고 있으나 이는 어디까지나 미국에 대한 예속적 지위를 전제 하는 것으로 보여진다. 일본의 동아시아 전략

역시 일본 자신의 고유한 계획이라기보다는 미국의 아시아 태평양 지역 전략에 종속된 것으로 판단된다.5) 윤석열 정권의 인도-태평양 전략도 그 점에서는 마찬가지다.

2. 한국자본주의와 한미 FTA

2.1. 수출 주도 경제와 신자유주의적 권력 재편

한국경제는 1980년대까지만 해도 수출보다 내수의 성장 기여율이 더 높았다. 수출의 성장 기여율은 1990년대부터 본격적으로 상승했다. 수출에 대한 과도한 의존은 경제의 대외 의존을 심화시켜 세계경제와 세계경제를 주도하는 중심국가인 미국의 경기변동에 크게 좌우되는 모습을 보였다. 미국경제가 불황에 빠지면 자동적으로 한국경제도 동반 침체되는 패턴이 나타났다.

수출의 중요성이 커지면서 내수 부문이 위축되는 부작용도 있었다. 수출 지원을 위한 고환율 정책은 수입 물가를 부양해 가계의 실질소득을 줄이는 효과가 있었다. 수출가격의 경쟁력

---

5) 이 글의 입장과는 다른 시각에서 일본의 지역구상과 독자적인 다자주의 전략을 소개한 글로는 다음을 참조할 수 있다. 최은미 (2018), '일본 TPP 추진의 정치경제: 일본의 국가정체성과 지역구상의 관점에서', 『동아연구』, 제37권 제1호.; 이승주 (2020), '아베 정부와 전략적 다자주의의 부상: TPP/CPTPP 전략을 중심으로', 『국가전략』, 제26권 제2호.

확보를 위한 저임금 강제도 문제였다. 수출 외에 외국인 투자 기업 유치로 외자를 도입하는 데에도 혈안이 되면서 경제의 대외의존은 더욱 심화되었다.

외환위기 이후 한국사회의 정치, 외교, 경제, 통상의 제반 영역에서 제국주의 자본, 재벌 및 친미 관료들을 주축으로 하는 신자유주의적 권력 재편이 이루어졌다. 특히 그 재편의 일환으로 2000년대 들어서면서 개방적 축적 전략인 FTA가 정책 과제로 제안되었다. 그와 같은 정책 과제의 대두 배경에는 WTO 체제의 한계가 극적으로 노출되는 사건이 있었다.

2000년대 초 첫 10년간 WTO 도하 라운드(DDA)에서는 자유무역을 위해 다자간에, 즉 여러 나라들 사이에서 공동의 행동 규칙을 도출하는 것이 과제였다. 그런데 이 도하 라운드에 참여했던 브라질, 인도 등 제3세계 국가들이 농업 관련 협정을 거부하면서 문제가 발생했다. 백인 지주들이 현지 차지농과 농업노동자들을 수탈해온 제3세계 농업의 현실에서 개방이 가져올 충격의 여파는 당사자들한테는 크게 느껴질 수 있었다. 여러 나라가 모두 만족할만한 결론을 끌어내는 게 쉬울 리 없었다.

그렇게 농업 협정이 파기되던 바로 그날, WTO의 미국 대표단은 회의장 밖으로 나왔다. 그런 다음 기자회견을 했다. 이제부터는 미국은 더 이상 WTO 다자간 협상에 응하지 않고 양자

간 협상 틀인 FTA를 통해 자유무역을 추구하겠다는 선언이 있었다. 신흥국과 선진국 모두를 참여시키고 다자간 협상으로 세계 단일 시장을 만들려던 WTO의 기획이 사실상 종말을 구하는 순간이었다. WTO 체제의 한계가 노출되면서 세계화 흐름에는 그렇게 균열이 가해졌다.

미국의 이와 같은 입장 전환에 발맞춰 노무현 정부는 개방형 통상국가의 비전을 제시하고 동시다발적으로 FTA를 추진했다. 이는 수출 경쟁과 외자 도입 경쟁에서 앞서 나가겠다는 FTA 허브 전략이었다. 2004년 발효된 칠레와의 FTA를 시작으로 선진국, 개도국을 가리지 않고 다수의 FTA가 추진되었다. 그중 2007년 4월에 협상이 최초 타결된 한미 FTA가 가장 중요하다.

2.2. 한미 FTA가 CPTPP 논의에 던지는 시사점

노무현 정부의 구상은 한편으로는 재벌 체제를 글로벌 경쟁에 노출시켜 개혁의 동력을 확보하려고 의도했던 것처럼 미화되기도 했지만, 실제로는 삼성이 추진한 프로젝트였음이 나중에 드러났다. 당시 삼성은 한미 FTA로 서비스 부문이 자유화되면 정부 규제를 우회하면서 의료 민영화로 이득을 볼 수 있을 것으로 기대했던 것으로 보인다. 한편 친미 관료들 사이에서도 중국을 견제하려면 미국에 대해 먼저 국내 서비스산업을 개방해 산업구조조정을 이뤄내야 한다는 인식이 팽배했던 것으로 알려져 있다. 삼성이 정부 안을 만들어주면 관료들이 다듬어 발

표하는 식이었다.[6]

2007년 12월 29일 청와대. 이명박 대통령 당선자가 노무현 대통령을 내방한 모습. 이 자리에서 한미 FTA와 관련, 이 당선자는 노 대통령에게 "FTA 협상은 노무현 대통령께서 정말 잘 하신 일이다. 중국과 일본 사이에 낀 대한민국이, 미국 시장을 먼저 겨냥했다는 것은 역사가 평가할 것이다. 한나라당 농촌 지역 의원들도 농민들을 설득하도록 하여 2월 임시국회 중에는 FTA 비준동의안이 국회에서 통과될 수 있도록 협력하겠다"라고 전했고, 노 대통령은 "같이 힘을 합쳐서 통과될 수 있도록 하자"라고 했다. 출처: 민중의 소리

2007년 한미 FTA 협상에서 쟁점 88개 가운데 77개는 미국 제안대로 정해졌고 나머지 중에 7개만 한국 제안대로 정해졌다. 이와 같이 철저하게 미국의 입맛에 맞게 진행된 협상의 결과, 한국경제는 의도치 않았고 준비되지도 않았던 산업구조개편에 직면하게 되었다. 이는 한미 FTA가 단지 품목별로 관세율을 낮추거나 없애는 정도가 아니라 서비스시장 개방, 지적재산권을 비롯한 통상 규범의 도입, 외국인 투자 개방 등 다양한 내용

---

6) 박승호 (2020), 『한국 자본주의 역사 바로 알기』, 나름북스.

을 포괄하는 광범위한 대외개방의 성격을 가지고 있었기 때문이다.[7] 특히 잘 알려진 투자자-국가 소송제는 잠재적으로 한국 정부의 주권과 국가 차원의 정책을 사적인 제국주의 자본이 직접 제약할 수 있도록 하는 성격마저 가진 것이었다.

CPTPP 가입 신청을 둘러싼 논란이 확산되는 오늘 시점에서는 그간에 한미 FTA가 한국사회에 미친 구조적 영향을 분석하는 것이 시급한 과제로 제기된다. 우리는 지금 신자유주의적 세계화가 여태껏 한국의 경제와 사회를 어떻게 재편해 왔는지 면밀히 평가해야 하는 시점에 있다. 어떤 경제적, 사회적 평가가 가능한가? 한미 FTA 이후 한국사회는 제국주의 자본과 재벌, 친미 관료들에게 유리한 방향으로 재구조화되어 왔다는 지적이 꾸준히 제기되어 왔다. 한미 교역에서 발생하는 무역 수지에 변화가 있었고 두말할 것 없이 농업은 큰 피해를 입었다. 한미 FTA를 비롯한 신자유주의적 세계화의 결과로 재벌 중심 수출 주도 경제가 강화됨으로써 다수 국민에게 일자리를 제공하는 중소기업이 낮은 노동생산성의 저부가가치 영역에 고착되어버린 부작용 역시 무시할 수 없다. 금융시장의 대외의존성 심화가 가져온 영향 또한 중요하다. 그러나 한국경제를 미국식 자본주의 모델에 보다 근접시키는 방향으로 재구조화가 진행됨에 따라 생겨난 문제들에 대해서는 여태 충분한 논의가 이루어지지 못했다.[8]

---

7) 한미 FTA 저지 범국민운동본부 정책기획연구단 (2006), 『한미 FTA 국민보고서』, 그린비.
8) 지주형 (2011), 『한국 신자유주의의 기원과 형성』, 책세상.

한미 FTA를 위시한 FTA 허브 전략은 제국주의 자본과 한국 재벌 대기업의 개방적 축적을 지원하는 역할을 했다. 금융적 수익성을 중시하고 수출 및 외자 도입에 의존하는 경향이 강화되었다. 이는 경제성장의 특정한 양식을 강제했으며 그 과정에서 한국사회는 여러 측면에서 내부적 불안정성이 확대되었다. 대기업이 지휘하는 수출 주도 성장은 노동 유연화를 극단적인 수준까지 끌어올려 양극화를 전례 없는 정도로 확대시켰다. 폐쇄적이고 위계적인 수직적 공급체계 속에서 국내 중소기업의 역량은 훼손되었고 노동시장의 이중구조가 심화되어 일자리의 양과 질이 모두 악화되었다. 임금 정체에 따른 내수 위축으로 자립적 경제 기반의 확보가 점점 더 어려워졌다. 국부 유출이 이어져 왔고 사회경제적 양극화를 배경으로 성장 잠재력 역시 빠른 속도로 소진되었다. 이와 같은 신자유주의 세계화, 그리고 그 일환인 FTA의 한국사회에 대한 영향을 종합적으로 검토하지 않고 또 다시 CPTPP와 같은 FTA를 묻지마 식으로 체결하려는 것은 역사와 한국민들 앞에 부끄러운 짓이 아닐 수 없다.

한미 FTA가 미국식 제도를 이식하면서 한국사회를 여러 측면에서 강제적으로 재구조화하는 효과가 있었던 것처럼 눈앞에 닥친 CPTPP 역시 그 협약 내용의 포괄성에 비추어볼 때 준비되지 않은 산업 전환을 한국사회에 강제할 것으로 예상된다. 먼저 국내 산업정책에 대한 장기적인 청사진을 마련하고 그와 같은 국가적 요구에 맞춰서 CPTPP 참여 여부 및 협상 내용을 결정하는 것이 순리이다. CPTPP로 인해 영향을 입게 될 주요 산업부문별로 국가 차원의 계획이 있기는 한지 묻지 않을 수 없다. 만약 그런 국가적 계획이 있다면, 그 계획이 CPTPP에 의해 사실상 강제될 개방화 수준이나 새로운 통상 규범과 조응하는 것인지도 의문이다. 그렇지 않다면 이번에도 타율적인 산업 전환을 그저 수용해야 한다는 결론이기 때문이다. 그 수용의 결과로 지금까지 한국경제가 불균형과 불평등이라는 공동체 붕괴의 내상을 입어온 현실은 과연 아무렇지도 않다는 것인가.

3. CPTPP를 둘러싼 각국의 엇갈린 시각

3.1. CPTPP 논의의 역사

CPTPP는 회원국 간에 관세 및 비관세 장벽을 특혜적으로 완화하는 자유무역협정(FTA)이다. 다만 앞에서도 언급했지만 양국 간 관계가 아니라 셋 이상의 회원국이 역내 공통된 원산지 기준을 비롯한 공동의 행위규칙을 합의해 경제블록을 형성하는 점에서 메가 FTA라고 구별하여 부른다.

CPTPP를 둘러싸고 주요국 사이에 논의가 이루어져온 역사에 대해 짚고 넘어갈 점들이 있다. 2000년대 초에는 노무현 정부 외에 다른 아시아 국가들도 경쟁적으로 FTA 협상에 나섰다. 중국과 일본은 각각 자국 주도의 동아시아 경제통합 구상을 구체화하던 단계에 있었다. 미국은 APEC 차원에서 이와 같은 아시아 국가들의 움직임을 견제하면서 아시아에 태평양을 더해 통상 협상의 지리적 영역을 확장했다.

아태지역의 새로운 통상 질서는 싱가폴과 뉴질랜드의 2001년 P2, 그리고 여기에 칠레와 브루나이가 더해진 2005년 P4로 구체화되었다. 미국 대통령 부시는 2009년 이 P4에 참여할 것을 공식화했다. 대통령 오바마는 기존 P4의 틀을 버리고 한미 FTA를 기준으로 하는 새로운 무역협정으로 환태평양경제동반자협정(TPP)을 제안하며 P4를 자신들의 계획대로 변화시켰다. 그 과정에서 미국은 자신의 하위 파트너로서 미일동맹에는 충실했지만 FTA 협상에는 상대적으로 소극적이었던 일본의 참여를 이끌어냈다. 지루한 다자간 협상의 결과로 2016년에 TPP 협정문에 12개국이 서명했다.

TPP는 역내 무역 비용의 절감을 꾀하는 통상 정책의 성격을 갖고 있지만 또한 아태지역 경제질서와 관련된 각 회원국의 전략이 수렴된 결과이기도 했다. 본래 미국이 회원국으로 참여하려던 상황에서 TPP는 미국의 아시아 태평양 지역 구상이 반영된 새 무역협정이었다. 내용적으로는 한미 FTA의 확장판에 가까웠다. 그것은 미국이 아시아 태평양 지역에서 중국의 영향력을 견제하는 수단이었다. 미국은 친미세력의 대표로 '마름(지주의 대리인)' 역할을 자처해온 일본을 TPP에 끌어들였다. 이에 따라 TPP는 미일동맹의 상징이기도 했다.

그런 이유 때문에도 트럼프의 자국 내 제조업 지역 득표율을 의식한 갑작스런 TPP 탈퇴 결정은 예측하기 어려운 돌발변수였다. 그러나 미국이 빠진 뒤에도 TPP는 일본의 노력에 힘입어 2018년 연말에 CPTPP라는, TPP 앞에 '포괄적 점진적(CP)'이라는 용어가 붙은 새로운 이름으로 발효되기에 이른다. 2019년부터 의장국은 일본, 멕시코, 일본, 싱가폴(2022년), 뉴질랜드 순서로 1년씩 맡고 있다. 그 과정에서 변화도 겪었다. 최종 협정을 함께 도출해냈던 11개국 가운데 칠레, 말레이시아, 브루나이는 비준 절차가 오래 지연되었다. 최근 들어 말레이시아는 비준 절차를 마무리했다. 칠레에서도 비준이 진척되고 있다. 본래 일본으로서는 일단 CPTPP를 발효하고 나면 미국의 복귀를 설득하기 용이해질 것이라는 복안을 가지고 있었으며 따라서 미국의 복귀를 지금도 기대하고 있는 상황인 것으로 알려져 있다.[9]

유의할 만한 사실은 TPP가 CPTPP로 변화되는 과정에서 캐나다와 멕시코가 미국 없는 CPTPP에서 탈퇴하려는 움직임도 있었다는 점이다. 향후 장기적으로는 미국의 행보가 캐나다와 멕시코의 이탈 여부에 영향을 미칠 수 있다. 미국은 당분간 CPTPP로 복귀하지 않을 것이며 추후에 CPTPP를 대체하는 새로운 FTA를 구성하는 선택을 할 수 있다. 그 경우 지금의 CPTPP는 과거 P4처럼 아예 재구성되거나 아니면 해체의 원심

---

9) 이요셉 (2018), 'CPTPP 타결 의미와 시사점', KITA 통상 리포트, 한국무역협회 통상지원단.

력에 노출될 가능성이 농후한 셈이다.

　최근에는 영국, 중국, 대만, 에콰도르, 코스타리카가 CPTPP 가입을 신청했다. 영국은 일본의 관심과 지원을 받고 있으며 비공식 협의 과정에서 반대 의사를 가진 회원국이 없었으므로 시장개방 협상이 마무리되고 나면 차질 없이 가입이 이루어질 전망이다. 영국의 가입이 받아들여지면 CPTPP 회원국은 총 12개 나라가 된다. 여기에는 미국을 대리해온 일본 외에 미국의 전통 우방인 영국, 캐나다, 호주, 뉴질랜드의 파이브 아이즈 4개국, 미국과 북미자유무역협정으로 묶여있는 멕시코가 포함된다는 사실 역시 주목할 필요가 있다.

　경제안보의 강조는 자국 내로 공급망을 집중시키려는 시도로 이어진다. 최근 미국의 인플레이션 감축법이 대표적인 사례다. 혹은 범위를 조금 넓혀 공급망을 우방국과의 경제블록 내에서 안정시킬 수도 있다. CPTPP와 같은 메가 FTA가 바로 그 방향이다. 미국은 자신이 주도해 TPP를 출범시켜놓고도 국내 사정으로 인해 당장은 CPTPP와 거리를 두고 있다. 그러나 중미 간 경제적 패권 경쟁이라는 지배적 구도가 강하게 작동하는 현실에서는, CPTPP도 IPEF처럼 여전히 배후에는 미국의 변화된 아시아 태평양 전략이 밑그림처럼 깔려 있음을 염두에 두어야 한다.

　우리로서는 CPTPP 가입 여부가, 재편되는 국제무역질서에 어떻게 편입되느냐의 선택 문제다. 무엇보다도 미국 일극체제의 약화와 세계자본주의의 재편 전망을 염두에 두면서 제 발로 굳건히 선 '주권국가'로서의 기회와 이익을 중심에 놓고 고민할 일이다. 이번에도 FTA 만능주의의 구태의연한 사고방식으로 무턱대고 CPTPP 가입을 추진한다면 결국 미국의 돌격대로 일본에 굴종하며 가망 없는 신자유주의의 길을 영영 못 벗어날지 모른다. 외풍에 흔들리지 않는 평등한 자립적 경제의 길로부터는 분명히 멀어지고 말 것이다.

3.2. 중국과 대만

중국은 원래 TPP가 중국 봉쇄전략이라고 인식하고 참여에 부정적이었다. 그러나 2020년 RCEP(역내포괄적경제동반자협정)이 타결되고 바이든이 미국 대통령에 당선되자 가입을 선언했다. CPTPP는 중국이 현 시점에서 참여하기에는 시장개방 요구나 통상 규범의 수준이 너무 높다는 평가가 많다. 그래서 현실적으로 중국의 참여는 어려울 것이라는 전망이 제기된다. 더욱이 CPTPP의 경우 기존 회원국의 만장일치가 없다면 신규 가입이 허용되지 않기 때문에 호주나 일본과 외교적 갈등 현안이 존재하는 중국으로서는 가입이 어려울 수 있다. 그뿐만 아니라 USMCA(미국·멕시코·캐나다 협정)에는 당사국이 시장경제가 아닌 나라와 FTA를 체결하는 경우 타 당사국이 협정을 종료할 수 있도록 하고 있는데, 이는 캐나다와 멕시코로서는 미국의 의지에 반하면서 중국의 CPTPP 가입에 동의하기 어려울 것임을 뜻한다.

그럼에도 불구하고 중국으로서는 미국의 중국 봉쇄선을 무너뜨리고 고립화를 피하는 길로 CPTPP 참여가 효과가 있을 것으로 진단하는 듯하다. 가입에 실패하더라도 중국한테는 잃을 것이 없다고 볼 법하다. TPP로부터 이탈한 미국과는 달리 오히려 중국이야말로 다자간 자유무역에 대해 분명한 의지를 갖고 있음을 대외적으로 천명하는 기회로 활용할 수 있기 때문이다. 현재 CPTPP의 개별 회원국 입장에서는 순수하게 경제적 논리만 따진다면 교역 비중이 큰 중국의 참여를 일방적으로 반대하기는 어렵다. 그와 같은 가능성을 점치면서 중국은 개별 회원국에 대한 각개격파를 시도하고 있다. 성공 여부는 예단하기 힘들고 전술한 이유로 쉽지는 않겠지만 그렇다고 불가능하다고 볼 일만도 아니다. 그만큼 불확실성이 큰 것이다.

한편 대만은 TPP 참여를 희망했으나 좌절된 바 있다. RCEP에도 참여를 원했지만 역시 좌절되었다. 이는 중국이 '하나의 중국' 원칙을 앞세워 대만의 국제기구 참여를 막았기 때문이다. 여러 면에서 한국과 비교되는 대만이 CPTPP를 가입하려는 적극적인 동기는 무엇보다도 미일동맹에 있다. 대만은 확장된 미일동맹에 하위 파트너로 자진해서 참여하고자 한다. 어떤 방식으로든 중국의 영향력으로부터 벗어나고자 하는 의지가 분명한 것이다. 이를 위해 2022년 2월에는 일본과의 외교 현안인 후쿠시마 식품 수입규제를 11년 만에 완화하기까지 했다. 그러나 한계가 있을 것이다. 대만으로서는 중미갈등 상황에서 CPTPP 가입으로 중국의 방해를 넘어서고자 하지만, 싱가폴을 포함한 CPTPP 원 회원국들로서는 현재 중국과의 경제 관계나 교역 비중을 감안한다면 중국의 강한 반대에 직접 맞서면서까지 대만의 가입을 받아들일 가능성이 크지 않기 때문이다. CPTPP는 중국의 가입이 어려운 만큼 대만도 가입이 어려울 것이다.

중국과 대만의 합류 가능성에 기초해 몇 가지 시나리오를 예상할 수도 있다. 첫 번째 시나리오는 중국이 가입에 성공하는 것이다. 이 시나리오에서는 농업부문 중심으로 한국경제에 미칠 부정적 영향이 매우 클 전망이다. 따라서 중국이 가입하는 상황을 덮어놓고 배제하려고 하면 안 된다. 중국의 가입도 가능성을 열어놓고 따져볼 일이다.

만약 중국이 가입하게 되면 CPTPP는 중국 봉쇄라는 미국의 대외 전략과 정면 충돌하게 된다. 일본과 파이브 아이즈 나라들 같은 미국의 우방국들이 CPTPP를 주도하고 있는 상황에서 중국이 새로운 통상 규범 기준을 충족하면서 가입할 수 있을지는 의문시된다. 그런 점에서 중국이 가입하는 이 첫 번째 시나리오는 CPTPP가 미국의 영향으로부터 자유로워지기 전까지는 현실적인 가능성이 비교적 낮을 수 있다.

중국이 가입하지 못하는 두 번째 시나리오도 가능하다. CPTPP 원 회원국들을 앞세운 미국의 입장에서는 직접 참여하지는 않더라도 자신이 활용할 수 있는 대중국 봉쇄 카드를 쉽게 포기하지는 않으려고 들 수 있다. 첫 번째 시나리오가 실현되면 중국을 견제하는 봉쇄 수단 중 하나가 뚫린다는 의미다. 그런 점에서는 두 번째 시나리오가 가능성이 더 클 수 있다.

그런데 중국이 가입하지 못하는 두 번째 시나리오에서 대만이 가입할 수는 있지 않을지 따져보아야 한다. 가능성이 아예 없는 것은 아니다. 그러나 중국이 싱가폴 등 회원국을 통해 대만 가입을 저지하는 데에 나설 수도 있다. 중국과의 경제적 관계를 고려할 때 기존 회원국들도 불필요한 마찰을 피하는 선택을 할 수 있다. 따라서 중국이 가입하지 못하더라도 대만이 가입하는 것은 어려울 수 있다. 확률은 낮아 보이지만 중국이 가입하지 못한 가운데 대만이 가입하는 경우도 물론 상정할 수 있다. 이 경우 CPTPP는 비록 미국이 직접 참여하는 형태는 아니더라도 일본 등 미국의 우방국들에 의해 중국 봉쇄라는 미국의 아시아 태평양 지역 전략에 충실한 방향으로 운영되는 셈이다.

이 두 번째 시나리오는 미국과 중국이 모두 참여하지 않는 경우다. 두 경제대국이 모두 불참한다면, 그런 경우에도 전례 없이 높은 개방수준과 새로운 통상규범을 기초로 하는 메가 FTA가 안정적으로 지속성 있게 운영될 수 있을지는 판단이 어렵다. 게다가 기 체결된 양허 수준을 감안할 때 향후 가입을 희망하는 나라들의 원 회원국들과의 민감 품목을 둘러싼 조정은 쉽지 않은 과정이 될 전망이다. 그렇다면 우리가 참여하는 것에 어떤 실익이 있을지 불확실하다.

3.3. 체계의 변모 및 재편 가능성 : 미국의 입장

이상 CPTPP가 논의되어온 역사를 살펴보면 어디까지나 이 아태지역 메가 FTA는 미국의 세계구상이 낳은 산물이라는 사실이 분명하다. 비록 지금은 미국이 회원국이 아니지만 그렇다고 미일동맹이 사라지거나 약화된 것은 아니다. 중국 견제의 목표도 분명하다. 중국 반대 목표와 미일동맹이 건재한 만큼, CPTPP는 미국의 전반적인 아태지역 전략에 있어 직접적인 참여 대신 일본을 통한 간접적 관리 대상으로서의 성격을 가지게 된 것으로 판단된다. 비록 미국은 탈퇴했지만 일본이 미국을 대리하는 하위 파트너 자격으로 이 FTA를 이끌어가는 측면이 있다고 할 수 있다. 최근 영국의 가입 움직임도 그 연장선상에 있다고 볼 일이다. 이와 같은 판단을 근거로 CPTPP는 여전히 미국의 아시아 태평양 지역 전략에 종속된 성격을 갖는 것으로 진단된다.

국내 연구기관들이나 언론매체에서는 한때 바이든 당선 후 미국이 CPTPP로 복귀할 가능성을 점치면서 바로 그런 이유로도 한국이 가입에 서둘러야 한다고 주장했다. 그런데 현 상태에서 미국이 당장 CPTPP로 복귀할 가능성은 거의 없다고 봐도 무방하다. 미국 바이든 대통령은 '노동자 중심 통상정책'을 강조하면서 취임 직후부터 시장개방을 수반하는 FTA는 추진하지 않겠다는 입장을 분명히 해왔다. 이는 미국 국내적으로는 극도로 양극화된 미국 사회의 개혁을 위해 중산층 재건을 목표로 일자리 창출에 매진하겠다는 것이며 국제적으로는 TPP 대신 당분간 시장개방 없이 통상 규범의 수준을 높이는 접근법으로 통상 질서를 중국을 배제하는 가운데 자국에 유리하게 끌고 가겠다는 것이다.

실제로는 FTA를 통해 일본 제조업에 수입을 개방하는 것은 대부분 나라들한테는 피하고 싶은 측면이 있는 것으로 알려져 있다. 일본에 대한 구조적인 무역적자는 어쩌면 미국 입장에서도 달갑지 않았을 것이다. 게다가 CPTPP는 양허율이 높아 미국의 복귀는 더욱더 쉽지 않을 전망이다.

이처럼 미국이 CPTPP에 복귀할 가능성은 지금으로서는 희박하다. 그러나 논란은 여전하다. 일례로 피터슨 국제경제연구소를 비롯한 미국 내 싱크탱크들은 사용자들의 이해를 반영해 미국 정부가 CPTPP에 복귀하는 것이 유리하다는 주장을 제기하는 중이다. 아울러 아시아 태평양 지역 내에서 중국의 확장에 맞서 우방국의 공조를 조직함에 있어 FTA보다 더 확실한 국제경제적 장치는 없다는 판단도 수면 밑에 존재한다. 미국으로서도 메가 FTA가 역내 교역의 집중도를 높이는 데에 효과적이라는 점은 무시하기 힘들다. 세계경제 블록화를 위한 수단으로 활용할 수 있기 때문이다. 이에 따라 머지않은 미래에 미국이 현행 CPTPP를 대체하는 새로운 역내 메가 FTA를 자국 주도로 만들 수밖에 없다는 시각도 있다. 원리적으로도 초국적 자본은 어떤 식으로든 공급망을 재편함으로써 기술과 비용 측면의 우위가 세계적으로 분포되어 있는 양상을 축적에 이용하려고 들 것이다.

미국은 CPTPP에 복귀하지 않더라도 자신이 원하면 다시 자신의 입맛대로 현행 CPTPP 체계를 변화시켜 직접적으로 역내 FTA를 재조직하는 결정도 할 수 있을 법하다. 그 경우 일본 등 현재 회원국들은 미국의 의지에 반하는 선택을 하기 어려울 것이다. 왜냐하면 결국 세계경제 블록화는 미국의 중국과의 전략적 경쟁이라는 구도 하에서 진행될 터이기 때문이다. 요컨대 미국은 CPTPP를 대체하면서 보다 높은 수준의 통상 규범을 포함한 새로운 통상 질서를 구상하는 것으로 알려져 있다. 만약 미국이 장기적으로 국내산업 보호라는 부담을 벗어던지고 자유무역으로 회귀해 일종의 'CPTPP+'를 대안으로 기획한다면, CPTPP 원 가입국들 가운데에도 이탈 흐름이 재연될 수 있다. 현재의 CPTPP 자체는 장기적으로 지속가능한 아태지역 교역의 틀이 아닐 수 있다는 판단은 그런 점에서 힘을 얻는다.

한편 미국의 경제 블록화 전략은 중국이 수용하기 어려울 정도로 높은 수준의 통상 규범을 확립함으로써 중국을 고립시키는 방향을 가리킨다. 다만 그런 높은 수준의 통상 규범은 중국뿐만 아니라 미국 자신한테도 불리하게 작용할 수 있다는 사실을 주의해야만 한다.

4. CPTPP의 경제적 영향

4.1. FTA 체결 현황

역대 한국 정부는 개방형 통상국가라는 명분으로 FTA의 글로벌 허브('호구'가 아니라고 하니 조심히 읽어야 한다!)가 되는 전략을 추진해왔다. 2022년 10월 현재 한국에 발효되어 있는 FTA만 해도 총 18건이다. 이미 2021년 말 기준으로 57개국[10]과 FTA를 맺은 상태다. 서명[11] 내지는 타결[12]된 것까지 더하면 총 22건이다.

CPTPP는 현재까지 11개국이 가입 서명을 마쳤다. 일본, 싱가포르, 말레이시아, 베트남, 캐나다, 멕시코, 페루, 칠레, 브루나이, 호주, 뉴질랜드가 그 11개 나라다. 이들의 GDP를 더하면 세계 GDP의 약 13%를 차지한다. 정부는 이 정도의 대규모 경제권에 우리가 참여하지 않으면 손해를 입을 듯이 호들갑이다. 하지만 그런 주장은 FTA에 대한 집착을 못 버린 관료들과 정부

---

10) 미국, 캐나다, 칠레, 페루, 콜롬비아, 파나마, 코스타리카, 온두라스, 엘살바도르, 니카라과 (이상 미주 10개국), 중국, 싱가포르, 말레이시아, 베트남, 미얀마, 인도네시아, 필리핀, 라오스, 캄보디아, 태국, 인도, 터키, 호주, 뉴질랜드, 브루나이 (이상 아시아 및 대양주 15개국), 영국, 스위스, 오스트리아, 벨기에, 체코, 키프로스, 노르웨이, 아이슬란드, 리히텐슈타인, 덴마크, 에스토니아, 핀란드, 프랑스, 독일, 그리스, 헝가리, 아일랜드, 이탈리아, 라트비아, 리투아니아, 룩셈부르크, 몰타, 네덜란드, 폴란드, 포르투갈, 슬로바키아, 슬로베니아, 스페인, 스웨덴, 불가리아, 루마니아, 크로아티아 (이상 유럽 32개국).

11) 2020년 12월 인도네시아, 2021년 5월 이스라엘, 2021년 10월 캄보디아와 각각의 FTA 협정이 서명되었다.

12) 2021년 10월 필리핀과의 FTA 협정이 타결되었다.

용역 타내는데 열중인 기성 학계의 타성과 낡은 인식을 드러낼 뿐이다.

〈표 1〉 FTA 발효 현황

상대국	서명시점(상품무역협정/전체)	발효시점(상품무역협정/전체)
칠레	2003.2	2003.4
싱가포르	2005.8	2006.3
EFTA 4개국*	2005.12	2006.9
ASEAN 10개국**	2006.8 / 2009.6	2007.6 / 2009.9
인도	2009.8	2010.1
EU 28개국***	2010.10	2015.12
페루	2011.3	2011.8
미국 (개정)	2007.6 (2018.9)	2012.3 (2019.1)
터키	2012.8 / 2015.2	2013.5 / 2018.8
캐나다	2014.9	2015.1
호주	2014.4	2014.12
중국	2015.6	2015.12
뉴질랜드	2015.3	2015.12
베트남	2015.5	2015.12
콜롬비아	2013.2	2016.7
중미 5개국****	2018.2	2019.10 ~ 2021.3
영국	2019.8	2020.1
RCEP 14개국*****	2020.11	2022.1

자료 : 산업통상자원부

* EFTA 4개국 : 스위스, 노르웨이, 아이슬란드, 리히텐슈타인
** ASEAN 10개국 : 말레이시아, 싱가포르, 베트남, 미얀마, 인도네시아, 필리핀, 브루나이, 라오스, 캄보디아, 태국
*** EU 28개국 : 오스트리아, 벨기에, 영국, 체코, 키프로스, 덴마크, 에스토니아, 핀란드, 프랑스, 독일, 그리스, 헝가리, 아일랜드, 이탈리아, 라트비아, 리투아니아, 룩셈부르크, 몰타, 네덜란드, 폴란드, 포르투갈, 슬로바키아, 슬로베니아, 스페인, 스웨덴, 불가리아, 루마니아, 크로아티아
**** 중미 5개국 : 파나마, 코스타리카, 온두라스, 엘살바도르, 니카라과
***** RCEP(역내포괄적동반자협정) 14개국 : ASEAN 10개국, 중국, 일본, 호주, 뉴질랜드

2022년 1월 발효되었고 개방 수준이 상대적으로 낮은 중국 주도의 RCEP을 예외로 하면, 한국은 CPTPP 11개국 가운데 9개국과 이미 FTA를 체결한 상태다. 아직 FTA가 체결되지 않은 나라는 일본과 멕시코뿐이다. CPTPP 가입으로 딱 그 두 나라와 FTA를 새로 맺는 셈이다. 적어도 CPTPP 덕에 거대한 수출시장이 새로 열리는 것은 전혀 아니라는 뜻이다. 물론 무역규모 측

면에서 일본을 멕시코와 비교할 수는 없다. 그런 점에서 한국경제에 있어 CPTPP의 실체는 위장된 '한일 FTA'에 가깝다. 과거 정부가 추진하다가 포기했던 바로 그 한일 FTA 말이다.

2022년 11월 13일, 캄보디아 프놈펜에서 열린 윤석열-기시다 후미오, 한일 정상회담.
출처: 민중의 소리

4.2. 양허 수준과 그 효과

한 가지 유의할 점은 CPTPP는 여태껏 있었던 어떤 FTA보다도 시장 개방 수준이 높다는 사실이다. CPTPP는 양허 수준에 있어 가장 높은 수준을 요구한다. 이는 한국의 경우 한미 FTA를 기준으로 그에 상응하거나 내지는 그보다 높은 수준으로 개방해야만 할 것이라는 의미다. 이와 관련해 정부는 일단 가입 협상이 진행되면 회원국 상호 간 이익균형을 도출하는 과정에서 개방 수준을 합리적인 범위 내로 조정할 수 있을 것처럼 낙관하는 듯하다. 양허를 일정 범위 내로 제한할 수 있을 것처럼 말이다. 하지만 그런 정부의 낙관은 전혀 근거가 없다.

실제 CPTPP 회원국 간 협상 결과를 보면 상품 분야에서 품목 수 기준 양허율이 95~100%로 합의되었다. 최장 21년의 장기 철폐, 부분 감축, 관세율할당(TRQ, 일정 수입물량까지는 낮은 관세를 적용하고 초과 시 높은 관세를 적용하는 이중관세제도) 설정 등의 방식으로 각국의 민감한 국내 사정이 일부 반영되기는 했다. 하지만 그것은 어디까지나 예외에 가까웠다. 회원국별로 양허 수준을 비교하면 일본이 95.7%로 가장 낮고 베트남이 97.9%, 멕시코, 페루, 캐나다, 호주, 뉴질랜드, 싱가폴이 99~100%이다. CPTPP 원 회원국 가운데 가장 양허 수준이 낮은 일본의 경우 양허율이 품목 수 기준으로는 95.7%, 수입액 기준으로는 97.6%이다. 그중 농수산물은 양허율이 품목 수 기준 85.1%, 수입액 기준 83.9%이다.[13]

한일 간 무역에서 한국은 소부장(소재, 부품, 장비)을 중심으로 기술 격차를 극복하지 못한 채 일본에 의존해왔다. 수출이 늘어날수록 일본에 대한 무역적자가 커지는 구조적인 현상은 어제 오늘 일이 아니다. 이에 따라 일본에 대한 개방 수준을 높일 경우 예상되는 피해는 제조업을 중심으로 나타날 가능성이 있다. 한국 FTA의 역사는 농업과 농촌을 희생시킨 대가로 재벌

---

13) 제현정·설송이·곽동철 (2018), '한국의 CPTPP 참여에 따른 영향 분석 및 시사점', KITA 통상 리포트, 한국무역협회 통상지원단.; 김호철 (2022), '포괄적·점진적 환태평양동반자협정(CPTPP)의 전략적 의미와 쟁점', 『통상법률』, 2022-02.

대기업의 해외 수출시장을 열어온 과정이었지만 CPTPP는 다를 법도 하다. 이번에는 시장 개방으로 농업뿐만 아니라 제조업도 상당한 피해를 입게 되는 탓이다. 특히 중소 제조업체들과 소부장 부문에서 일본으로부터의 수입이 늘어나면서 국내 자립적 생산의 기반은 도태될 위험을 걱정하지 않을 수 없다. 왜냐하면 그것이 한일 FTA이기 때문이다. 더욱이 일본 정부가 어떤 자들인가. 불과 3년 전 한국을 수출 간소화 대상인 '화이트리스트'에서 배제해 소부장 대란을 가져온 사례에서 보듯 언제든 다시 이웃을 극우정치의 희생양으로 삼을 자들이 아닌가.

CPTPP를 협상하는 과정에서는 농축산물 수입과 관련해 기존에 호주나 뉴질랜드, 캐나다와의 양국 간 FTA에서 확보했던 민감 품목에 대한 양허 제외를 풀어줘야만 할 수도 있다. 이들 나라와 과거에 FTA를 체결할 때 한국이 설령 다른 부문에서 양보를 하는 일이 생기더라도 반드시 개방 예외를 인정받아야 했던 품목이 있었다면, 똑같은 원칙을 CPTPP에 대해서도 적용하는 것이 타당하다고 볼 일이다. 예전에 확보했던 개방 예외를 지켜낼 수 없다면 CPTPP에 대한 미련을 버릴 수도 있어야 한다.

4.3. 정부 논리의 문제점 : CGE 분석 결과의 비판

CPTPP의 경제효과를 분석한 대외경제정책연구원에 따르면 한국이 CPTPP에 가입 할 경우 경제성장에 미치는 효과(이하 '성장 효과')는 실질GDP의 0.33~0.35%에 그칠 전망이다. 이는 CGE 모형이라는 블랙박스 계산기의 산출물이다. 따라서 모형에 반영된 여러 비현실적 가정과 분석 방법의 정태적 한계 때문에 시산 이상의 의미는 없다. 그 점은 경제학자들 사이에서 일반적으로 받아들여지는 견해이다. 그런데 이 대외경제정책연구원의 시산 결과는 시산의 논리가 전혀 공개되지 않아 어떤 부분을 높게 평가하고 어떤 부분을 비판할 것인지 도저히 알 수가 없는 상태라고 할 수 있다.

2022년 3월 25일 정부세종청사 산업통상자원부 대강당에서 열린 '포괄적·점진적 환태평양경제동반자협정(CPTPP) 공청회'. 국민과함께하는농민의길, 한국농축산연합회 등 농어민단체 대표와 농민들이 "요식행위에 불과한 공청회 즉각 중단"을 요구하며 강하게 반발하고 있다. 출처: 한국농정신문

필자가 전공자로서 동태 확률적 일반균형모형(DSGE)의 계산과 시뮬레이션을 수행해온 경험에 따르면, 현재 발표된 정도의 효과에 대해서는 객관적인 판단이 사실상 불가능한 것으로 판단된다. 대외경제정책연구원이 활용한 CGE 모형은 확정적 방법을 적용한 것으로 보이는데 이는 모형의 모든 독립변수들

이 확정된 값으로 입력되었음을 의미한다. 어떤 독립변수들이 입력값으로 모형에 반영되었는지, 독립변수들과 종속변수들 간 연관관계는 어떤 산식으로 표현되었는지, 기본적인 정보가 제공되어야만 객관적인 판단이 가능하다.

특히 문제는 모형에 포함된 독립변수들의 미래값을 둘러싼 막대한 불확실성이다. 결과값을 얻기 위한 독립변수들의 입력값이 얼마인지는 필연적으로 논란의 대상이 될 수밖에 없다. 따라서 정부는 그와 관련된 논란을 방지하기 위해 분석 과정과 결과를 투명하게 제시할 필요가 있다. 요식행위처럼 진행된 공청회에서 아무 근거 없는 결과값만 던지고 마는 식으로는 의혹이 해소될 리 없다.

실제로는 독립변수 입력값의 미세한 변화만으로도 성장 효과 추정치는 얼마든지 달라질 수 있다. 그 경우 0.33~0.35%의 결과값 범위는 별로 의미가 없는 수치가 되고 만다. 공개된 결과값은 독립변수와 관련된 막대한 예측오차를 감안할 때 얼마든지 다른 값으로 나올 수 있었다. 그렇다면 최소한 다양한 시나리오를 정의하고 각 시나리오에서 성장 효과가 취할 수 있는 값의 확률분포가 제시되었어야 했다. 기본안 시나리오의 경우 독립변수 입력값의 변화에 따른 민감도 분석도 수행되었어야 했다.

이번에 대외경제정책연구원이 실질GDP의 0.33~0.35%라는 수치 정도밖에 발표할 수 없었던 것은 CPTPP 가입의 경제적 효과가 사실상 사회적으로 인정받기 어려운 미미한 수준에 그치는 것임을 간접적으로 입증하는 것일 수 있다. 기존의 어떤 FTA에서 성장 효과 예측값으로 이런 숫자가 나온 적이 있는지 정부에 되묻고 싶다. CPTPP보다 개방 수준이 낮은 RCEP에서도 성장 효과는 실질GDP의 0.38~0.68%였음을 상기할 필요가 있다.

CGE 모형을 활용한 연구는 대체로 어떤 것이든 모형에 가정된 구조와 파라미터 선택에 의해 결과값의 많은 부분이 애초부터 결정되는 성격을 갖는다. 결과값이 결코 완전히 객관적인 것은 아니다. 연구자의 선택에 따르는 자의성을 갖는다는 뜻이다. 그렇게 '만들어진' 결과값을 제시하면서 일방적으로 신뢰를 강요하는 정부의 태도는 납득되지 않는다.

혹자는 CGE 모형을 활용한 성장 효과 추산치가 분석 방법론상의 한계 때문에 실제 효과보다 저평가될 수 있다는 점을 지적할지도 모르겠다. 그러나 정부 정책을 지원할 목적으로 국책연구기관에서 제공한 수치가 실제보다 저평가된 결과이기는 어렵다. 다분히 의도적으로 CPTPP의 경제 효과를 부정하지 않는 방향으로 연구가 설계되었을 가능성이 크다. 그런 연구의 결과가 겨우 이 정도의 미미한 수치값으로 나왔다면 연구 결과의 신뢰성은 더욱 낮아진다고 밖에는 볼 수 없다.

한편 혹자는 그럼에도 불구하고 계산 결과의 절대치가 작은 것보다는 어쨌든 양(+)의 값으로 나왔다는 사실 자체가 중요하다고 반론을 제기할지도 모르겠다. 그런데 그런 반론은 양심적인 연구자라면 감히 할 수 없는 변명이다. 정부나 대외경제정책연구원은 밝히지 않았으나 0.33%나 0.35%라는 결과값에 대해서는 표준오차가 개념적으로 정의될 수 있다. 그 표준오차의 크기에 따라서는 0.33이나 0.35는 통계적으로는 0과 다르지 않은 값일 수 있다. 일정한 신뢰수준에서는 마이너스 값도 나올 수 있었다는 의미다. 정부가 관련 연구의 세부 내역을 공개하지 않는다면 이와 같은 필자의 진단이 결코 억지가 아니다.

더욱이 이와 같은 유형의 정태적인 수량 모형을 가지고 FTA 일반이 가져오는 사회 재구조화 효과까지 평가하는 것은 불가능한 일이다. 미국 주도의 세계전략에 맹목적으로 매달리면서 신자유주의를 극단까지 추구해온 과거 역사가 우리 사회에 초래한 여러 문제들에 대해 정책 당국이나 정치권에서 아직도 아무런 진지한 성찰이 없다면 그것은 차라리 비극이라고 해야 할 것이다. 신자유주의적 세계화가 우리 사회를 위한 바람직한 방향인지에 대한 사회적 논의를 더 미루지 말고 한미 FTA에 대한 평가 과정에서 심도 깊게 진행해야 할 시점이다. 미국 스스로 자유무역의 틀을 깨면서 중미갈등을 심화시키고 있는 점, 글로벌 공급망 재편과 함께 경제블록화가 진행되는 현실, 과거에는 신자유주의의 전도사 역할을 했던 OECD, IMF 등 국제기구마저 대안적 성장의 논리를 국제사회에 제안할 수밖에 없는 양극화된 자본주의 사회의 문제들, 이와 같은 변화된 현실을 직시해야 할 때이다. 그렇다면 CPTPP에 대해서도 과거의 낡은 관점을 버릴 때가 아닌가.

필자는 정부로서도 경제적 관점만으로는 뚜렷한 가입 명분을 제시하기가 쉽지 않다는 사실을 인정할 것이라고 본다. 실은 그 점을 인정할 수밖에 없을 것이다. CPTPP 가입에 따라 예상되는 성장 효과가 작을 수밖에 없는 근본적인 한 가지 이유는 한국이 이미 FTA를 전 세계적으로 가장 많이 가장 공격적으로 체결해왔기 때문이다. 한국과 FTA를 체결한 나라는 2017년 세계 GDP의 72%였고 동 비율이 2022년에는 85%에 달했다. 이제는 더 이상 늘어나기 어려울 정도로 충분히 늘어났다. 상당히 폭넓은 FTA 네트워크를 갖추고 있는 것이다. 앞에서 진술했듯이 한국은 CPTPP 회원국들 대부분과도 양자 FTA를 이미 체결한 상태다. 멕시코와 일본 두 나라만 예외다. CPTPP 회원국 다수와 양자 간 FTA가 체결된 상황에서 CPTPP 가입이 당장 안 된다고 수출시장을 통째로 잃을 것처럼 호들갑 떨 일이 아니다. 따라서 CPTPP에의 참여 여부가 결정적으로 한국경제 성장 효과에 차이를 가져오기는 힘든 것이 사실이다. 단지 기존에 이미 체결된 FTA 체계에 더해지는 한계적인 효과에 그칠 공산이 큰 것이다.

다만 그런 경우에도 문제가 될 수 있는 것은 CPTPP 가입 시 한국이 기존에 체결한 FTA의 협약 사항에 대해서도 재협상이

뒤따르게 된다는 사실이다. 예를 들어 양허가 장기에 걸쳐 유예된 품목에 대해 양허 유예 기간이 단축되는 등의 부정적인 영향이 있을 수 있는 것이다.

4.4. 무역수지 적자 문제

한국의 전체 수출입금액 중에 CPTPP 11개 기존 회원국과의 교역 비중은 2021년을 기준으로 할 때 수출 22.2%, 수입 25.5%에 이른다. 2021년 총 수출액 6,444억불 가운데 1,431억불, 그리고 총 수입액 6,151억불 가운데 1,569억불이 CPTPP 11개 회원국 대상 수출액, 그리고 수입액이다. 그런데 이들 11개 회원국과의 최근 무역수지를 살펴보면 2017년 81억불 흑자로부터 2018년 18억불 적자, 2020년 58억불 적자, 2021년 138억불 적자로 무역역조(적자)가 심화되는 추세라는 사실이 눈에 띈다.

FTA 미체결국인 일본과 멕시코만 놓고 보면 한국은 2017년 218억불 적자, 2021년 212억불 적자로 이 두 나라 때문에 무역적자가 최근 크게 늘었다고 보기는 어렵다. 오히려 CPTPP 회원국에 대한 최근 무역수지 악화는 기존에 이미 한국과 FTA가 체결되어 있는 9개 나라에 대한 무역흑자가 2017년 299억불, 2018년 159억불, 2020년 132억불, 2021년 74억불로 급격히 줄어든 탓이다. 어쩌면 기존에 체결되었던 FTA의 효과가 이와 같이 무역역조로 나타나고 있는지도 모를 일이다. 전체 11개 회원국 중에서 특히 일본과 호주에 대한 무역적자가 규모가 크다.

<그림 2> CPTPP 11개 회원국 상대 무역수지 추이

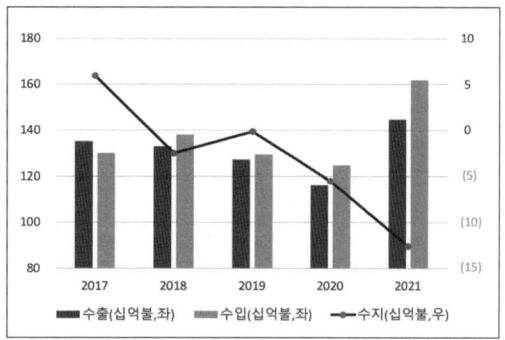

자료 : 한국무역협회 국가별 수출입통계

<그림 3> FTA 기체결 여부에 따른 무역수지 추이

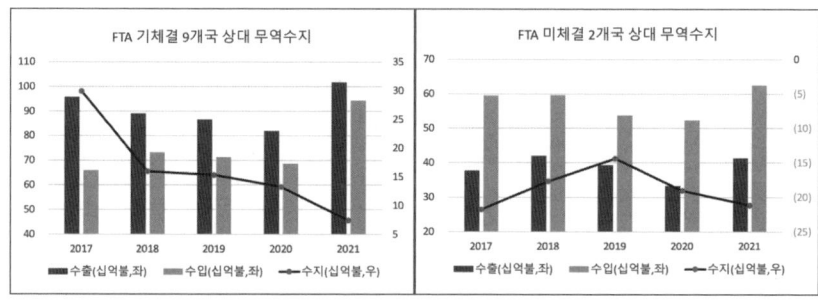

자료 : 한국무역협회 국가별 수출입통계

<그림 4> 일본과 호주에 대한 무역수지 추이

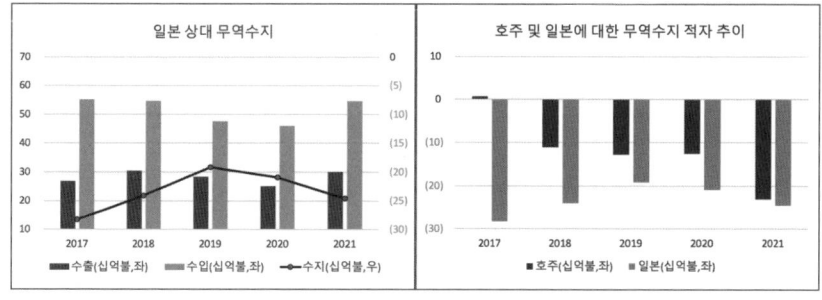

자료 : 한국무역협회 국가별 수출입통계

향후 CPTPP에 가입하려는 과정에서는 이미 FTA가 체결된 이들 회원국과 개방 수준을 놓고 재협상을 벌이게 된다. 그 경우 개방 수준은 높아지기 마련이다. CPTPP가 요구하는 개방 수준 자체가 높아서다. 게다가 가입 협상은 후발 가입희망국에게 특히 불리하기까지 하다. 일본 등 회원국이 제시하는 조건을 받아들이지 않으면 가입 자체가 안 된다. 민감 품목에 대한 충분한 개방 유예(양허 제외)를 얻어낼 가능성은 없다. 가입 신청부터 서두르고 그런 다음 협상하면 된다는 정부의 태도는 그래서 무책임하다.

그렇다면 한국경제에 있어 CPTPP 가입은 최근 무역적자가 늘어나고 있는 나라들을 상대로 앞으로 시장을 더 열어야 한다는 뜻이 된다. 그렇게 되면 아무래도 무역적자는 더 커지기 쉽다고 볼 일이다. 이제 설상가상으로 일본에 대한 구조적 무역적자까지 더해지면 결국 CPTPP 가입은 최근 무역역조 심화 흐름에 기름을 붓는 격이 될 수 있다. 무역에서 적자가 늘어나는 것이 바람직할 리 만무하다. 그것은 적어도 경제성장에 대해서는 확실히 부정적이다. CPTPP 가입이 한국경제에 0.33~0.35%의 한계적인 크기로나마 도움이 될 것이라는 정부 주장은 그래서도 믿을 수 없다.

4.5. 산업별 영향 : 제조업, 농축산업, 수산업

4.5.1. 제조업[14]

CPTPP는 공산품 무역의 경우 양허 수준이 99.8%로 전 품목 관세 철폐가 원칙이다. CPTPP 가입 시 같은 제조업이라도 부문별 득실이 존재한다. 다만 전체적으로 보면 수출 확대에 따른 성장 효과를 낙관하기는 어려운 실정이다. 특히 일본에 대한 무역 역조가 확대될 우려가 크다. RCEP에서는 일본으로부터의 수입에 있어 양허율이 수입액 기준 76% 수준이고 양허 품목의 경우 10년 이상 기간에 걸쳐 관세를 철폐하기로 합의함

2008년 8월 19일 과천 정부종합청사 어업용 면세급유 유가급등에 대한 대책 마련 집회. 어민 생존을 보장하라며 어민들이 구호를 외치는 모습. 출처: 민중의 소리

---

14) 『CPTPP 전문가·무역업계 대토론회 - 갈림길에 선 한국, CPTPP 참여해야 하나?』, 한국무역협회, 2018.10.; 백일, 'CPTPP, IPEF 협상과 상품제조업부문 영향과 분석', 『CPTPP 가입이 우리에게 미치는 영향』, CPTPP 국민검증단 전문가 위원 발표회, 2022.9.

에 따라 부담을 줄일 수 있었다. 자동차, 기계 등 품목이 양허 제외되었다. 그러나 CPTPP에서는 양허가 제외되는 경우가 드물고 관세철폐기간도 단축될 것이 예상된다.

일본은 배터리나 스마트폰 등을 제외하면 대부분 공산물 무역에서 CPTPP 회원국들이나 한국에 비해 기술적 우위에 있다. 관세는 낮아도 비관세장벽이 높아 양허 수준과 무관하게 무역역조 가능성이 큰 상대국이다. 예를 들어 섬유산업의 경우 탄소섬유 등 산업용 섬유는 일본과 기술격차가 벌어져 있어 피해를 입을 가능성이 크다. 기계산업도 일본에 대한 무역 적자 폭이 이미 크며 CPTPP 가입 시 경쟁력 상실로 적자 폭은 더 커질 전망이다.

자동차 산업은 캐나다, 호주, 페루, 싱가폴의 경우 기존 양국 간 FTA에서 이미 무관세이므로 CPTPP에 따른 수출 확대는 기대하기 어렵다. 반면 일본에 대해서는 무역 적자가 커질 것이 확실해 산업계에서 우려가 있다. 국산차는 일본에 사실상 수출되지 않는다. 자동차 산업은 현재로서는 시장개방보다 내부 문제 해결이 우선이라는 의견이 설득력이 있다. 자칫 개방을 서두르다 부품업체들을 포함해 국내 기업만 일방적으로 피해를 볼 가능성이 있다. 일본에 대한 자동차 산업 양허는 극히 조심스럽게 접근해야 하는 문제다.

한국이 CPTPP에 가입할 경우 일본에 대한 개방으로 인해 불가피하게 제조업 산업구조조정이 초래될 가능성이 크다. 소부장 분야에 있어 자립 기반은 지금보다 더 침해되기 쉽다. 일부 품목을 제외하면 제조업 생산이 위축될 위험이 크다. 한국이 일본에 대해 경쟁력을 가진 스마트폰이나 배터리 부문은 이미 무관세 상태이기 때문에 FTA를 새로 체결하더라도 효과가 별로 없다. 더욱이 스마트폰과 같은 품목에서 일본 소비자들은 혐한 성향이 강해 수입시장을 뚫고 들어가기도 만만치 않은 것이 냉정한 현실이다.

특히 로봇, 기계, 첨단 소재 및 부품 분야의 기술경쟁력이 향후 점차 중요해질 것으로 예상되는 가운데, 준비되지 않은 상태로 CPTPP에 참여하게 되면 일본과의 경쟁에 노출되면서 이들 분야에서 한국 산업의 경쟁력을 끌어올릴 수 있는 기회가 제한되기 쉽다. 장기적으로 한국 제조업에 부정적인 영향이 예상되는 것이다.

4.5.2. 농축산업[15]

농축산물 무역의 경우 CPTPP는 양허 수준이 품목 수 기준 96.3%이고 즉시 관세가 철폐되는 품목도 81.1%다. 자유화 수

---

15) 이 절의 논의에서는 다음 글을 참조하였다. 정대희, 'CPTPP 가입으로 인한 농업부문 영향', 『포괄적 점진적 환태평양경제동반자협정(CPTPP) 대응 토론회』, 정의당, 2022년 4월.; 이근혁, 'CPTPP, 국내 농업·먹거리에 미치는 영향은?', 전국농민회총연맹 등 주최 국회토론회 자료집, 2022년 6월.; 이수미, 'CPTPP 한국 농업에 미치는 피해분석', 『CPTPP 가입이 우리에게 미치는 영향』, CPTPP 국민검증단 전문가 위원 발표회, 2022.9.

준은 호주, 뉴질랜드, 싱가폴, 페루가 100%이고 베트남은 99%, 멕시코는 95.6%, 캐나다는 93.2%, 일본은 76.2%다. 현재 한국이 CPTPP 원 회원국과 체결한 양국 간 FTA에서 농축산물 수입 관련 양허 수준은 호주 88.2%, 캐나다 85.2%, 베트남 75.0%, 뉴질랜드 85.3%로 추가 개방 압력이 예상된다. 일본과는 RCEP에 함께 참여하고 있으나 주요 농산물은 양허에서 제외해 개방하지 않은 상태다.

한국의 농축산물 수입에 있어 CPTPP 회원국으로부터의 수입은 금액으로는 현재 약 130억 달러이고 비중으로 따지면 1/4 정도다. 수입을 많이 하는 순서는 양허 수준이 높은 순서와 일치해 호주, 캐나다, 베트남, 뉴질랜드 순이다. CPTPP 가입 시 이들 국가를 중심으로 농축산물 수입이 늘어나면서 국내 생산은 위축될 염려가 큰 상황이다.

기존 FTA에서 개방하지 않은 쌀, 보리, 감자, 대두, 감귤, 오렌지, 꿀, 분유, 고추, 마늘, 양파 등 품목을 중심으로 영향이 있을 전망이다. 기존 한-베트남 FTA에서 쌀이 양허 제외되었던 점을 감안하면 CPTPP 협상 과정에서 베트남으로부터의 쌀 수입이 쟁점으로 부각될 가능성이 있다. 쌀은 어떻게든 일본이 확보한 수준으로 국내적인 민감성을 인정받을 수 있을지가 관건이다. 협상 시 일부 회원국에 대해서는 일본처럼 상당한 규모로 무관세 TRQ를 제공해야 할 수 있다. 이미 기존 FTA에서 개방이 된 품목 가운데에서도 쇠고기처럼 관세를 장기적으로 없애기로 한 품목은 남아있는 관세가 조기에 철폐됨에 따른 추가적인 영향이 있을 것으로 보인다. 한편 우리와 FTA를 체결하지 않은 멕시코의 경우 열대과일, 돼지고기, 쇠고기 등 수입이 늘어날 수 있다.

CPTPP 협정문 중 위생검역 챕터는 여전히 논란이다. 광우병이나 GMO 농축산물의 잠재적 영향처럼 과학적 입증 자체가 곤란한 사안 조차 수입국이 입증 책임을 지게 된 점은 향후 문제가 될 수 있다. 출처: 한국농정신문

현재 신선과일이나 열매채소 품목은 양허 수준과 다소 무관하게 위생검역(SPS) 조치에 따라 주요 수출국으로부터의 수입이 사실상 금지된 상태다. 이에 따라 사과, 복숭아, 배, 단감, 자두 등은 신선상태로는 수입되지 않고 있다. 위생검역 절차가 일종의 비관세장벽으로 기능해온 셈이다.

CPTPP는 협정문의 제7장 위생검역 챕터에서 이 문제를 다루고 있다. 그 내용을 살펴보면 SPS에 대해 높아진 규범 수준을 제시하며 동일한 방역체계를 갖춘 시설을 하나의 구획으로 간

주하는 구획화 조치를 통해 더 이상 SPS가 비관세장벽이 되지 못하게 하고 있다. 수출국 요청에 따라 관련 모든 사안에 대해 정보를 제공해야 하고 SPS를 완화하거나 소요 시간을 단축해야 하는 등 수입국의 의무가 강화되었다. 위생검역 조치의 동등성을 강화한 것도 특징이다.

그러나 광우병이나 GMO 농축산물의 잠재적 영향처럼 과학적인 입증 자체가 곤란한 사안에 대해서조차 수입국이 입증 책임을 지게 된 점은 향후 문제가 될 수 있다. 위생검역에 있어 주권이 제한되고 사전 예방의 원칙이 관철되지 않는다면 건강과 먹거리 안전에 대한 시민의 보편적 권리마저 침해될 수 있다. 자유무역의 망령이 시민의 생명을 볼모로 잡으면서 자신의 완전한 권리를 주장하는 형국이다.

한국의 곡물자급률은 2000년 29.7%에서 2020년 20.2%로 하락세가 이어지고 있다. 식량안보 차원에서는 자급률이 더 내려가지 않도록 막아내는 것이 바람직하다. 더욱이 지방소멸의 위험을 감안하여 가족농의 자립적 생계기반 확충에 정책적인 노력을 경주할 필요성이 크다.

4.5.3. 수산업[16]

수산물 무역의 경우 CPTPP는 회원국 예외 없이 전체적으로 사실상 100% 양허 수준이다. 현재 한국이 CPTPP 원 회원국과 체결한 양국 간 FTA에서 수산물 수입 관련 양허 수준은 호주, 뉴질랜드, 캐나다, 페루와는 99~100%이고 베트남은 91.3%, 일본은 47.9%이다. 따라서 베트남과 일본으로부터 추가적인 시장개방 압력이 예상된다. 한국의 일본에 대한 수산물 수출에 있어 주력 품목은 김이다. 그런데 일본은 CPTPP 협정에서 유독 김을 포함한 해초류에 대해서만 부분 감축으로 양허 제외한 상태다. 이에 따라 대일 수산물 무역 또한 불리할 전망이다.

한편 CPTPP 제20장 환경 챕터는 수산보조금 문제를 다루고 있다. 면세유와 같은 수산보조금에 대해 CPTPP 협정문이 명시적으로 금지하고 있지는 않다. 그 대신에 과잉어획 상태에 있는 어족자원에 부정적 영향을 미칠 수 있는 보조금을 금지한다는 포괄적인 접근을 취하고 있다. 여기서 과잉어획 상태에 대한 개념 규정이 애매해 다툼의 소지가 없지 않다. 한국 정부는 총허용어획량을 통제하고 수산자원 회복사업을 전개하는 등 수산자원 관리의 효율성을 개선하면 과잉어획 상태가 해소되거나 부정적 영향이 줄어들 수 있다는 것을 근거로 회원국들을

---

16) 김호철 (2022), '포괄적·점진적 환태평양동반자협정(CPTPP)의 전략적 의미와 쟁점', 『통상법률』, 2022-02.; 백일, 'CPTPP 수산업 영향과 협상의 쟁점', 『CPTPP 가입이 우리에게 미치는 영향』, CPTPP 국민검증단 전문가 위원 발표회, 2022.9.

설득하겠다는 입장이다. 하지만 그런 소극적인 설득으로는 현행의 각종 수산보조금이 금지되고 마는 결과를 절대로 피할 수 없을 것이다.

결국 면세유 등 보조금은 금지될 공산이 크다. 현재 한국은 어업에 대한 직간접적인 지원 규모가 연간 3조원이고 그중에서 면세유는 0.7조원 수준이다. 어민들로서는 불안정한 생계기반을 지원하는 안전망으로서의 보조금 제도가 금지되면 생존권이 침해되는 중대한 피해를 입게 된다. 이 문제와 관련된 확실한 정부 대책 없이 CPTPP 졸속 가입을 추진하면 결국 그로 인한 손실은 어민들만 부담하게 될 수 있다.

지금은 농축산업과 농촌, 수산업과 어촌에 대한 종합적인 국가적 대책이 제시되어야 하는 시점이다. 한국 정부는 지금까지 그랬던 것처럼 앞으로도 농림축산어업을 포기하고 희생시킬 것인지에 대해 답해야 한다. 닥쳐올 식량위기에 어떻게 대응할 것인지, 최소한의 식량자급률은 어떻게 지켜낼 것인지, 농림축산어업의 탄소중립 산업전환은 어떻게 달성할 것인지, 지방소멸은 어떻게 막을 것인지 사회적 합의를 도출해야 한다. 현 시점에 있어 졸속적이고 굴욕적인 CPTPP 가입은 한국의 농업과 농촌, 어업과 어촌을 둘러싼 사회적 과제 해결을 가로막는 최악의 선택이 될 수 있다. 그럼에도 불구하고 농어민들의 반대를 무릅쓰고 정부가 일방통행식으로 CPTPP 가입을 기정사실화하는 현 상황이 매우 우려스럽다.

4.6. 새로운 통상 규범

CPTPP는 또한 새로운 통상 규범을 도입하는 점에서 그 의의를 평가할 수 있다. 상품무역, 원산지, 위생검역(SPS), 기술무역장벽(TBT), 서비스, 투자, 전자상거래, 국영기업, 지재권, 노동, 환경 등 다양한 분야의 다자규범이 총 30개 챕터의 협정문에 반영되어 있다. 이들 다자규범은 향후 국제적인 통상질서의 방향성을 보여주는 것으로 이해된다.[17] CPTPP 협정에서 제안된 높은 수준의 통상 규범들은 그것 자체로 참고할 가치가 충분하며 한국경제에 도움이 되는 통상 규범이라면 사회적 합의를 기초로 얼마든지 국내적으로 필요한 제도를 갖춰갈 수 있다. 그러나 그렇다고 통상 규범의 국내 제도화가 반드시 CPTPP 가입을 전제로 하는 것은 아니다. CPTPP에 가입하지 않더라도 이들 새 통상 규범 가운데 바람직한 부분에 대해서는 국내 제도화가 얼마든지 가능하기 때문이다.

CPTPP에 가입하지 않으면 새로운 통상 질서 형성 과정에서 소외되고 통상 규범상의 변화에 뒤처지게 된다는 당국의 주장은 억지에 가깝다. 오히려 준비되지 않은 채로, 우리 경제에 미칠 영향이 부정적임에도 불구하고 단지 그것이 외국에서 만든 규범이라는 이유만으로 우리도 무조건 받아들여야 한다고 보는 태도야말로 경계해야 한다.

---

[17] 이효영 (2021), '아시아 지역경제통합의 동향과 전망: RCEP과 CPTPP 비교검토를 중심으로', 주요국제문제분석 2021-05, 외교부 국립외교원 외교안보연구소.

4.6.1. 공공부문

　CPTPP 협정문 제17장 국영기업 챕터는 회원국 국영기업에 의한 시장질서 왜곡 및 경쟁제한 행위를 경쟁중립성 원칙에 기초해 규율하는 내용을 담고 있다. 국영기업에 대한 비상업적 지원을 금지하는 것이 주요 골자이다. 이 국영기업 관련 규정은 한국 공공부문의 경제활동에 있어 상당한 제한 요소로 작동할 소지가 있다. 각종 특별법으로 정부가 공공기관의 손실을 보전하고 채무를 보증하기로 한 규정들이 CPTPP 협정과 저촉되는 경우를 예상할 수 있기 때문이다. 그렇게 되면 최악의 상황에서는 윤석열 정부가 바라는 공공부문 민영화가 CPTPP 때문에 강제될 수도 있을 것이다. 윤석열 정부로서는 CPTPP를 핑계로 공공부문 민영화를 더욱 강도 높게 밀어붙이려고 들 수 있다.[18]

---

18) Smith, Sanya Reid., "South Korea's CPTPP accession: some implications for public services & workers' rights," 국제공공노련 아태지역사무소 온라인 워크숍 발표자료, 2022년 11월. CPTPP는 미국의 탈퇴에도 불구하고 미국이 주도했던 초기 문제의식을 반영하고 있어 투자자의 이익을 주권보다도 앞서서 보호하려는 특징이 여전히 발견된다. 국가가 정책적으로 노동을 보호하고 생태적 위기에 대응하려고 하더라도 그것이 국제 투자자의 이해관계와 상충하게 되면 국가의 정책에 제약으로 작용할 수 있다는 것이다. CPTPP에서는 투자자-국가 간 분쟁해결(ISDS)의 범위가 TPP 협정에 비해 좁아져 회원국 정부와 투자 계약을 체결하는 회원국 민간 기업들의 ISDS 조항 사용은 유예되었다. 구체적으로 CPTPP 회원국 투자자들이 정부와 투자 계약을 맺은 경우 정부를 상대로 한 소송이 허용되지 않으며, 공중보건이나 공공교육 등 사회서비스와 관련한 정부규제에 대해서도 소송이 불가능하다. 그러나 이는 기존 관련 조항의 일부 유예일 뿐이며 전반적인 틀과 접근법이 바뀐 것은 아님에 유의할 필요가 있다(이요셉 (2018), 'CPTPP 타결 의미와 시사점', KITA 통상리포트, 한국무역협회 통상지원단, 6-7쪽). 노벨 경제학상을 수상한 조지프 스티글리츠는 이런 점 때문에 TPP가 환경, 보건, 안전 등에 대한 규제를 제한할 수 있어 가장 나쁜 무역 협정이라고 비판했다(Stiglitz, 'Let's hope for better trade agreements - and the death of TPP,' The Guardian, 10 Jan 2016). 또 다른 노벨 경제학상 수상자인 폴 크루그먼 역시 초국적 기업에 의한 국가 제소가 허용되는 것을 비판한 바 있다(Krugman, 'Why Goldman Sachs Likes Obama's Trade Agenda Z. Carter,' The Huffington Post, 26 May 2016).

4.7. 이익균형과 무역 이득의 공유 가능성

　신자유주의자들은 무역이 당사국들에게 이득을 가져온다고 주장하지만, 현실은 그보다 훨씬 더 복잡해 실제로는 피해 계층이 입는 손실은 확실하고 직접적인 데 반해 수혜 계층이 입는 손실은 숨겨지기 마련이다. 더군다나 CPTPP는 성장 효과마저 매우 미약하고 불확실할 것으로 예측되고 있다. 대단히 미약한 성장 효과에 비해 농어민들이 직접적으로 입게 될 피해는 확실하고 치명적이다.

　추가적인 시장 접근성 확대로 교역이 늘고 경제성장률이 오르는 일이 있더라도 그 혜택은 어차피 초국적 자본과 국내 재벌에 집중되고 말 것이다. 그리고 그들의 이득이 전 사회적으로, 특히 피해 계층에게 재분배될 수 있을 것이라고 기대하는 사람은 이 땅에 단 한 명도 없을 것이다. 성장은 개선되지 않고 분배만 악화되는 결과가 될 가능성이 크다. 과거 한중 FTA 당시 정부가 농어촌 상생기금을 약속했지만 그 약속의 이행에 차질이 빚어진 일들이 선례로 남아 있다. 농어촌 상생기금은 무역 이득을 공유한다는 문제의식으로 도입되었지만 민간 기업의 자발적 기부에 의존하는 데 그쳐 당초 자금조성 목표에 크게 미달한 상태를 벗어나지 못하고 있다. CPTPP와 관련해서도 어떤 사후적인 지원 대책이 나오든 그 약속이 제대로 이행될 것이라고 기대하기 어렵다. 피해 계층을 설득시킬 여지도 그만큼 적다.

혹자는 CPTPP 가입을 미리 막지는 말고 협상에 참여해 우리에게 유리한 이익균형을 도출할 것을 제안하기도 한다. 그러나 CPTPP는 기존 FTA에 비해 개방 수준이 높아 중소제조업 소부장 기반과 필수 농수산업의 식량주권은 현재보다 침해되기 쉽다. CPTPP 하에서는 어떤 가상의 이익균형에서도 이들 민감 품목에 있어 현재 수준의 개방도가 유지될 수는 없다. 정부는 유연성을 발휘해 협상 과정에 빠져서는 안 된다고 주장하지만, 그것은 이익균형이 실제로 존재하고 피해 계층이 충분한 지원을 기대할 수 있을 때 가능한 논리다. 이번에는 아니다.

5. 경제안보와 한일 관계

5.1. 경제안보

전통적인 신자유주의적 세계화는 각국의 무역 장벽과 투자 장벽을 낮추는 것에 일차적인 초점을 맞추었다. 그러나 현재 세계경제는 강대국들을 중심으로 자국우선주의가 노골화되는 가운데 기술 경쟁과 공급망 경쟁이 첨예화되고 있으며 경제를 안보 개념과 연계시키는 추세다. 자국 내 생산역량을 확충하는 방향으로 초점이 이동하고 있으며 경제위기와 같은 유사시에 필수 재화의 공급망이 충분한 복원력을 가지고 회복될 수 있는지가 중요해지고 있는 것이다. 그것이 경제안보의 문제다.

그런데 경제안보를 위한 가장 효과적인 방법으로 CPTPP 가입이 최선이라는 보장은 없다. 이를테면 설령 지난 정부 기간에 이미 CPTPP에 한국이 가입해 있었다고 가정하더라도, 당시 일본의 한국에 대한 소부장 수출 제한이 달라졌을 리는 없다. CPTPP 가입이 공급망 복원력을 향상시킨다는 일각의 주장은 그런 점에서 납득하기 어렵다.

물론 다수 국가가 참여하는 메가 FTA는 역내 시장을 단일 원산지로 묶어냄으로써 교역 환경의 안정성을 높일 수 있다. 이는 기업이 공급망을 재편하는 과정에 있어 고려 요인이 될 것이다. CPTPP 하에서는 단일 원산지 기준 외에도 역내 원산지 완전누적이 인정(최종재의 원산지를 판정함에 있어 역내에서 창출된 모든 부가가치를 누적해서 인정)되고 있어 가입국들로서는 역내 교역 비중을 키우고 공급망을 역내에 집중하는 것이 더욱 유리하다. 그런데 특히 원산지 누적 인정에 따라 CPTPP 가입 시 관세 상의 특혜를 누릴 수 있는 가공식품 원재료의 범위가 회원국 전체로 확대되는 것은 국내 생산자들에게 중대한 영향을 미칠 것으로 보인다. 그 점 또한 국내의 식품 원재료 생산자들로서는 불리한 부분이다.

CPTPP에 가입한다고 해서 공급망이 현실적으로 CPTPP 회원국들 사이에만 국한될 수는 없다. 미일동맹의 전략대로 중국이 의도적으로 배제된다고 하면 CPTPP가 제공할 수 있는 역내 공급망은 더욱더 제한적일 수밖에 없다. 일본과 한국처럼 외교

현안으로 인한 분쟁 소지가 큰 나라들이 함께 참여하는 상황에서 역내 공급망 복원력이 클 것이라고 예단하기도 어렵다.

5.2. CPTPP는 한일 FTA[19]

한국과 같은 후발 가입 희망국으로서는 CPTPP가 양자 간 협정이 아니라 다자 간 협정이라는 사실도 협상의 여지를 좁히는 측면이 있다. 최초 회원국 간 합의 결과로 협정문에 포함된 규범 전체를 수용하고 국내 제도를 이에 일치시키는 과정이 이루어져야 하기 때문이다. 양자 간 협상에서는 협정 문안의 조율 가능한 폭이 상대적으로 넓지만 이미 체결된 다자 간 협정의 경우에는 신규 가입국이 기존 문안의 수정을 주장할 수는 없다.

CPTPP는 가장 높은 수준의 시장개방을 요구하며 원 회원국 사이에 이미 합의된 규범을 후발 가입국의 경우 전면 수용해야 하는 특징이 있다. 가입을 희망하는 나라는 CPTPP 규범을 100% 받아들인다는 전제 하에서 자국의 규범 합치성과 제도화 계획을 원 회원국들에게 제시해야 한다. CPTPP 가입에 목매는 한국 정부로서는 협상여건 자체가 불리한 것이 사실이다.

---

19) 주제준, '한일 역사정의와 평화 그리고 CPTPP 가입저지 운동', 『CPTPP 가입이 우리에게 미치는 영향』, CPTPP 국민검증단 전문가 위원 발표회, 2022.9.

2022년 7월 12일 서울역 출구 앞 도로에서 열린 '농어업홀대 윤석열정부 규탄! 농어민생존권 쟁취! CPTPP가입저지! 범국민대회'. 출처: 한국농정신문

실제로 2019년 1월 공개된 신규 가입 절차 및 조건을 보면 기존 회원국에 절대적으로 유리하다. CPTPP는 후발 가입 희망국의 가입 신청에 대해 원 회원국들 간에 만장일치가 이루어져야 한다. 가입절차를 개시하면서 워킹그룹을 구성할 때, 워킹그룹에서 가입조건을 합의할 때, 그리고 합의된 가입조건을 근거로 최종 승인 여부를 결정할 때, 원 회원국 전체의 동의가 필수적이다. 결국 현실적으로는 이와 같은 세 단계에 걸쳐 한국은 일본의 가입 동의를 받아야만 하며 그 과정에서는 한일 양국 간 외교 현안 이슈가 제기될 수밖에 없다. 일본은 이미 한국의 CPTPP 가입을 막겠다는 입장(2019년 3월 22일 산케이 신문 보도)을 천명한 상태다. 가입 신청을 일본이 받아들이게 하려면 위안부 문제나 강제징용 배상과 관련해 상당한 폭으로 양보할 수밖에 없다는 뜻이다.

일본은 한국 정부에 후쿠시마 주변 8개 현 수산물의 수입금지 조치를 철폐할 것을 강하게 요구해 왔다. 급기야 2023년 4월부터는 오염수의 해상 방류를 계획하고 있다. 그런데 한국 정부는 국민의 생명 안전과 직결된 이 문제를 도외시하면서 일본에 CPTPP 가입을 간청하려는 형국이다. 이미 대만 정부도 CPTPP 가입을 신청하는 과정에서 최근까지 11년 간 유지해온 5개 현 식품에 대한 수입금지 조치를 조건부 수입 허용으로 완화해야 했다. 일본의 현안 제기에 대해 우호적인 협상 여건을 만들기 위해 대만 정부로서는 그럴 수밖에 없었을 것이다. 대만에 비하면 한국은 일본과의 현안 이슈에서 긴장의 강도가 더 높다.

한국 정부가 CPTPP 가입을 신청하면 일본은 이미 공개적으로 천명했던 것처럼 강제징용 판결을 비롯한 과거사 문제와 후쿠시마 수산물 수입제한 문제 등 숱한 현안들을 제기하고 나설 공산이 크다. 한국 정부는 CPTPP 가입과 후쿠시마 수산물 수입제한은 별개의 사안이며 연계될 수 없다고 밝힌 바 있지만, 이는 한국 정부만의 주관적 희망사항일 뿐이다. 일본이 그 둘을 별개의 사안으로 받아들일 리 없다. 실제로 지난 2022년 2월 12일 아사히신문 보도에 따르면 대만의 수입 재개 배경에는 CPTPP 가입에 대해 일본의 지지를 얻기 위한 목적이 있으며 이는 "CPTPP 가입을 신청한 중국이나 가입에 의욕을 보이는 한국과 협의를 진행하는 좋은 기회"(같은 날짜 연합뉴스 보도 인용)가 될 것이라는 전망이 제기되고 있다.

그렇다면 가입 조건과 관련해 일본이 위안부 문제를 덮고 강제징용 배상을 철회할 것을 요구할 경우 한국 정부는 어떻게 해야 하는가. 후쿠시마 수산물 수입을 재개하고 오염수 방류를 수용하라고 요구하면 어떻게 할 것인가. 일본이 그와 같은 요구를 조건으로 제시할 가능성이 매우 큰 상황에서 한국 정부는 일본에 어떤 답을 제시할 셈인가. 가입 신청을 굳이 해야겠다면 한국 정부는 일본과의 협의 과정에서 어떤 입장을 견지할 것이고 어느 선까지 양보를 할 의사가 있는지 먼저 국민들한테 설명하고 동의를 구해야 한다. 그렇게 하지 않고 밀실 야합으로 일본 정부의 비정상적 요구에 응할 경우 국민적 저항에 직면하게 될 것이다.

CPTPP는 그 경제적 실질을 따져보면 결국 한일 FTA에 다름 아니다. 말하자면 과거 한때 시도했다가 국민적 합의를 이끌어내지 못해 2004년에 협상이 중단된 바 있는 한일 FTA를 이번에 윤석열 정부에서 다시 시도하겠다는 것이다. 그렇다면 과거 노무현 정부 기간에 한일 FTA 추진이 끝내 좌절될 수밖에 없었던 이유와 당시 논란이 되었던 지점들을 가볍게 넘길 수 없는 노릇이다. 일본과의 역사적, 외교적 갈등을 덮어둔 채로, 제조업을 현 상태에서 일본에 개방하는 것이 어떤 산업적 문제를 가져올지 덮어둔 채로, CPTPP 가입부터 서두를 일은 아니다.

철저히 친미적인 관점에서 꼭 미국과 함께 해야겠다고 생각하더라도, 미국이 복귀하지도 않고 그 틀을 해체해 새 판을 짤

가능성이 큰 CPTPP에 집착할 이유는 더 이상 없다. CPTPP는 더 이상 미국의 직접적인 관심사가 아니다. 대리인인 일본을 활용해 아시아 태평양 지역 국가들을 반중 블록에 임시적으로 묶어놓는 도구일 따름이다. 따라서 지금 당장이 아니라 조금 멀리 보면 한국한테도 CPTPP가 통상 질서의 중심이 되는 일은 없을 것이다. 그것은 과도기적 역사가 남긴 한때의 유물이 되고 말 것이다. 한국 정부의 통상 전략이 CPTPP를 중심에 두고 있다면 그것은 전면적으로 수정되어야 한다. 일본의 리더십 하에서 외교적 굴욕을 감수하면서까지 CPTPP에 목을 맬 이유는 없다.

6. 결론

현재로서는 과거 한미 FTA처럼 CPTPP도 윤석열 정권에 의해 일방적으로 북한 및 중국과의 관계를 고려하지 않고 한반도의 지정학적 측면을 경시하면서 추진될 위험이 있다. CPTPP를 주도하는 일본에게 초기 TPP는 미일동맹의 새로운 경제적 기초였다는 사실을 고려해야 한다. CPTPP에 미국은 참여하지 않지만 넓은 의미에서 미국의 아태지역 전략과 분리된 것은 아니다. 미국은 언젠가는 CPTPP의 현재 틀을 변화시킴으로써 다시 FTA 형식의 블록화를 추구할 가능성이 크다. 그런 점에서 CPTPP는 잠재적으로는 중국을 배제하는 아태지역 미일동맹의 하나의 구성 요소로서 역할할 수 있다. 단, 그럼에도 불구하고 CPTPP를 둘러싼 각국의 입장에는 여전히 불확실성이 크다. 경우에 따라서는 중국의 가입도 가능한 시나리오가 될 수 있고 그 경우를 대비해 한국 농업의 피해 규모를 예측해야 한다.

2022년 7월 12일 서울역에서 열린 '농어업홀대 윤석열정부 규탄! 농어민생존권 쟁취! CPTPP가 입저지! 범국민대회'에 참석한 5,000여명의 농어민들이 대회를 마치고 대통령 집무실이 있는 용산 방향으로 행진하고 있다. 출처: 한국농정신문

전면에 나선 일본과 그 배후에 위치해 있는 미국의 경제적 네트워크에 일방적으로 경도된 시각으로 CPTPP를 이해하는 정부와 보수 세력의 태도는 한국경제 및 더 나아가 한반도의 안전과 번영의 관점에서는 오히려 위험요소를 내포한 것이라고 할 수 있다. 미국은 직접적으로는 IPEF를, 그리고 간접적으로는

일본을 통해 CPTPP를 활용함으로써 아태지역 국가들을 중국 봉쇄 네트워크에 묶어놓으려고 들 수 있다.

지금이야말로 정부가 새로운 국제질서라는 레토릭을 내세우면서 미일동맹에 일방적으로 경도된 선택을 강요하는 것이 옳은지 진지하게 성찰해야 할 시점이다. 수십 년의 지난 역사 속에서 한국사회는 종속적인 한미 관계로 인해 왜곡되고 불균형적인 경제발전을 경험해야 했고 일본과의 해묵은 역사 갈등은 오늘도 해결되지 않고 있다. CPTPP 가입이 검역 주권과 먹거리 주권, 국민 건강권을 포기하는 것이라는 농어민들의 지적은 틀리지 않다. 그렇다면 더욱, 지난 역사를 되짚어보고 그 반성에 기초한 질문이 제기되어야 한다. 우리는 왜 꼭두각시처럼 미국이 주도하는 중국 봉쇄망에 합류해야 한다는 것인지 따져보고 그 길이 우리 민족에 도움이 되지 않으면 중단할 수 있어야 한다.

그럼에도 불구하고 한국 정부는 바이든 행정부로부터 한 가지는 배울 것이 있다. 바이든 행정부는 FTA에 따른 시장개방이 상대적 약자인 노동자 농어민들에게 타격을 입혀 불평등이 심화될 수밖에 없음을 인지하고 CPTPP 합류를 거부했다. 한국의 노동자 농어민들도 상대적 약자이고 대외개방 수준이 높아지면서 타격을 입게 된다. 한국도 수많은 FTA와 신자유주의 세계화의 결과 심각한 불평등과 양극화를 경험하고 있다. 적어도 바이든 행정부는 문제를 시정하려는 자세를 보이는 반면 한국 정부는 그렇지 않다. 가입 추진을 둘러싼 국내 갈등이 심각하게 표출되는 상황임에도 불구하고 가입 시 직격탄을 입게 될 농어민들의 강력한 저항을 억누르는 것을 정부와 정치권은 마치 정치적 리더십인 양 법치주의인 양 오판하고 있다. 그러면서 한국 정부는 대외개방과 자유무역의 미신에 사로잡혀 맹목적으로 CPTPP 가입을 추구하고 있다. 그 길이 일본에 대한 역사적 굴종이고 제2의 을사늑약일지라도 한국 정부는 그 길을 포기하지 않으려고 할 것이다. 재벌이 원하고 친미적인 관료들이 원하고 미국과 일본의 제국주의 세력이 원하기 때문에 그럴 것이다.

기존의 글로벌 FTA 허브국가 전략은 수정되는 방향이 옳다. 미국은 한국이 중국 봉쇄에 적극 동참할 것을 요구하고 있고 중국은 한국이 일방적으로 봉쇄에 나설 경우 이에 대해 보복할 것임을 밝히고 있다. 한국으로서는 중국과 미국 간 경쟁의 와중에 자립경제 기반을 확보하고 경제안보를 강화할 수 있는 장기 전략이 필요하다. 그 방향이 한국 통상의 미래 비전이 되어야 할 것이다.

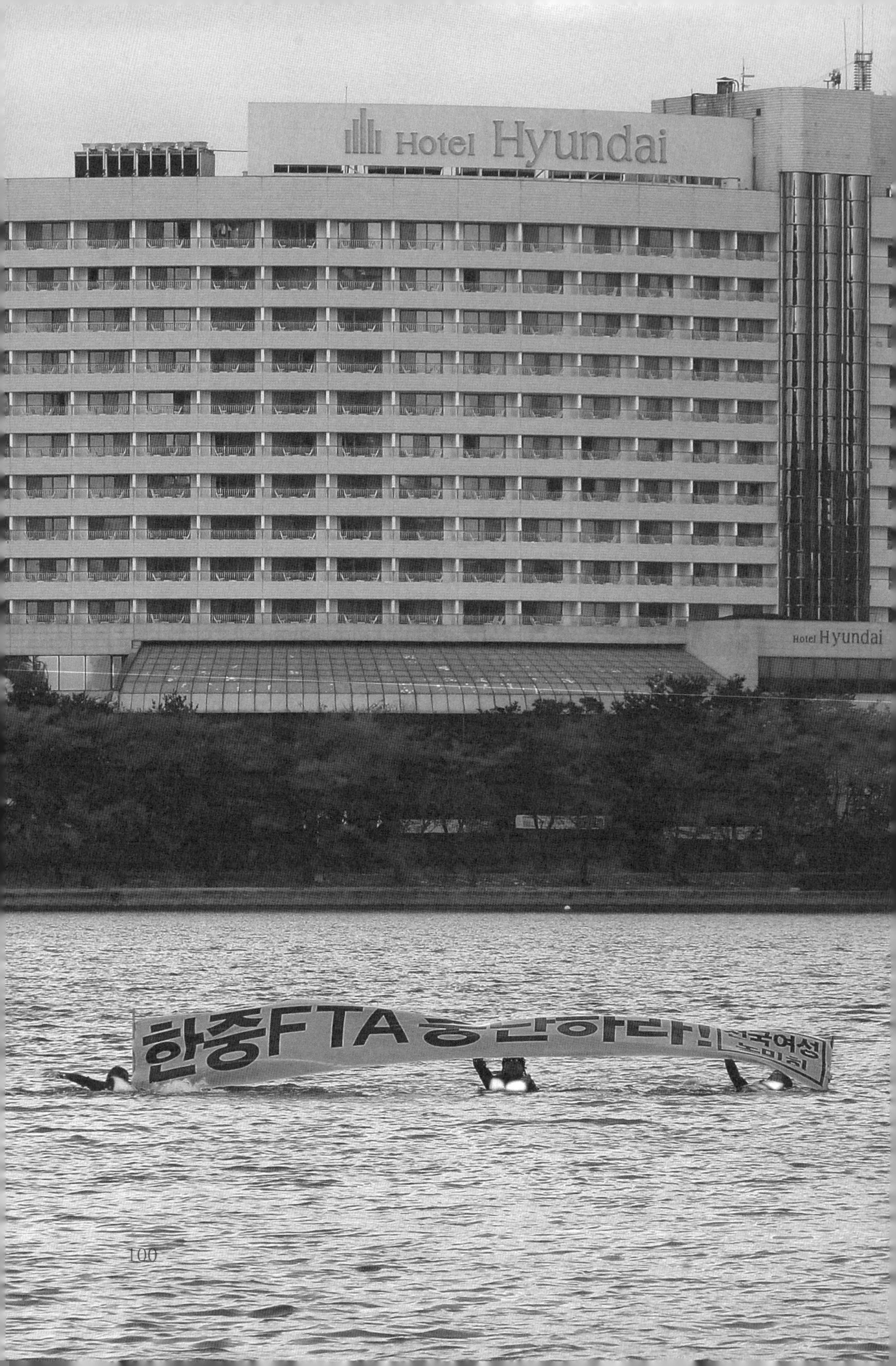
Hotel Hyundai
Hotel Hyundai
한중FTA

ID
2. CPTPP, IPEF 협상과 상품제조업부문 영향과 분석

백 일
울산과학대학교 교수, 유통물류경영학과

CPTPP, IPEF 협상과
상품제조업부문 영향과 분석

1. 문제제기

2. CPTPP 및 IPEF 주요 대상국 무역수지 분석

3. TPP 불참 요인 재검토와 CPTPP 참여시 산업 전반 영향

4. CPTPP 상품제조업 관련 협정문 분석
    4.1. CPTPP 관세율 분석
    4.2. 무역구제

5. 결론 : 환태평양 관련 다자간 협상들로부터 시사점

1. 문제제기

포괄적·점진적 환태평양경제동반자협정(CPTPP: Comprehensive and Progressive Agreement for Trans-Pacific Partnership)은 미국 주도 TPP(2010년 추진)가 미국, 일본을 비롯한 12개국의 협상 결과 2016년 타결되었으나, 미국내 트럼프 행정부의 등장과 자국 우선주의 복귀 노선 채택에 따라 미국이 탈퇴한 11개국 협정으로 최종 타결(2018)된 바 있다. 한국은

2017년 1월 23일 백악관. TPP 탈퇴에 서명하는 트럼프. 출처: 민중의 소리

그 가입을 검토하던 중 미국 없는 TPP는 사실상 한일 FTA 성격이어서 결국 불참했다. 2022년 현재 시점에서 지나간 이 협정을 다시 호명하는 것은 중국이 뒤늦게 CPTPP 가입을 신청하고, 민주당으로 정권 교체(2021년)된 미국이 다시 참여를 검토하면서부터 이 협정을 둘러싼 각 지역의 이전투구 현상이 심상

치 않기 때문이다. 이 추세에 영향받은 듯 2022년 4월경 한국은 CPTPP 가입(신청) 의사를 밝히고 이후 일사천리로 일정이 추진되었다. 추진계획에 대한 정부 관계부처 합동 의결(2022.04.15.) 후, 국회 산업통상자원중소벤처기업위원회(이하 산중위)에 CPTPP 가입 신청을 보고한 것 등이 그것이다. 갑자기 제동이 걸린 것은 같은 시기에 중미 갈등이 심화되고 IPEF 등 미국이 환태평양 질서 구축 전략을 전환했기 때문이다. 급기야 국회 산중위 가입보고 일정이 중단되었으며, 이후 통상절차법[20]에 따라 한국의 가입(신청)은 사실상 2023년 이후 시점으로 넘겨질 가능성이 커졌다. 그럼에도 사태가 완전히 종결된 것은 아니다. 한국의 가입(신청) 여부에 관계없이 어차피 중국, 대만처럼 기 가입 신청국가 중심의 확장 CPTPP 협상은 불가피하게 진행할 것이며, 연이어 미국 주도 IPEF에 참여를 밝힌 한국은 종합적으로 각종 환태평양 관련 신 경제블록 협상에 어떤 식으로든 참여하게 될 것으로 예측되기 때문이다. 여야를 불문하고 근 20여년 간 FTA 전격 확대를 국가의 당면 과제로 추진했던 한국 정부 관례에 따르면 CPTPP 또는 IPEF, 칩4(바이든 미국 행정부의 한국·일본·대만 3개국에 제안한 반도체 공급망 협의체 QUAD 4, 2022.03) 등등 형식을 불문하고 환태평양 경제블록 재편과정에 동참할 것은 거의 틀림없다. 한국으로서는 CPTPP 또는 환태평양 관련 각종 경제 협상은 FTA 마지막 관문과 마찬가지이며, 역설적으로 이제까지 철저하게 소외되

---

20) 통상절차법상 FTA협상은 협상 전 절차인 공청회, 협상계획 수립, 국회 보고 순으로 구성

었던 피해산업과 농어민 등 FTA 직접 피해 이해관계자에 대한 마지막 구제 기회이기도 하여 여타 협상 때보다 한층 더 세밀한 검토 및 대책 구상이 요청된다.

시진핑 중국 국가주석과 바이든 미국 대통령.
출처: 민중의 소리

 CPTPP는 상대적으로 중국 주도의 역내 포괄적 경제동반자협정(RCEP:Regional Comprehensive Economic Partnership)과 참여국가가 중복되면서 관련국가들은 이합집산하며, 진영 간 이해관계 대립각이 구축된다. IPEF와 함께 이 같은 환태평양 관련 주요 3가지 협상에 참여하거나 검토하는 주요 국가의 포진은 다음과 같다.

〈표 1〉 환태평양 관련 협정별 참가국 현황 (단위 : 조 달러)

협정명	참가국	GDP규모	비 고
RCEP	한국, 중국, 캄보디아, 말레이시아, 필리핀, 싱가포르, 인도네시아, 태국, 브루나이, 베트남, 라오스, 미얀마, 일본, 호주, 뉴질랜드	26조 달러	2022년 발효
CPTPP	일본, 호주, 뉴질랜드, 말레이시아, 싱가포르, 브루나이, 베트남, 캐나다, 멕시코, 페루, 칠레	11조 달러	중국 대만 영국 신청
IPEF	한국, 미국, 일본, 호주, 뉴질랜드, 브루나이, 인도네시아, 말레이시아, 필리핀, 싱가포르, 태국, 베트남, 인도	34조 달러	행정협정

자료 : 관세청 등에서 합성작성

 단, IPEF는 행정협정이기 때문에 국가 간 경제 조약 협상인 RCEP(2019)과 CPTPP(2018)와는 성격이 다르다. 갑작스런 미국의 제안에 인도, 인도네시아 등이 호응해서 협상라운드가 구성된 만큼, 협상의제가 어떤지, 어떤 경제법적 구속력이 작동할지 알 수 없고, 실제 어떤 결과가 유추될지도 유동적이기에 예측불허 상태이다. 결국 이 가운데 당장의 경제적 실속이 걸린 한국 측 협상 초점은 IPEF보다는 RCEP과 비교되는 CPTPP 가입 의제가 당면한 과제로 된다. RCEP과 CPTPP는 각각 타결 직후인 2020년 경만 해도 미국이 불참한 사실때문에 세계 FTA 흐름을 크게 바꾸지 않으며 일부 국가 중복에도 불구하고 상호 영향력도 크지 않은 수준이었다.

한편 바이든 정부 출범 이후 더 격렬해진 미중 갈등이 정치, 군사, 경제교역 전 부문으로 확장하면서 중국이 그 반격의 일환으로 CPTPP 가입을 신청하여 FTA 지역구도 이해관계가 복잡하게 되었다. 엄격히 말해서 세계 주요 공산품(특히 디지털 산업) 공급망에서 중국을 배제시키려는 미국의 의도때문에 중국이 정리되지 않는 한, CPTPP로 미국의 복귀 가능성은 오히려 크지 않은 편이다. 가령 중국의 CPTPP 참여가 확정(이하 시나리오 1)된다면 바이든 정부의 대 중국 경제정책은 봉쇄선의 일부 잠식을 허용하는 것이기에 미국은 당연히 참가하지 않을 것이다. 바이든 정부는 TPP를 주도했던 오바마 정부와는 달리 전대의 트럼프 '아메리카 우선주의' 강화 노선을 거부하지 않는 것으로 보이며, 이것이 대만과의 군사·경제 협력 강화, 중국 봉쇄를 주제로 한 아메리카 우선(고립)주의의 실체이다.

그러나 미국의 대 중국 견제의 강도에 따라 영향받겠지만 국제정세란 이해관계를 따라 언제든지 급변할 수 있기 때문에 한국의 사정은 여기에 급박하고 절실하게 휘둘릴 정도의 국면은 아니라고 말할 수 있다. 우크라이나 사태를 예로 들면, 미국의 대 러시아 견제는 간접적이며, 무기 또는 물자 지원의 수준에서 현상 유지되는 편이다. 대만해협을 중심으로 전개되고 있는 미중 군사갈등도 상호 잠재적 제1적에 대한 경계 수준을 넘는 직접 충돌단계로 도약했다고 보기 어렵다. 미국은 세계적인 물가인상 현상을 맞이하여 대 중국 소비재 수입에 대한 제재 완화를 시사하며, 물가인상에 대한 제어는 11월 중간평가 및 차기 선거의 핵심 이슈로 부상할 것이다. 즉 미중 갈등은 단기적으로 첨예함에도 불구하고 수십년간 높아진 경제적 상호연관도 때문에 장기적으로, 특히 경제적으로 부침할 것은 필연적 수순이다. 그러므로 강력한 CPTPP 가입(신청) 의지를 보이다가 주춤한 상태의 한국으로 보면 미중 갈등의 정도에 급박하게 휘둘려 CPTPP 가입을 서두를 필요가 없는데도, 그것을 감행하려 한다면 그만큼 더 많은 걸 내줄 위험에 노출될 수밖에 없을 것이다. 그러나 중국의 CPTPP 참여가 부결된다면(이하 시나리오 2) 한국 입장에선 사실상 대 일본·멕시코 FTA가 되는데, 이것은 전혀 다른 문제로 된다. 사실상 한일 FTA가 되는 한국 독자적인 CPTPP 참여는 2004년 당시 한일 FTA 결렬의 사유가 여전히 남아있는 한 그 부정적 영향이 결코 작지 않을 것이며, 캐나다, 호주, 칠레 등 기 FTA 체결 국가들과 중복협정이라는 것이 문제로 될 수 있는 바, 가령 대략 10~15년 양허가 유예된 쇠고기, 포도 등 농수산물 주요 품목의 양허 유예 기간이 재협상으로 단축된다든가 하는 영향이 발휘될 수도 있는 것이다.

그럼에도 불구하고 KIEP나 산업경제원 등 관변연구기관들은 전반적으로 CPTPP 효과를 낙관하면서도 실제 기대치는 불과 GDP 0.2~0.4% 성장이라는 이율배반적인 효과를 전망하고 있다. 이는 한국의 CPTPP 가입 신청에 앞서 RCEP을 통하여 느슨하지만 한일 간에도 FTA관계가 이미 맺어졌기 때문에 사실상 한일 FTA인 한국의 CPTPP 협상 효과가 잠식되고 있음을 간과하지 못하는 사정일 것이다. RCEP에서 한일협정은 RCEP 평균 관세양허율인 91%에 훨씬 못 미치는 83% 양허수준이며, 따라서 CPTPP가 한일 간 RCEP 협상을 훌쩍 넘는 전격 협상 타결로 결과되기란 쉽지 않다. 그러나 CPTPP 양허율은 전반적으로 RCEP 보다 높고, 대만이 일본과 CPTPP 협상 전제조건으로 진행한 후쿠시마 방사능 위험 농산물 수입 허용 사례처럼 급한 쪽일수록 더 많이 내놓는 것은 인지상정이다. 즉 상황에 따라 RCEP 때보다 더 높은 양허 수준도 충분하며 양국 간 산업구조 조정, 특히 수직적 분업관계의 핵심인 자동차 반도체(장비) 등 상품제조업의 급박한 구조조정 가능성도 없지 않다. 나아가 CPTPP는 대다수 참여국가군이 환태평양 농수산물 강점국 구성이기 때문에 농수산업 부문에서는 양허율 100%, 즉 농수산물 완전 개방의 가능성도 충분하다.

2. CPTPP 및 IPEF 주요 대상국 무역수지 분석

IPEF[21]는 국가 간 조약이 아닌 행정협정으로 실체가 모호하고, 구속력이 상대적으로 취약한 다자간 협정이므로 협상의 장기화가 불가피할 것이다. 그러나 미국이 주도하는 만큼 급진할 가능성을 완전히 배제할 수는 없으며, 어쩌면 급작스런 미국의 반도체법(The Chips and Science Act, 2022.07)이나 인플레이션법(Inflation Reduction Act)처럼 자국 우선주의에 따른 국내법 형식으로 추진될 수도 있다. 또한 RCEP 및 CPTPP 참여국과 중복되기 때문에 복잡한 이해관계의 종말을 어떻게 그릴 것인지의 예측이 쉽지 않다. 다만 형식적 결말을 배제하면, CPTPP와 함께 다음과 같은 정도의 규모와 영향을 비교 추정할 수 있다.

〈표 2〉는 EU, 중국, 미국 등 한국이 주요 무역대상국들과 FTA를 체결한 시점인 2011년(기준년)과 그 10년 뒤인 2021년의 무역실적을 비교한 것이다. 총수출은 5,550억달러에서 6,440억달러로 890억달러(16%) 증가하였으나 수입은 5,240억달러에서 6,150억달러(2021년)로 906억달러(47.3%) 더 증가하였으며, 무역수지는 308억달러 흑자에서 293억달러 흑자로 14.9

---

[21] 인도 태평양 경제 프레임워크(Indo-Pacific Economic Framework) : 미국, 한국, 일본, 호주, 인도, 브루나이, 인도네시아 등 14개국이 참여하는 다자간 경제협력체. 2022년 5월 23일 출범. 세계 인구의 32%, 세계 GDP의 41% 규모. 그러나 조약이 아닌 행정협정으로 법적 구속력이 없고 국회 비준을 필요로 하지 않음. 전례가 없어 실제 어떤 규범으로 조직될 것인지에 대해 실체가 모호함. 주요 의제는 '무역'과 '공급망', '청정에너지·탈탄소화 인프라', '조세와 반부패' 등 4개 분야로 구성하나 추상적 수준임. 2022년 9월 8일 협상 개시, FTA의 시장접근, 관세협상방식과 달리 4대 의제(Pillar)와 새로운 규범 창출이 목적. 인도는 무역의제에서 불참을 선언하는 등, 공동규범으로는 합의과정이 더 필요하며, 중국을 배제한 새로운 환태평양질서 창출의 의혹이 있다.

〈표 2〉 한국의 CPTPP 및 IPEF 주요 대상국 무역수지 비교 현황 (단위: 천달러)

국가별	2011년			2021년			수지 증감률%	FTA 여부
총액	수출	수입	수지	수출	수입	수지		
총계	555,213,656	524,413,090	30,800,566	644,400,368	615,093,447	29,306,921	-5	
호주	8,163,845	26,316,304	-18,152,459	9,750,478	32,917,963	-23,167,485	28	○
브루나이	588,039	2,010,366	-1,422,327	45,643	122,519	-76,876	-95	
캐나다	4,927,656	6,611,934	-1,684,278	6,714,457	6,369,776	344,681	-12	○
칠레	2,381,457	4,857,963	-2,476,506	1,574,182	4,859,460	-3,285,278	33	○
일본	39,679,706	68,320,170	-28,640,464	30,061,806	54,642,165	-24,580,359	-14	△
멕시코	9,729,059	2,315,698	7,413,361	11,290,248	7,888,878	3,401,370	-54	
말레이시아	6,275,131	10,467,817	-4,192,686	10,107,328	10,456,180	-348,852	-92	
뉴질랜드	1,103,835	1,474,143	-370,308	1,924,022	1,541,083	382,939	-203	○
페루	1,367,726	1,950,462	-582,736	793,796	3,450,101	-2,656,305	356	○
베트남	13,464,922	5,084,246	8,380,676	56,728,532	23,965,707	32,762,825	291	○
싱가포르	20,839,005	8,966,683	11,872,322	14,148,511	10,691,293	3,457,218	-71	○
CPTPP국 계	108,520,381	138,375,786	-29,855,405	143,139,003	156,905,125	-13,766,122	-54	
비중	20%	26%	-97%	22%	26%	-47%		
중국	134,185,009	86,432,238	47,752,771	162,912,974	138,628,127	24,284,847	-49	○
대만	18,205,965	14,693,589	3,512,376	24,285,275	23,485,813	799,462	-77	○
CPTPP국 신청국	152,390,974	101,125,827	51,265,147	187,198,249	162,113,940	25,084,309	-51	
비중	27%	19%	166%	29%	26%	86%		
미국	56,207,703	44,569,029	11,638,674	95,901,955	73,213,414	22,688,541	95	○
인도	12,654,078	7,893,573	4,760,505	15,603,258	8,056,034	7,547,224	59	○
인도네시아	13,564,498	17,216,374	8,550,335	10,725,095	7,888,878	2,836,217	-67	○
IPEF 주요국 계	82,426,279	69,678,976	24,949,514	122,230,308	89,158,326	33,071,982	33	
비중	15%	13%	81%	19%	14%	113%		

자료 : 통계청, 무역협회, 관세청 합성작성

억달러(5%) 감소하였다. 즉 총계상으로 FTA 10년 성과는 수입 증가폭이 더 크며 무역수지는 악화되는 등, 정부 기대치를 역행하고 있다.

CPTPP 대상국 중 호주(적자수지 28% 증가), 칠레(적자수지 33% 증가), 페루(적자수지 356% 증가)는 적자폭이 대폭 증가한 주요 대상국들인 바, 이들 국가들은 철, 구리 등 자원 및 쇠고기, 포도, 수산물 등 농수산물 비교우위국들이라는 특징이 있다. 그나마 이들 국가군과 그간 무역수지 성장률이 느슨한 것은 주요 농수산물들에 대한 관세 유예기간(평균 10년 이상)이 길었기 때문인데 FTA 발효기간 10여년이 지난 만큼 이들 품목의 수입증가 현상에 따른 무역역조는 더 증가할 것으로 예상된다. 총수지 중 한국의 대 CPTPP 회원국들의 수지비중은 2011년 -298억달러(97%)에서 2021년 -137억달러(47%)로 수지폭이 2011년 대비 약 50% 감소하여 개선된 것으로 집계된다.

그러나 이것은 합집계상의 착시현상으로, FTA 긍정효과로 과잉해석하면 안된다. 즉 한국의 주요 무역 대상국 중 성장성이 높은 인구대국인 아세안과의 FTA 결과 혹은 동남아시아 국가군, 특히 베트남(교역규모 3~4위권으로 성장) 등에 대한 고도 무역수지 증가율 291%(2021년)에 의한 상쇄효과가 주요인이다. 특히 한국과 FTA 비체결국(RCEP으로 다자간 약성 FTA 체결국으로 전환)이었던 일본은 한일 무역갈등의 여파로 교역량이 감소하였음에도 불구하고 10년 전 무역적자(286억달러)에 비해 큰 변동없이 소폭인 41억달러(14%) 감소에 그쳐 일본은 여전히 한국의 최대 무역적자국 지위를 유지하고 있으며 여기에 CPTPP 협상대상국 지위가 추가된다면 RCEP과 달리 그 여파를 결코 무시할 수 없을 것으로 예상된다.

CPTPP 기 가입신청국인 중국, 대만의 경우는 한국과 FTA 체결(중국)과 미체결국(대만)으로 입장이 다르나, 결과에 상관없이 전체적으로 무역수지 흑자가 대폭 감소하는 국가군이라는 특징이 있다. 한중 FTA 발효 이후 한국의 대 중국 총무역수지 흑자는 477억달러(2011년)에서 242억달러(2021년)로 49% 감소하였다. 이는 전적으로 FTA 효과로 일관되지 않을 것(중국의 보조금 등 자국 우선주의 강화, 미중 갈등 등등)이지만, 결과적으로 한중 FTA도 총량적으로 무역수지의 현격한 흑자 감소에 일조하는 요인임을 부정할 수 없다. 즉 한국 정부 기대치와는 달리 FTA 부정 효과가 대폭 발생한 것이다. 총량 지수로만 평가하면 같은 기간 대 대만 무역수지도 77% 감소하였는 바, CPTPP로 대만이 한국의 FTA 체결국가군의 하나가 된다면, 현재 추세상 무역수지는 더 악화되는 쪽일 가능성이 더 크다.

이와 같은 총량적 FTA 10년 불량 실적은 공산품, 농수산품을 가리지 않는다는 점에서 FTA에 대한 정부 기대치에 역행하는 것이다. 〈표 2〉에 따르면 수치상으로 정부 기대와 부합하는 높은 FTA 효과 대상국은 단연 미국이다. 2011년 이후 대 미국 무역수지는 116억달러(2011년)에서 266억달러(2021년)로 110억달러(95%) 증가하여 대 중국 무역수지와 반대 결과를 낳고 있다. 심지어 한국 측의 대표적 FTA 긍정효과로 내세울 만한 실적이다. 그러나 이 실적이 실제 명백한 FTA 긍정 효과인지는 의문이다. 정부 기대와 달리 2012년 한미 FTA 체결 당시 미국의 평균 관세율은 2.5% 수준이고 한국은 8~10% 수준이기 때문에 거의 미미한 효과이거나 역효과일 가능성이 높았기 때문이다. 실제 요인은 FTA 효과와 무관한 무관세 제품(반도체, 평판디스플레이, 무선통신기기 등 전자제품 무관세협정) 비중 증대의 자연성장률(〈표 3〉 참고)이거나, 미중 경제갈등에 따른 반사이익, 또는 코로나19 사태 등에 따른 특수요인의 반영으로 보인다.

〈표 3〉 품목별 한국의 대 세계 주요 수출 품목 및 비중(2021년) (단위 : 백만달러, %)

순위	총수출액	상품	10대 상품액	비중(%)
	644,400		367,484	57.0
1위		반도체	127,980	19.9
2위		자동차	46,465	7.2
3위		석유제품	38,121	5.9
4위		합성수지	29,144	4.5
5위		선박해양구조물 및 부품	22,988	3.6
6위		자동차부품	22,776	3.5
7위		철강판	22,494	3.5
8위		평판디스플레이및센서	21,543	3.3
9위		무선통신기기	19,235	3.0
10위		컴퓨터	16,741	2.6

자료 : KITA

〈표 3〉에 따르면 한국의 수출 제품 주력은 FTA 효과와 거의 무관한 무관세 전기전자제품(반도체, 평판디스플레이 센서, 무선통신기기, 컴퓨터의 비중 합계 28.8%)이다. 그러면 FTA 문제의 초점인 자동차 관련 실적은 어떤가. 다음은 한미 FTA 전후 10여 년 간 실적을 비교한 표이다.

〈표 4〉 한미 주요 수출입품목 연도별 추이 (단위 : 억달러, %)

	2015			2020					2021				
	수출	수입	수지	수출		수입			수출		수입		
	금액	금액		금액	증감	금액	증감	수지	금액	증감	금액	증감	수지
자동차	175	12	163	158	-10%	26	36	131	172	8.9	37	43.7	135
반도체				75	25.3	35	-7	40	91	21.4	36	4.7	55
자동차부품	63.5	4	59.5	55	-13%	3	-13	52	69	25.8	3	4.3	66
컴퓨터				43	104.2	4	-17	39	55	25.8	5	25.9	50
석유제품				23	-46	10	55.2	12	47	104	16	50.8	31
무선통신기기				31	-26.4	4	-4.8	26	31	2.8	4	11	27
건(축)전지				12	29.8	2	-40	10	28	122	3	48.6	25
총계	698	440	258	741	1.1	575	-7.1	166	959	29.4	732	27.3	227

자료 : 통계청, 무역협회, 관세청, 산업통상부 등에서 합성작성

〈표 4〉의 기준시점은 한미 FTA 발효 전성기인 2015년이다. 총괄적으로 2021년 대미 수지는 전성기인 2015년(258억달러 흑자)에 못 미치지만 227억달러로 여전히 높은 무역수지 흑자를 가리킨다. 그러나 가장 높은 기대효과를 예상했던 자동차는 2015년 175억달러(수출)에서 158억달러(2020년)로 오히려 17억달러 감소하고, 한미 FTA 체결 당시 완성차와는 달리 즉시 관세인하로 기대했던 자동차 부품도 63억달러(2015년)에서 55억달러(2020년)로 8억달러 감소한 실적을 보인다. 그러나 이것은 사실 의외의 결과가 아니라 미국의 자국 우선 보호무역 프로그램에 따라 예고된 것이다. 2020년 한미 간 교역량이 일시 감소한 것은 비 FTA 요소, 코로나19 봉쇄 사태 등의 영향이 유력할 것이다. 그러나 다시 교역이 복구되기 시작한 2021년 교역량 및 수지에서도 완성차 및 자동차 부품의 뚜렷한 실적 유실은 전적으로 미국의 대외 무역 정책이 내수 투자 증가를 통한 공급망 조절과 대외 무역 축소로 상징되는 블록경제, 자국 우선주의 보호무역정책 기조 강화에 혐의가 있다. 악명 높은 통상법 201조(301조/슈퍼 301조/무역 확장법 232조) 등 FTA와 무관한 자국산업 보호 강화조치는 물론 비관세장벽 보호무역주의 강화에 따른 세탁기, 철강 등등 반덤핑, 세이프가드, TRQ(2002년 철강 세이프가드, 2013년 세탁기, 2014년 유정용 강관 반덤핑 관세, 2018년 세탁기, 태양광전지 TRQ 등등)의 조치는 어제 오늘의 일이 아니다. 즉 타국에 대해서는 대외적으로 관세율 완화 자유무역을 표방하지만, 대내적으로 실속은 비관세장벽 보호무역 강화로 미국 내 상품 판매경로는 완제

품 수입 저지, 미국 내 부품 사용 및 생산 의무화, 결국 공급망에 대한 직접 통제로 일관된다.

알려진 바처럼 이 보호무역 구조의 2022년 판은 중국의 칩4 배제, 인플레이션법 제정으로 집약되었다. 반도체 및 전기전자 제품에 대한 관세는 이미 ITA(정보기술협정, 1996~2016년)에 의해 관세자유화로 전환된 바 있어서 가장 큰 수출 비중(19.9%)을 차지하고 있는 한국의 반도체 전기전자제품의 대미 수출 증대는 FTA 효과와 거의 무관하다. 오히려 〈표 2〉의 대미 수출증대에서 총량적으로 유의할 부분은 건(축)전지 대미 수출량 급증과 미국의 대 한국 자동차 역수출 급증 추세이다. 이는 단적으로 세계 자동차 생산 및 교역의 중심이 기후협약(2005년 교토의정서, 2016년 파리협약)에 따라 2030~2050년까지 탄소중립 친환경차(전기/수소차 등)로 전면 대체되는 추세의 영향일 것이다. 세계적 친환경차 대세화의 초점은 물론 전기차(수소차는 충전 인프라 및 수소 생산 가성비 등의 영향으로 대중화 기간이 장기화 할 것임)이며, 전기차의 핵심동력인 건(축)전지 생산공급망과 연동된다. 미국의 자국 보호주의와 내수 공급망 강화 추세에도 불구하고 그나마 한국의 대미 자동차 수출량 및 부품이 크게 줄지 않은 것은 FTA 효과가 아니라 이와 같은 탄소중립 친환경차의 세계적 대세화에 따른 것이다. 특히 포스트 코로나 단계로 진행하는 2021년부터는 한국의 대미 자동차 관련 수출은 전적으로 전기차 및 부품(배터리)의 증대에 영향받는 것이라고 해도 과언이 아니다.

다른 한편 미국의 대 한국 자동차 수출 급증은 테슬라와 같은 미국산 세계적 전기차 업체의 수출 기여와 전기차에 대한 각국 보조금 특별지원제도(미국산도 혜택, 한국차의 보조금 역차별)와 연관된 것이다. 건(축)전지 대미 수출 증대는 배터리 생산 기술역량이 취약한 미국 현지 사정과 관련된 것이나, 안타깝게도 일시적 무역효과일 가능성이 크며 지속되기 어려울 것으로 전망된다. 공급량 통제로 압축되는 잇달은 미국 내 산업 보호 조치 때문인데, 한국 측 (전기)자동차 및 배터리 업체의 대대적인 대미 직접투자 선언에도 불구하고 반도체법과 인플레이션법에는 미국 내 직접 생산되지 않는 완성차 및 부품에 대한 즉각적인 제재(보조금 지급 정지 등)조항이 포함되어 있다. 〈표 4〉에 따르면 2021년 한국의 대미 건(축)전지 수출증가율은 120%에 달하지만, 이는 국내 공급망조달을 강화하는 미국 현지화 생산체계의 발달에 맞춰 빠른 시일 내에 급격히 감축될 것이다. 기존의 내연기관차는 물론 (전기)완성차 분야도 한국은 대미 수출분량의 급격한 감소를 피하기 어려울 것이며, 한국 측 관련 기업체(현대기아차 및 배터리 업체인 삼성SDI, LG화학, SK 등등)의 대미 직접투자 증대 경향, 반대 급부로 한국 내 관련 산업 공동화현상도 동반 예측된다.

3. TPP 불참 요인 재검토와 CPTPP 참여시 산업 전반 영향

2010~2016년 당시 TPP에 대한 한국의 불참 결정의 중심 요인은 사실상 한일 FTA 협상일 가능성 때문이다. 한국은 한미 FTA는 물론 호주, 캐나다, 칠레, 베트남 등 ASEAN 대부분의 국가와 FTA 또는 그에 준하는 EPA(경제동반자협정) 등을 체결하였으며 TPP 상에서 미체결 국가는 일본과 멕시코 정도의 극히 일부에 불과하다. 멕시코는 아메리카 대륙을 제외한 기타 국가와 추가 FTA 협상 불가를 선언한 자국 사정에 따라 미체결한 사정이며, 일본과는 2004년 협상 중단 및 한중일 FTA 협상 재개에도 불구하고 한일 갈등과 산업 간 국제 분업의 이해관계가 복잡하여 여전히 미체결된 상태로 남아있는 실정이다.

요약하자면 CPTPP 한국 가입시 주 협상대상국은 결국 일본, 멕시코다. 멕시코는 NAFTA에 의해서 여타 국가에 대한 아메리카 우선주의 즉 대륙 내 보호무역주의로 소환이기 때문에 예외적 경우라면, 일본은 주요 무역대국 중 대부분의 나라가 일본 주요 공산품의 산업적 경쟁우위에 따라 대 일본 무역이 적자인 상황에서 FTA로 인한 추가 무역적자가 우려되기 때문에 기피 1호국이 된 상황이다. 일본은 반도체, 배터리, 스마트폰, 전기자동차 등을 제외한 대부분의 주요 소재 및 장비 교역에서 한국에 비해 산업적 우위에 있고, 자국의 관세(율)장벽은 낮은 대신 비관세장벽이 높은 교역구조를 가지고 있다.

그러므로 한국이 CPTPP에 참여한다면, 단연 집중 검토 사항은 한일 FTA 협상 재개시 발생할 무역의 이해득실과 산업구조

변동 문제로 초점이 모인다. CPTPP에 관한 한 미국의 참여 여부가 불확실(사실상 불참)한 것은 전술한 미국의 아메리카 우선주의, 대표적인 대미 무역흑자국인 일본과 중국에 대한 견제, 셋째 중국의 CPTPP 가입 신청이 주요인으로 꼽힌다. 현 시점에서 미국의 CPTPP 참여를 사실상 불가로 가정한다면, 한국의 CPTPP 가입 및 협상은 결국 20여년 전 한일 FTA 결렬 당시 관점으로 돌아간다.

〈표 5〉 한국의 세계 주요 국가 수출입 비교 현황 (단위 : 백만달러)

	2012년					2021년				
	수출금액	수출증감률	수입금액	수입증감률	수지	수출금액	수출증감률	수입금액	수입증감률	수지
총계	547,869	-1.3	519,584	-0.9	28,285	644,400	25.7	615,093	31.5	29,306
중국	134,322	0.1	80,784	-6.5	53,537	162,912	22.9	138,628	27.3	24,284
미국	58,524	4.1	43,340	-2.8	15,183	95,901	29.4	73,213	27.3	22,688
일본	38,796	-2.2	64,363	-5.8	-25,567	30,061	19.8	54,642	18.7	-24,580

자료 : 무역협회, 통계청 등에서 합성

한국은 최대 무역국인 중국과 FTA, RCEP의 기 체결국이자 중국에 대한 무역흑자국이며, 동시에 중국과 마찬가지로 CPTPP 미가입국이다. 반면 일본은 CPTPP 가입국이지만, 한국에 대한 주요 무역 흑자국이자 느슨한 FTA(RCEP) 체결국이다. 느슨한 한일 FTA(RCEP)는 한국으로는 거의 마지막 단계 주요 FTA로 그나마 발효가 2022년이기 때문에 그 영향에 대한 특별한 자료가 형성되어 있지 않다. 그러므로 한국의 CPTPP 대 일본 영향 분석은 RCEP에서 체결한 대일 협정문 수준을 검토하고 CPTPP 내에서 한국과 새로 협상할 항목이 RCEP과 어떻게 다를 것인가 비교하는 것으로 초점이 모아진다.

<표 6> RCEP 일본 양허 주요 상품부문 부속서

양허유형		품목수		'12~'13년 양자수입액평균(불)		對일본 주요 수입품목(관세율%)
		개수	비중(%)	對일본	비중(%)	
관세철폐	즉철	5,069	41.4%	23,841,346,246	38.3%	고철(0), 중후판(0), 메모리반도체(0), 프로세스와 콘트롤러(0), 스틸렌(0), 열연강판(0), 개별소재반도체(0), 슬랩(0), 실리콘웨이퍼(0), 둥긂(3), 전기로부품(5), 원유(3), 기타석탄(3), 부탄(3), 윤활유(7), 은(3), 기타비금속광물(8), 기타금속광물(2), 백금(3) 등
	10년	3,965	32.4%	16,929,087,597	27.2%	플라스틱제품(6.5), 판유리(8), 기초유분(3), 은(3), 사진영화용재료(6.5), 반도체조용장비(8), 중유(3), 평판디스플레이제조용장비(5)
	15년	655	5.3%	2,926,181,604	4.7%	배전및제어기부품(8), 골프채(8), 기타화학공업제품(6.5), 동박(8), 기타정밀철금속제품(8), 기타정밀화학원료(5.5-6.5) 등
	15년 비선형	14	0.1%	653,315,014	1.1%	액정디바이스(8), 스위치(8), 전동기(8), 자동차부품(8), 액체펌프(8), 기타비철금속제품(2), 기타몰리브덴제품(3), 니켈분(5), 동괴(8), 에틸렌중합체필름(4), 폴리메탄아크릴산메틸(8), 기타정밀화학원료(5.5-6.5) 등
	20년	364	3.0%	660,256,785	1.1%	톨루엔(3), 기타합성수지(6.5), 에틸렌중합체필름(6.5), 기타표면활성제(8), 맥주(30), 전동축및기어(8), 화학기계(8), 공기조절기(8) 등
	20년 비선형	91	0.7%	2,267,381,932	3.6%	석유화학중간원료(3), 합금철(3), 초유분(3), 압연기(8), 실리콘수지(6.5), 기타기계류부품(8), 기타합성수지(6.5), 고무플라스틱가공기(8), 기타플라스틱제품(6.5), 목재가공기계(8), 기타기계요소(8) 등
	소계	10,158	83.0%	47,277,569,178	76.0%	
양허제외		2,085	17.0%	14,916,296,463	24.0%	기타광학기기부품(8), 경유(3), 기타플라스틱제품(6.5), 기타화학공업제품(6.5), 자동차부품(8), 기타주철(8), 승용차(8), 터보제트(8), 원동기부품(8), 증기터빈(5), 윤활유(7) 등
총합계		12,243	100%	62,193,865,640	100%	

자료 : 산업통상자원부, 「RCEP 부속서」(https://www.fta.go.kr/rcep/doc/2/), 관계부처합동 「RCEP 상세설명자료」 등에서 합성

RCEP 주요 관세 철폐율은 한국 대 아세안 국가별로 91.9~94.5%, 한·일 83%, 한국과 중국·호주·뉴질랜드는 91% 수준이다. 주 관심품목인 자동차, 기계, 반도체, 장비와 소재 등 주 품목은 양허대상에서 제외되었으며, 주 농산물 품목인 쌀 및 3대 조미채소(고추, 마늘, 양파) 등도 제외되었다.

기 CPTPP(2018년 타결) 협정문은 30개 개별 챕터와 부속문서, 챕터별 부속서, 비합치조치 관련 부속서, 기타 문서 등으로

<표 7> CPTPP와 RCEP 협정 비교표

	CPTPP	RCEP
상품무역	96~100% 관세 철폐	91.9~94% 관세 철폐
한일상품양허	가입 신청 진행중	총 83% 품목 양허, 10-20년 장기 유예 후 철폐, 자동차 기계 등 민감품목 양허 제외
서비스	대부분의 서비스부문이 회원국 기업에 개방 미개방으로 명시되었거나 일부 제외 분야는 상업적으로 의미가 없는 분야	·개방 서비스 분야 범위는 제한이 크지 않음 ·그외 기타 서비스분야는 미개방(포지티브 또는 네거티브 리스트 방식 혼용)
투자(ISDS)	적용범위 축소(민간의 정부 제소 불허) 네거티브 리스트 방식 적용(CPTPP 내 기업에 투자개방, 미개방으로 나열된 분야 제외) ISDS를 포함하여 모든 투자자에 대한 강력한 보호(ISDS 커버리지에서 담배관련 분야 예외)	·네거티브리스트방식 적용. 미개방부문을 명시적으로 특정 나열하지 않는 한 모두 개방 ·ISDS는 발효 3년후 추가조항에 대한 회원국 승인시 포함
디지털무역/ 전자상거래	·디지털무역과 전자상거래를 다룬 첫번째 협정 ·데이터이동, 데이터센터 현지화, 암호화, 소스코드 등에 대한 새로운 규칙 도입 ·정책적 유연성 조항을 포함	·전자전송에 대한 관세 부과를 제한하지 않음. ·국경 간 데이터전송 또는 데이터 현지화 제한에 대한 약속을 요구하지 않음 ·고용 차별 철폐 조항 포함
지식재산권	·저작권 보호기간 연장(70년) 유예, 지식재산권 범주에 새로운 지식재산 조항을 만들어 기존 규칙 북을 업데이트 ·일부 보류된 조항이 있더라도 지식재산분야는 협상에서 가장 광범위하게 다루어짐	·음향 관련 상표권 및 광범위한 산업디자인 같은 비전통적인 상표권을 포함한 지식재산권 보호 및 집행 기준 제고.
노동	· 강제노동 및 아동노동 금지, 최저임금 및 양질의 근로 조건 규정한 노동자권리 보호를 포함 ·일부 회원국들에 부담스러운 노동조항 적용을 유예	없음
환경	·어류, 보조금, 멸종위기에 처한 종에 대한 제재, 무역, 벌목, 오존, 기타 많은 조항 포함 *수산보조금을 규율한 최초의 다자간 지역무역협정. 과잉어획상태의 어족자원에 부정적인 영향을 미치는 보조금과 불법·비보고·비규제(IUU)어업에 기여하는 보조금 금지를 명시.	없음

자료 : 산업통상자원부, 「RCEP 부속서」(https://www.fta.go.kr/rcep/doc/2/). 관계부처합동 「RCEP 상세설명자료」 등에서 합성

구성되었다. 최대 관세율 96%가 철폐되며, 11개 각국마다 개별협상부문(민감품목인 자동차 등)을 제외하면, RCEP보다 약 5% 정도 철폐율이 높다. RCEP에 특별규정이 없거나 미미한 규약인 디지털 무역, 지식재산권 조항이 보충되어 있으며, RCEP에 없는 노동, 환경 규약이 삽입되어 있다.

<표 8> CPTPP 주요 유예 조항

지재권	· 의약품 특허보호 절차 강화(18조 46항, 48항)
	· 의약품 자료보호 강화(18조 50항)
	· 생물의약품 특허강화(18조 51항)
	· 저작권 강화(18조 63항, 69항, 18조 부속서E, 부속서F)
	· 기술관련 보호 및 구제조치 강화(18조 68항)
	· 위성 및 케이블사업자 권익 강화(18조 79항)
투자	· ISDS 적용 범위 및 민간기업의 국가 대상 소송(9조 1, 19, 22, 25항)
서비스/통관	· 특송화물서비스 정부 보조금 및 독점적 지위 제한특송화물 서비스 통관 간소화 (5조 7항, 10조 부속서 B5, 6항)
	· 금융서비스 투자자 권리 강화(11조 2항)
	· 통신서비스 투자자 권리 강화(13조 21항)
정부조달	· 정부조달 참여 제한요건 및 협의 개시 기간(15조 8항, 24항)
투명성	· 의약품 및 의료기기 가격 산정 관련 절차적 투명성 강화(26조 부속서 A3항)
환경	· 야생동식물 불법거래에 대한 제재법안 확대(20조 17항)

자료 : CPTPP 협정문, KITA 「통상리포트」 VOL 24, 등에서 합성

　한국의 입장에서 보면 이 두 가지 협정 중 총괄적으로 어느 쪽이 유리할 것인지는 예상 기대치(0.2~0.4% 성장) 정보가 너무 취약하여, 실 발효년도인 2022년 이후 통계에서나 확인할 수 있을 것이다. 그러나 사실상 한일 FTA 문제로만 축소해서 말한다면 RCEP과 마찬가지로 자동차 등 주요 기계 장치류가 CPTPP 양허품목(한일 83% 양허율)에서 제외될 가능성이 상식적일 것이며, 이 정도라면 주요 공산품에서는 CPTPP가 RCEP 보다 한국 측이 크게 불리하지 않을 것으로 예상한다. 그러나 농수산물까지 포함하는 CPTPP 평균양허율인 96%를 적용하면 전혀 결과가 다를 것이며, 총관세율상으로는 한국 측이 일본 측보다 높기 때문에 관세율 양허품목의 동일 비중을 가정하면 당연히 한국 측에 적어도 5% 불리한 협상(2004년 한일 FTA 결렬의 중요 이유)이 될 것으로 예상된다.

4. CPTPP 상품제조업 관련 협정문 분석

4.1. CPTPP 관세율 분석

다음은 한중일 평균 관세율이다.

〈표 9〉 한중일 평균 관세율 (단위 : %)

	중국	한국	일본
단순관세율	9.2	11	4.4
가중관세율	3.9	4.6	2.5
실질관세율	3		1.77
실질가중	1.7		
농산물	15	41	17.1
광공업 단순	6.5	6.7	2.5

자료 : 관세청, 일본무역진흥기구(日本貿易振興機構, JETRO Japan External Trade Organization), 海关总署, 양평섭(2013), 정환우(2013.06), 『Trade Focus』, 「한·중 무역구조의 특징과 FTA 협상 시사」, KIET, 등에서 합성작성

한국 측 평균(단순)관세율은 11%로 일본의 대략 2~2.5배 수준이며, 이 수준에서 CPTPP 최대 양허율 대로 100% 관세 양허되면 한국 측은 상대적으로 높은 관세율을 인하해야 하는 만큼 당연히 불리하다. 대일 무역역조는 2012년 -255억달러, 2021년 -245억달러로 거의 개선되지 않으며, 오랜 기간 동안 일본은 한국의 최대 무역적자국을 유지하고 있다.

둘째, RCEP의 상품 관세 양허율은 평균 91.9~94.5%이며, CPTPP는 협정 평균 양허율이 95.0~100% 수준이기 때문에 이 비율대로 CPTPP가 체결된다면 명목 관세양허율이 RCEP보다

약 5% 정도 더 높은 만큼 한국이 불리한 조건이다. 유의할 것은 고관세율인 한국의 사정상 양허율이 높을수록 상대적으로 저관세율인 일본 측이 유리하고 고관세율인 한국은 불리하다는 사실이다. 즉 사실상 한일 FTA 관점으로 보면 CPTPP는 RCEP보다 적어도 관세양허율 상으로 한국 측에 불리하다.

CPTPP에서 관세양허율이 이렇게 높게 책정된 것은 미국이 배제되어 있기 때문인데, 일본에 이어 중국까지 참여를 선언한 마당에 미국이 CPTPP에 개입할 가능성은 더 멀어진 것으로 보는 편이 합리적일 것이다.

<표 10> TPP협상시 일본의 주요 쟁점

	협의 내용	비고
관세(농산물)	쌀(관세율 778%), 유제품(360%), 설탕(328%), 밀(252%), 쇠고기(38.5%)	일본 고수
SPS, TBT	식품 안전 기준 완화 요구, 자동차 일본 안전기준 완화	사전협의
자동차	수입자동차특별취급제도(PHP) 수입대수 5,000대로 상향	사전협의
보험 우편	일본우정(보험), 우편(EMS) 공정경쟁	
지재권	70년 강화	한미 FTA 기준

자료 : 「日本経済新聞」 등에서 합성작성

<표 10>은 일본이 CPTPP 전신인 TPP 협상 당시 미국 측과 협상의 주요 쟁점을 간추린 것이다. 일본은 쌀 등 주요 농산물, 자동차 의무수입량 증대, 안전기준 완화, 보험/우편 서비스 시장 개방 및 교역국가에 따라 민감품목 허용(베트남 자동차 민간 품목 지정 등), 지재권 등에서 약점을 보인다. 둘째 일본의 산업경쟁력은 10년 전보다 취약하며(2011년부터 지속되는 무역

적자[22]) 국가 간 산업 내 분업 확대, 기술감축 속도 가속, 시장 경쟁을 군사적 무력행동으로 즉각 전환하기 어려운 탈식민지 시대 경쟁환경 등의 요인에 의해 영향받고 있다. 그러나 변화된 한일 경제관계에도 불구하고 사실상 한일 FTA인 CPTPP 효과는 여전히 일본 우위인 한일 산업 내 분업 구조(반도체 디스플레이 제조 장비 분야 등) 내에서 작동할 것이기 때문에 가공무역구조와 일본의 저실질관세 경향에 따라 한국 측에 불리하게 작용하는 측면은 변함없을 것으로 생각된다.

양허 예외 품목 결정수준에 따라 다르겠지만, 전체적으로는 장기간 기울어져 있는 역내 산업구조조정 가속화에 기여할 가능성이 더 크다. 한국 측이 기술적 우위에 서 있는 반도체, 배터리, 스마트폰 등은 ITA협정 이래 무관세화한 영향으로 FTA 관세 효과와 무관하며 일본은 비교열세인 이 분야에서 자국 경쟁력 강화 및 대 한국 상품 침투를 극단적으로 꺼리는 애국주의적 소비접근성이 매우 강력하다. 즉 한일 FTA는 상품의 경쟁력 우위에 상관없이 공산품에 대한 대 한국 극단적 애국주의, 보수적 소비경향의 일본 소비시장 접근에 대한 회의적 의견이 다분하다.

---

22) <표 11> 연도별 일본의 무역수지 (단위 : 백만불)

연도	수출	수입	수지	증감
2010	769,773	694,052	75,721	1.632
2011	822,564	854,998	-32,434	-1.428
2012	798,620	886,036	-87,416	-1.695
2013	714,613	832,343	-117,730	-0.346

자료 : 무역협회 등에서 합성

4.2. 무역구제

한국이 체결한 대부분의 FTA에서 가장 불합리한 요소로 부각되는 것은 무역구제 등 비관세장벽 협상에서 거의 진전이 없다는 것이었다. CPTPP도 거의 마찬가지 사정인데 비관세장벽은 일반 적용협정인 GATT(혹은 WTO) 비관세조항을 거의 그대로 따르는 정도에 그친다.

한국 측에 극히 불리한 문제의 초점인 미국 무역확장법 232조 등과 같은 국가별 자국 보호 특별 비관세장벽은 전혀 거론되지 않는다. 협정문에 따르면 통상적인 긴급수입제한(Safeguard), 반덤핑(Anti-dumping), 상계관세(Countervailing Duties) 문구 등이 언급될 정도이다. 기본적으로 GATT 1994의 조항에 따르며, 무역구제조항은 RCEP도 마찬가지 사정이다. 한미 FTA에서도 세이프가드(철강)나, 반덤핑(세탁기)등은 주로 미국 측 요구에 따라 발동되었으며, 이에 대한 한국 측 대응(WTO 제소 등)은 일부 승소에도 불구하고 실질적인 영향은 거의 속수무책 수준이다.

5. 결론 :
환태평양 관련 다자간 협상들로부터 시사점

한국이 체결한 각종 기 FTA가 무역진흥에 어느 정도 영향력을 미쳤는가를 부문별로 분석한 정밀 연구들은 잘 찾기 어렵다. 대개의 기존 연구는 정부 정책을 찬양하는 수준의 긍정효과론, 또는 외관상의 양적 결과를 총괄적으로 거론하며 유리한 FTA 결과 해석, 예컨대 무역량 증대 등의 효과에 집중한다. 마찬가지로 CPTPP 가입에 대한 경제효과 분석은 낙관적 분석(KIEP : 실질 국내총생산이 0.33~0.35% 증대 예측/산업통상부 공청회 2022.03.25. 송백훈, 0.2%~1.6% GDP 증가율 「CPTPP에 따른 한국의 무역전환 연구」)이 주류를 이룬다. 그나마 타 FTA 효과예측에 비하면 현저하게 낮은 성장률 예측 결과를 내놓는 것은 미국이 참여하지 않는 구도를 감안할 수밖에 없는 사정일 것이다. 문제는 고작 0.2%~0.3% 증대라는 미미한 효과를 가지고 이를 추진해야 한다는 낙관론의 저의가 의심스럽다는 것이다.

중국의 CPTPP 가입 신청이 기각되고 미국이 전격 참여하는 방향(시나리오 3)으로 CPTPP가 재구성된다면 어떨지 모르겠지만, CPTPP에는 RCEP에 포함된 여러 나라들이 중복되기 때문에, 이들 국가 전원을 설득한다는 것도 문제이고, 설령 그것이 가능하다고 해도 돌연 참여를 거부한 미국이 전격 참여로 노선을 바꿀만한 특별이익이 부각되지 않는 한, 엄격히 말해서 한국의 CPTPP 참여 경제효과는 거의 없다고 해도 과언이 아니다. 그럼에도 불구하고 2022년 전반기 CPTPP 가입(신청)이 강행되었던 것은 아마도 CPTPP 가입의 효과보다는 중미 갈등의 정치군사적 여파, QUAD나 IPEF, 중국을 배제한 반도체 공급망 동맹 '칩 4', '인플레이션 감축법(미국에서 제조된 배터리와 핵심광물을 사용한 전기차만 혜택, 한국산 전기차에 불리)' 등등 주로 대외적 요인의 영향, 미국 주도의 대 중국 견제용 정치군사경제 협정 강화 분위기에 휩쓸리는 것이 아닌가 의심된다. 조급한 협상 추진이 일본과 잘못된 협상으로 연계될 경우, 부정적 효과가 당연히 우려된다.

마찬가지로 RCEP 수준의 결과물이라면 그나마 경제효과는 '최소한'일 것이고, 부수적으로 주 협상대상의 다른 한 축인 대 멕시코 협상의 귀추가 관심사일 것이지만, FTA 시대 개막 이후 일관된 멕시코의 대 한국 경계(자동차, TV 등 가전제품 부문 등에서 이해 충돌) 태세에 따르면 대단한 협상 결과가 추출될 것으로 기대하기도 어려운 것(NAFTA 원산지 규정 및 지역내 부품 사용율 강화 보호무역주의 경향으로 효과 미미)이 사실이다.

결론적으로 이미 환태평양 대부분 국가와 FTA가 체결된 한국의 사정으로 보면, 첫째 일본과의 불리한 무역구조를 벗어나지 못한 사정상, CPTPP에서 RECP 수준을 넘는 추가 협상(시나리오 1)이라면 한일 무역역조 구조상 더 많이 내줄 확률이 높을 것이며, 자동차 등 주요 공산품이 양허 예외된 RCEP 수준(시나리오 2)이라면 그나마 그 효과가 중립적 수준에 머무를 것으로 예측한다. 다만 기 체결국인 칠레, 캐나다 등과 농수산물 양허 수준을 더 많이 풀거나, 유예기간을 단축하는 등의 소재가 재협상거리로 등장할 가능성이 높아질 것이다. 실제 협상 과정이 어떤 결과를 낳을 것인가에 대해서는 기 FTA 체결국들과의 교역결과를 참고할 수 있다.

기 FTA 체결국가 중 한국 측이 상대적으로 기술 우위에 있는 베트남 등의 아세안 국가와의 FTA를 제외하면, 대규모 무역국들과 한국의 FTA 진행 결과는 대개 부정적이며, 이는 FTA 체결 이후 대 EU 또는 대 중국 교역 악화 실적에서 두드러진다. 〈표 1〉에 따르면 FTA 체결 당시(2012년) 한중 무역수지 535억달러 흑자는 그 10년 뒤 242억달러(2021년)로 반토막 하강한 것으로 결과되었다. 한미 FTA 10년 운영의 결과는 기대했던 만큼이나 자동차 부문에서 수출증대 효과를 찾기 어려우며, 미국을 위시한 북미 지역의 보호무역주의 경향에 의해 사실상 강제적인 미국 내 공급망 재편 및 현지 직접투자 급증이라는 결과를 낳고 있다.

이 사태로 한국 측 관련 산업(자동차, 반도체, 배터리 등등) 투자의 미주 편향과 국내 산업공동화가 우려되고, 한편 미국산 전기차 수입추세 증가 현상에 대한 후속 대책(국산차 보조금 역차별 현상 등) 마련도 시급하게 필요하다. 무역 결과의 모든 것이 FTA 효과라고 말할 수 없지만, 이러한 부정 실적이 두드러진 결과가 FTA 추진 이후 시점이라는 것은 최소한 간과할 수 없는 인과관계로 간주할 수 있다. 한국 측의 유일한 흑자폭 증가는 대미 무역수지이나, 이는 사실상 FTA 효과와 무관한 무관세 반도체 등 전기전자 품목의 자연성장률 및 세계적 탄소중립화 영향인 친환경 전기차와 그 주 부품인 배터리 수출량 증대 경향의 결과로 파악된다. 전기전자류는 WTO 정보기술협정(ITA 2016년 개정)에 따라 대개의 품목이 관세 자유화되었으며 FTA와 무관함에도 총괄적으로 FTA 효과로 착각하게 만드는 대표 품목이다.

결론적으로 말해서 한국은 이미 호주, 캐나다, 칠레, 페루 등 대부분의 환태평양국가들과 양자 혹은 다자간 FTA를 맺고 있기 때문에 중국처럼 CPTPP 교역 증대효과를 기대하기도 어렵다. 사실상 한일 FTA인 한국 측의 CPTPP 가입여부가 어떻게 방향잡을지 모호하지만, 0.2~0.3%의 성장률을 기대하는 FTA 관련 관변연구기관 중심의 연구 실적 발표는 신뢰하기 어렵다는 것이 문제다. 관점을 바꾸어 이를 신뢰한다고 해도 겨우 이 정도 기대치로 성패의 불확실성이 높은 일본 중심의 환태평양 경제 협정에 모험을 건다면, 이는 자국 중심 보호무역 강화라는 세계적 실리 추세를 놓치고 스스로 정치적 국제지역 편향주의의 함정에 매몰되는 실수를 범하는 것과 마찬가지일 것이다.

3.
CPTPP 수산업 영향과 협상의 쟁점

백 일
울산과학대학교 교수, 유통물류경영학과

CPTPP 수산업 영향과 협상의 쟁점

1. CPTPP 수산업 협상의 문제점 점검

2. 한국의 CPTPP 관련국들과 수산물 수출입 현황 분석

3. CPTPP 협상 한일 간 수산업 관련 예상 주요 의제 분석
    3.1. 신한일어업협정과 후쿠시마 방사능 농수산물
         협상 의제 포함시 문제점 분석
    3.2. 어업보조금 피해 분야 쟁점
    3.3. RCEP과 CPTPP 수산물 관세 양허율 전망 비교

4. 결론 : 수산업, 국가존망 차원의 산업가치로 승격

1. CPTPP 수산업 협상의 문제점 점검

한국의 연근해 수산업은 한반도 주변 인접국인 중국, 일본 등과의 어업 해양경계의 문제임과 동시에 독도를 둘러싼 영토권 및 배타적 경계수역 설정 문제와 밀접하게 관계되어 있다. 중국과의 어업 경계는 국제적으로 관행화되어 있는 연안 12해리의 경계를 비교적 충실하게 지키는 선에서 중간지대에 대한 어업 공해(公海) 경계의 문제로 한정되는 경향이며 상대적으로 국가 간 이해다툼의 정도가 덜한 정도에 속한다.

한편 일본과의 어업 경계 다툼은 제국주의 시대의 영화를 계승하는 일본의 군국주의적 영토 확장 의지 계속에 따라 어업권 및 해양경계에 대한 첨예한 한일 다툼의 장기화 사례에 속한다. 이는 1990년대 연안 200해리 배타적 수역(EEZ) 경계에 대한 각국의 경쟁적 선포와 세계적 군사 냉전 강약의 흐름을 따라 변동하여 특히 한일 간 어업권 이해다툼의 확실한 선긋기 결정으로 시원하게 해결되지 못하는 고질적인 문제로 남아있다. 일본의 영토적 야망은 북으로는 사할린, 남으로는 센카쿠(중국명 다오위다오)에 이르며, 한일 간에는 동해의 경계로 독도를 포섭하려는 끊임없는 쟁점화에 이르며, 한일어업 경계의 문제는 어획의 경계 수준을 넘어 결국 영토 경계 차원의 문제가 내재되어 있다. 한편 한국 측으로 보면, 그 다툼의 시간만큼 중간수역 진입이 곤란해서 결국 연근해어업권 축소를 안게 되는 장애물이 되는 셈이다.

1965년 한일어업협정("공해자유의 원칙", 또는 "공해어업")과 독도 및 인접수역의 중간영역을 새로 지정한 1998년 새 한일어업협정, 2012년 신한일어업협정 재협상 논란에 이어 2016년 신한일어업협정 협상 중단 등등 중간 경계를 둘러싼 한일간 지지부진한 어업권 협상과정의 내면에는 일본의 독도편입 의지에 대한 암묵적 갈등이 있고, 협상 중단의 시간만큼 한국측으로는 중요한 어업권의 유실이자, 사실은 일본측에 유리한 국면(한국측의 독도 실효적 지배에 대한 일본의 무기력화 공세)으로 나타나는 측면이 있다.

〈그림 1〉 신한일어업협정(1998년) 이후 한일 어업경계와 중간수역

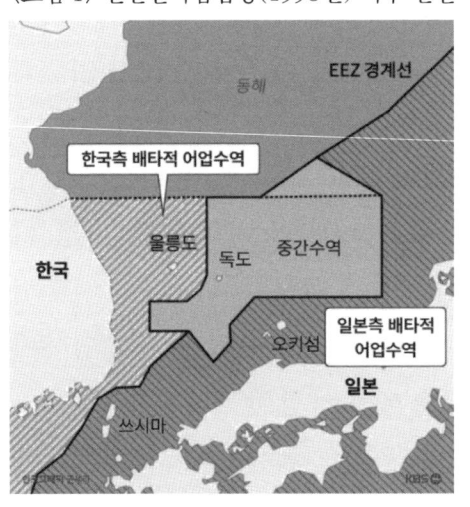

자료 : naver.com/search.naver?sm=tab_hty.top&where=image&query

　CPTPP는 환태평양 11개국으로 구성된 동반자 협정을 말한다. 2016년 미국의 불참선언이래 CPTPP 최대 경제이해국은 일본이며, 2022년 한국이 그 가입신청을 추진중이기 때문에, 단

축 한일 FTA로 불리운다. CPTPP는 상품제조 및 서비스 지재권 등 포괄적 무역협상인 만큼 경제 전반에 걸친 다자간 협상이자 각국 간 개별협정이라는 복수구조를 특징으로 한다. 그러나 한국으로 보면 이 중 대다수 9개국과 FTA를 체결한 바 있는 중복 협상인 만큼 사실상 재협상 절차의 양허 의제는 상대적으로 의미가 감축된다. 다른 한편, 그만큼 특별한 재협상의 실익을 도출하기 어려워 과연 그럴 필요가 있나, 또는 기대이익 부문인 상품제조업종과 주 피해업종인 농수산업 간 FTA 빈부격차만 더 심화될 수 있는 문제로 된다.

CPTPP 협상 대상 중 주요 관심국가는 한국과 FTA 미체결가인 일본, 멕시코 2개국이며, 특히 한국과 4위 교역국인 일본과의 협상이 중심 의제이다. 한일 간 직접 FTA는 한일 간 장기 무역역조관계에 따라 일본에 일방적 유리로 귀결할 가능성이 높아 그간 추진이 중단되었다가 2019년 RCEP에 이르러서야 평균보다 10% 낮은 최소 양허율(83%)의 다자간 FTA 관계를 맺는 방식으로 우회하였다. CPTPP 평균 양허율은 96%로 RCEP보다 최고 5% 더 높은 수준이기 때문에, 단순 수치 비례상으로 한일 간 양허율은 RCEP보다 높은 수준을 전망할 수 있다. 물론 한일관계는 역사적으로나 국제 분업상으로 첨예한 이해가 달려있는 만큼 실제 결과는 예측 불허이며, 심지어 최소 수준인 RCEP 수준에서 멈출 수도 있다.

더 큰 문제로는 CPTPP는 주로 환태평양 해양국가 간 협정이기 때문에 농수산업상 의제가 특화 지정되며, 이에 따라 한일 간 첨예한 어업(경계) 이해관계가 주요 협상 의제로 오를 수도 있다는 점, 둘째 FTA 성과 달성에 목을 메는 그간 한국 정부 협상관행으로 보아 협상 타결을 위해 일본 측의 강한 요구에 양보하는 결과가 발생할 수 있다는 점(CPTPP 가입신청국인 대만은 협상의 전제조건으로 일본의 후쿠시마 방사능 농수산물 수입 허용), 셋째 CPTPP는 RCEP과 달리, 지재권 또는 (어업) 보조금(금지) 등을 직접 언급하여 수산어업권에 개입하고 있다는 점, 넷째 협상국들은 대개 농수산물에 비교우위를 가지고 있는 해양 연안국가들이자 한국과 기 FTA 체결국가들이며 이들은 재협상과정에서 농수산물 양허제외 품목, 또는 양허기간 단축 완화 조건을 협상 의제로 제시하는 등등의 문제를 야기할 수 있다. 그러므로 CPTPP 협상의 수산업 효과분석은 사실상 한일 FTA (어업권 관련) 효과 분석을 필두로 수산업 전반에 대한 환태평양 주요 국가들과의 교역 및 재협상 가능성까지 점검 목록 확대를 필요로 하게 된다.

2. 한국의 CPTPP 관련국들과 수산물 수출입 현황 분석

〈표 1〉은 CPTPP 관련 주요 국가별 한국의 수산물 수입 추이다. 한국의 FTA 확장 직전기에 해당하는 2010년을 기준으로 전면 확장기인 2015~2020년까지 수산물 수입 동향이며, 관련

<표 1> 연도별 주요 국가별 한국의 수산물 수입 추이 (단위: 천달러)

	2010	2015	2016		2020	증감	%
계(천달러)	3,458,400	4,555,634	4,791,147	국가 계	5,621,145	2,162,745	63
중국	1,096,264	1,157,502	1,213,634	중국	1,254,394	158,130	14
러시아	495,267	705,427	700,507	러시아	926,074	220,647	45
베트남	376,338	582,847	620,829	베트남	754,728	171,881	46
미국	126,179	247,097	243,489	노르웨이	430,908	204,704	211
태국	100,957	172,159	149,667	미국	238,747	112,568	89
대만	96,041	102,551	99,452	페루	203,787	85,352	89
일본	226,204	119,353	142,888	태국	154,102	53,145	53
노르웨이	97,108	226,204	299,967	일본	134,096	-92,108	-41
칠레	76,957	97,108	135,524	칠레	149,314	52,206	68
호주	118,435	76,957	56,973	캐나다	94,307	33,267	28

자료 : 해양수산부, 수산물 수출입 통계

국가로 가입신청국인 중국과 대만, CPTPP 기 가입국인 베트남, 일본, 칠레, 페루 등의 동향이 관심을 끈다.

한국의 대 세계 수산물 총수입은 2010년 34.5억달러에서 2020년 56.2억달러(총상품수입 중 약 1%)로 10년 간 21.7억달러(63%) 증가하였다. 2010년 이후는 한국의 FTA 체결국가(58개국 18건, 2020년 현재)가 폭증하는 기간과 일치하므로 이 기간 수산물 수입 증가 실적의 주요인은 단연 FTA 효과라고 할 수 있다. 예상대로 FTA 협정국인 노르웨이(211%), 미국(89%), 칠레(68%), 태국(53%), 베트남(46%) 등으로부터 높은 수산물 수입 증가율이 나타난다.

일본은 한국과 FTA 미체결국으로 농수산물 수출입 실적은 FTA 효과와 무관(RCEP은 2022년 발효)하다. 그럼에도 10년 간 급감한 수산물 수입 실적(-41%)은 전적으로 2011년 후쿠시마 사태로 인한 세계적 일본산 방사능 농수산물 수입금지, 둘째 신한일어업협정 협상 재개(2015년), 셋째 2016년 이후 격화된 일본의 군국주의화, 위안부 파문과 관련된 한일 정치경제갈등과 한일어업협정 협상 중단 등이 주요인으로 꼽힌다.

3. CPTPP 협상 한일 간 수산업 관련 예상 주요 의제 분석

3.1. 신한일어업협정과 후쿠시마 방사능 농수산물 협상 의제 포함시 문제점 분석

다음은 지난 10년 간 한일 수산물 수입동향 추이 도표 및 통계표이다.

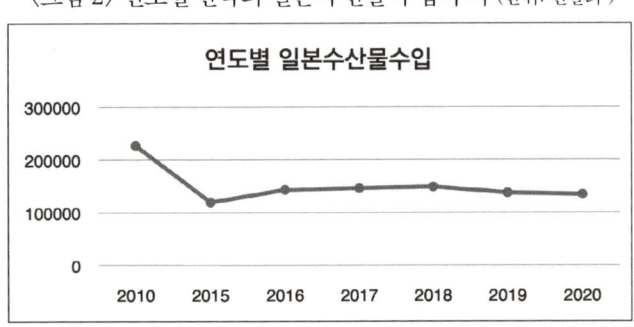

〈그림 2〉 연도별 한국의 일본 수산물 수입 추이 (단위: 천달러)

〈표 2〉 후쿠시마 원전사태 및 한일어업협정 이후 대한 수산물 수입 변동 (단위: 천달러)

연도	2010	2015	2016	2017	2018	2019	2020
일본수산물수입	226,204	119,353	142,888	145,900	148,495	137,124	134,096
증감		(-47%)			(24.5%)		

자료 : 해양수산부

한국의 수산물 대일 수입은 2015년 최저점(1.19억달러)을 기록하며, 후쿠시마 사태 전인 2010년 대비 1.1억달러(-47%) 하락하였다. 주요인은 물론 후쿠시마 방사능 농수산물 수입금지 조치이다. 2016년 이후 후쿠시마 농수산물 요인을 일부 상쇄하는 수입 증가요인은 재개된 신한일어업협정 협상이다. 신한일어업협정(1998년)은 한일 간 200해리 배타적 수역(EEZ) 조정으로 초점은 독도 지역을 중간(공해)수역으로 경계 편입하고 진입어선 및 수확량 제한을 조정하는 것을 중심내용으로 한다.[23]

2022년 5월 12일 서울 종로구 서울글로벌센터 국제회의장에서 열린 'CPTPP 가입 저지 범국민운동본부 발족 기자회견'. 출처: 한국농정신문

---

23) 신한일어업협정 : 한일 양국 어선의 서로 간 배타적 경제수역(EEZ)에서 지정된 조업량, 어선 숫자, 조업 기간을 통제하는 협정. 2016년 이후 한일 간 정치경제 갈등으로 협상 중단되어 조정 불가, 한국측 전통조업량 감축 피해 발생. 어선 간 경쟁 심화. 연간 약 600억원 피해 추정(수협중앙회, 「수산경제연구원 보고서」, 2020). 1998년 신어업협정 후 2016년 전까지는 매년 조업기준 협정을 갱신. 주 내용은 일본 근해의 한국측 전통적 어업실적 보장은 3년, 이후 어로 축소, 한일 어획량을 균형시키는 것임. 명태는 이 협정 발효 후 1년만 한국 어선의 일본 EEZ내의 어로를 1만5천톤 범위 허용 후 전면 금지, 대게(crab)는 발효 후 1년 현 어획량 기준 50%로 감축, 이후 금지.

그러나 정치경제 갈등 여파인 신협정 협상 중단으로 이 결과는 한국 측 어획량 감축, 2016년 이후 일본의 대한 수입 증대(24.5%, 2018년)현상으로 결과되었다. 〈그림 2〉는 그 10년간의 변곡점을 궤적으로 보인 도표이다. CPTPP는 포괄협정으로 수산물 품목 양허 수준과 직접 결부되기 때문에 이른바 한일 중간 지역 주요 수산물인 고등어(대형선망어업), 갈치(제주 연승어업), 오징어(채낚기), 가자미 어획량 및 수출입량과도 밀접하게 연관된다.

○ 수산물 수출입 및 피해 분석

한국의 대일본 수산물 수입은 1.34억달러(2020년 현재)로 수산물 총수입비중은 2.4%로 감소하였다. 그러나 한일 간 CPTPP 발효시 수산물 총수입물량 10년 증대율(63%)을 적용할 경우 총 2.18억달러, 차액 0.84억달러(약 1,000억원, 연 100억원) 증대 추정이 가능하다. 한국이 CPTPP에 가입하고 일본수산물 수입금지를 해제하는 최대치를 가정하고, 후쿠시마 사태 이전 대일 수산물 수입 비중(6.5%)으로 복귀를 적용하면 그보다 훨씬 높은 최대 총 3.68억달러, 2.34억달러 증가(3,000억원, 연 300억원) 규모까지 추정 가능하다. 이는 한국농촌경제연구원(KREI)의 피해 추정치 농업분야 연 4,400억원, 수산업 분야 연 69억~724억원에 근접하는 것으로 문제는 CPTPP 11개국이 아닌 일본 단 1개국과의 교역실적만으로 발생할 수 있는 수입 증대 가능액이라는 것이다.

<표 3> CPTPP 한일 주요 품목 관세율 양허 수준 (단위: 단위 : 억엔, %)

	HS코드	품목	2017년				CPTPP	
			대세계 수입	대한국 수입	한국 점유율	경쟁국 (점유율)	기준관세율 (2010)	양허유형
1	271019149	기타 등유	532	500	94.0	싱가폴(5.1)	405엔/kl	즉시철폐
2	271019143	제트엔진용 연료	659	499	75.8	중국(19.1)	405엔/kl	즉시철폐
3	271012137	자동차용 휘발유	639	420	65.7	UAE(10.3)	1,056엔/kl	11년 균등
4	284190090	산화금속산염/과산화금속산염	422	289	68.5	중국(29.7)	3.3%	즉시철폐
5	271019188	윤활유	349	231	66.4	카타르(21.8)	3.9%	즉시철폐
6	392062000	폴리(에틸렌 테레프탈레이트)제	506	177	35.1	중국(16.0)	4.8%	즉시철폐
7	271019159	가스오일	157	155	98.7	미국(1.1)	887엔/kl	즉시철폐
8	240319200	기타 담배	1,996	133	6.7	이태리(86.4)	3.4%	11년 균등
9	392690029	기타 플라스틱 제품	2,567	132	5.2	중국(52.3)	3.9%	즉시철폐
10	390230010	프로필렌공중합체덩어리가루	278	128	46.1	태국(10.3)	2.8%	즉시철폐
11	070960010	피망	148	104	70.3	네덜란드(17.2)	3.0%	즉시철폐
12	030487050	눈다랑어	189	94	50.0	중국(40.5)	3.5%	8년 균등
13	121221100	김	71	71	99.5	중국(0.5)	1.50엔/피스	15% 감축*
14	760612090	알루미늄제 기타 판 시트	308	67	21.7	미국(27.6)	2.0%	즉시철폐
15	740921000	구리판, 시트 감은 것	74	64	87.0	대만(10.6)	3.0%	즉시철폐
16	382499999	기타 화학공업제품	1,078	64	5.9	중국(36.5)	2.6%	즉시철폐
17	220890129	기타 증류주	97	57	59.1	멕시코(27.4)	16.0%	11년 균등
18	293499099	기타 핵산 및 그 소금	1,585	54	3.4	벨기에(22.9)	3.1%	즉시철폐
19	741011000	정제구리의 박	251	52	20.7	대만(63.9)	3.0%	즉시철폐
20	030781000	전복	57	52	91.4	호주(5.7)	7.0%	11년 균등
21	392010000	에틸렌 중합체의 것	551	51	9.3	말련(29.1)	4.8%	즉시철폐
22	200599999	기타 마늘 가루	287	51	17.8	중국(73.6)	9.0%	즉시철폐
23	030487040	황다랑어	173	51	29.3	중국(22.7)	3.5%	8년 균등
24	854449099	기타 절연전선, 케이블	314	50	16.1	인니(24.8)	4.8%	즉시철폐

자료 : KITA 「통상리포트」 2018, CPTPP 협정문

한편 산업부는 피해 보전, 피해품목 경쟁력 제고, 국내 수요 기반 확충, 구조개선, 생활여건 향상 등 종합적 지원대책을 추진하겠다고 밝혔는 바, 구체적 방안으로 피해보전 직불금 지원 연장, 폐업지원 재도입, 지원조건 개선 등 피해에 대한 직접지원 방안을 검토할 것을 시사한 바 있다. 문제는 보상직불금 증대 규모를 구체적으로 밝히지 않아 추상적이며, 피해 상황에 대한 추산은 CPTPP의 높은 타결 양허율(96~100%)상 국가 간

협상 여지가 거의 없다는 것이며[24], 산자부 보상대책 정도로는 구체적으로 농수산업 피해를 어디까지 구제할 수 있는가가 모호하다는 점이다. 이른바 한국 측 수출 확대 기회로 간주되는 주요 수산물 대일 관세율 양허도 기대만큼 효과가 발생할지 의문이다. 예컨대 한국의 주요 대일 수출 수산 품목 중 김(99%), 전복(91%) 등은 이미 점유율 100%에 근접하여 관세율 인하 효과로 수출 확대를 크게 기대할 수 없는 품목에 해당하며, 그나마 긴 양허유예기간(11년)이 적용되면 짧은 시간 내에 양허 효과를 기대하기 어렵게 만든다. 주 수출품목의 다른 일종인 눈다랑어 황다랑어 역시 애초에 저관세율(3.5%)과 긴 양허 유예기간(8년)으로 큰 기대를 하기 어려운 품목에 들어간다.

3.2. 어업보조금 피해 분야 쟁점

CPTPP는 총 30개 챕터로 이루어지며, 상품무역, 원산지, 위생검역(SPS), 기술무역장벽(TBT), 서비스, 투자, 전자상거래, 국영기업, 지재권, 노동, 환경 등의 분야를 포괄하고 있다. 이 중 수산업과 관련하여 관심을 끄는 항목은 국영기업 및 챕터 20 환경규약의 보조금 항목인 바, 둘 다 보조금 금지가 집중 관심 부분이다. 국영기업에 대해서는 민간기업의 영업 관행과 일

---

[24] CPTPP 양허율은 96%~100%(일본 95%, 베트남 97.9%, 멕시코·말레이시아·호주 99% 이상, 뉴질랜드·브루나이·싱가포르 100%)이며, 대다수 CPTPP 협정국들은 농수산업 강국들로 구성되기 때문에 농수산업 피해는 기 FTA 수준을 훨씬 능가할 것으로 예상된다. 하물며 FTA 선봉역할을 담당하던 대외경제정책연구원 등 관변 연구기관들조차 CPTPP 성장기여율을 0.2~0.3% 수준으로 추정하는 바, 이 취약한 성장률을 얻고자 농수산업 100% 개방을 허용할 여지가 어디에 있을지 궁금하다.

치하도록 고려할 것을 명시하고, 국영기업에 특혜·보조금 지급 등을 방지하는 문구로 구성되며, 챕터 20장 환경규약은 특히 16조 3항~5항의 어업보조금[25]이 문제의 초점이다. 즉 IUU 어업목록에 등재되지 않은 어선이거나 과잉어획에 부정적 영향을 끼치는 어업이라는 추상적인 규약이 전체 어업에 확대 적용될 경우, 가령 민감사항인 선박 (유류)보조금(또는 면세유) 제약으로 문제가 확장될 수 있다. 이미 한국은 2019년 미국 해양대기청(NOAA)과 환경협에 의해 IUU 미등록 선박 관리 어업국으로 지정되었다가 해지되는 우여곡절을 겪은 바 있다.

CPTPP는 미국이 가입하지 않았기 때문에, 앞의 IUU 경험으로부터 면책사유가 자동 계승되지 않는다. 즉 CPTPP는 여타 FTA와 달리 별도로 어업목록이나 과잉어획을 따로 규정하고 있는 만큼 이에 대한 새로운 협상을 전개해야 할 소지가 당연히 남는다. 물론 이는 협상하기 나름일 것이나 협상 여부를 따질 만큼 CPTPP 가입 실익이 모호한 상태에서, 굳이 경우의 수를 따지면서까지 이를 검토하고 긁어 부스럼을 만들어야 하는가가 문제이다. 만에 하나 실제 과잉어획 등의 소재는 언제나 잠재하는 만큼, CPTPP 가입조건으로 그 관리통제 범위와 위반의 위험을 FTA 조약상으로 법제화하여 상시 떠안는다면, 가령 국

---

25) 어업관리 시행 노력 의무 및 일정 유형의 수산보조금 공여·유지 금지 의무, 야생동식물의 불법 문제를 해결하기 위한 멸종위기에 처한 야생동식물의 국제교역에 관한 협약(CITES)상의 의무를 준수하기 위한 조치 채택·유지·이행 의무 규정. 그리고 상기 수산보조금 관련 의무와 관련해서 (1)과잉어획(overfished) 상태의 어족자원에 부정적 영향을 미치는 어업에 공여되는 보조금 (2)IUU(illegal, unreported and unregulated) 어업목록에 등재된 어선에게 공여되는 보조금

제조건인 IUU에 가입하지 못하는 사정의 소형어선, 영세어선은 이를 어떻게 해결해야 하는지 그 대책을 묻지 않을 수 없다.

〈표 4〉 CPTPP 협정문 구성

1장 최초 조항 및 일반정의	16장 경쟁정책
2장 상품에 대한 내국민대우 및 시장 접근	17장 국영기업 및 지정된 독점
3장 원산지 및 원산지 절차	18장 지식재산권
4장 섬유 및 의류	19장 노동
5장 관세행정 및 무역촉진	20장 환경
6장 무역구제	21장 협력 역량 강화
7장 위생 및 식물위생조치	22장 경쟁력비즈니스 촉진
8장 무역에 대한 기술장벽	23장 개발
9장 투자	24장 중소기업
10장 국경 간 서비스 무역	25장 규제 일관성
11장 금융서비스	26장 투명성 및 반부패
12장 기업인의 일시귀국	27장 행정 및 제도조항
13장 통신	28장 분쟁해결
14장 전자상거래	29장 예외 및 일반조항
15장 정부조달	30장 최종조항

자료: CPTPP 협정문

3.3. RCEP과 CPTPP 수산물 관세 양허율 전망 비교

CPTPP는 베트남, 브루나이, 일본 등 아세안 국가와 호주, 뉴질랜드, 캐나다 등 환태평양 국가들로 구성되며, 가입신청한 중국을 포함하면 RCEP 참여국의 상당수인 7개국이 중복된다. 호주, 뉴질랜드, 싱가포르, 브루나이의 RCEP 관세 양허율은 98~100%, 일본은 83%이며, 그나마 일본은 수산물 수입을 보수적으로 협상하여 수출 46.9%~수입 47.9% 수준으로 운영하고 있다. 이로부터 발생할 수 있는 사안은 수산물 수입률 증대 여부이며, 이는 연근해 어업(양식업 포함)경영에 영향을 미칠 것이다. CPTPP는 RCEP보다 약 5% 관세철폐율이 높으므로 한국 가입시 수산물 관세양허는 일본, 중국을 제외하면 사실상 100% 수준이므로 이를 적용하면 최소 5%의 수산물 증대를 가정하는 편이 합리적일 것이다.

<표 5> RCEP 관세양허 수준

구분		양허수준	추가철폐 품목
아세안	수출	[최종] 91.9 ~ 94.5% [기체결] 79.1 ~ 89.4% 싱가포르, 브루나이 100%	▶ 자동차(부품 포함), 철강, 석유화학, 기계부품, 섬유, 장신구 등
	수입	[최종] 94.6 ~ 96.6% [기 체결] 90.2 ~ 95.3%	▶ 농산물(곡류 가공품, 열대과일 등), 수산물(참치, 넙치, 김 등)
호·뉴	수출	[최종] 100% [기 체결] 100%	-
	수입	[최종]98.2% (호주), 97.9%(뉴질랜드) [기 체결]98.1% (호주·뉴질랜드) 97.9%	▶ [호주] 기타육류, 기타어류, 뱀장어 ▶ [뉴질랜드] 기타어류
중 국	수출	▶ [최종] 91.1% [기 체결]90.6%	▶ 스레인레스강선재, 화학기계, 선박용 부품, 의료용기기, 기타산업기계 등
	수입	▶ [최종]92.0%[기 체결]92.0%	▶ 덱스트린, 녹용
일 본	수출	▶ [최종] 83% * 농산물: 54.1%, 수산물 46.9%	▶ 플라스틱 제품, 합성수지, 증류주 (소주 등), 판유리, 정밀화학원료 등
	수입	▶ [최종] 83% * 농산물: 46.2%, 수산물 47.9% : 오징어(11년 유예)	▶ 플라스틱 제품, 판유리, 석유화학 (제품·중간원료), 정밀화학원료, 맥주 등

자료 : 관세청, 역내포괄적경제동반자협정(RCEP) 발효에 따른 관세행정 운영지침, 2022

<표 5>에서처럼 수산물 수입 종류는 참치, 넙치, 뱀장어 등등 한국의 주력 생산 수산 품목을 거의 포괄한다. 한국의 각종 FTA 평균 수산물 양허 예외는 5~15년이며, 이들 국가와 CPTPP로 FTA를 재협상한다면, 기 협정된 양허 유예 기간도 협상 쟁점화가 될 소지가 있다. 아마도 일본을 제외한 호주, 뉴질랜드 등등 대부분의 환태평양 국가들로부터 수산물 수입 양허율 확대 및 유예기간 단축 재협상 요구가 빗발칠 것이다. 일본의 경우 수산물 관세철폐율은 RCEP 결과와 유사(47%)할 것으로 예상되

나, 대만처럼 후쿠시마 방사능 농수산물 수입 철폐가 협상의 조건으로 등장하면 그 완화 정도에 따른 일본산 방사능 수산물의 급격한 수입증대와 대국민 위생검역 문제의 급증 가능성도 없지 않다.

4. 결론 : 수산업, 국가존망 차원의 산업가치로 승격

CPTPP에 대한 KIEP 등의 FTA 관련 관변기관 연구들은 대개 한미 FTA의 10년 간 실적을 FTA 우수사례로 드는 등 FTA 가입의 긍정평가로 일관한다. 그러나 이는 자연증가율이거나 미중 갈등에 의한 반사이익, 코로나19 사태 봉쇄경제에 따른 특별이익 등의 세부 설명에 취약하며, 총괄적으로 인플레이션법 등등 미국의 자기이익 보호무역주의 경향을 따라 세계공급망 조정에 편승하는 사태(원산지 및 미국 역내생산 공급망 강화로 미국 내 현지 투자가 급증되는 한국산업의 실태)를 놓치곤 한다. 다른 한편 한국의 농수산업은 각종 FTA 협상 이익의 대가로 보호되지 못하여, 산업적 황폐화의 길을 걸으며 거의 사경의 마지막 단계에 이르고 있다. 특히 수산업은 친환경과 수산식품의 거점이며 동시에 EEZ 같은 세계적 해양경계 경쟁 및 영토의 최후 보루라는 국가존망이 걸린 높은 가치임에도 불구하고 산업적 열위라는 이름하에 공산물 성장을 위한 불가피한 FTA 희생업종으로 치부된 것이 사실이다.

CPTPP는 경제성장 기여(성장률 0.2~0.4%) 추정도 믿기 어렵지만, 특히 수산업은 최대 연 67억원~700억원 피해규모로 가볍게 경시되는 경향인 바, 이 연구의 결론은 관변기관들의 수산업 피해 추정이란 현저한 과소평가임은 물론, 영토수호가 걸린 해양경계 및 환경친화의 보루로서 수산업의 가치를 무시하는 매우 잘못된 경향의 소산이라고 생각한다. 결론적으로 CPTPP 참여는 그 가입에 대한 성장 기대를 훌쩍 넘어서며, 협상의 경우에 따라서는 심지어 돌이킬 수 없는 막대한 수산업 피해로까지 확산될 수 있다는 것이다. 그 이유를 정리하면 다음과 같다.

첫째, CPTPP는 총 11개국 중 9개국이 한국과 기 FTA 체결국으로 재협상의 실익이 크지 않고, 환태평양국가 중 가장 거대 경제체인 미국이 탈퇴하여 경제적 가치가 대폭 축소되어 있다.

둘째, 한국으로 보면 CPTPP 재협상이란 결국 FTA 미체결국인 멕시코와 느슨한 체결국(RCEP)인 일본과의 협상인 바, 멕시코는 북미 NAFTA의 일원으로 미국의 강력한 공급망 재편 및 원산지 통제를 받고 있고, 2000년대 이후 자국의 보수적 대외무역 협상 기조를 유지하고 있어 실익 여부를 장담하기 어렵다. 문제의 초점인 일본은 RCEP 협상과정에 따르면 한국 중국과 이른바 경쟁관계이자, 이른바 소부장(소재·부품·장비)산업구조로 불리는 국제 네트워크 분업구조상 상위 위치를 점하고 있어 FTA 개방시 피해 위험 소지가 더 클 것이라는 혐의가 있다. 어느 협상테이블이건 일본은 경계 대상의 최상위 위치이기 때문에 특히 주력 산업에서 경쟁관계인 한국과 협상시 RCEP 최소양허율 범위를 크게 넘어서기 쉽지 않을 것으로 예상한다. 그러나 RCEP 수준 정도라면 한국이 굳이 위험을 감수하고 CPTPP에 가입할 가치란 거의 없다.

셋째, 평균양허율이 RCEP보다 5% 높은 96%의 양허율이기 때문에 농수산물 강국들인 환태평양국가들로 주로 구성된 CPTPP는 적어도 수산물 수입 5% 증가를 감안해야 하며, 이는 금액상으로 2.8억달러(약 3,000억원) 수산물 총수입 증가를 의미한다. 즉 관변단체 연구들의 수산업 최대 732억원 피해추정은 CPTPP 타결용 전시 자료로 과소추정일 가능성이 높다. 수입수산물은 양식 및 어업해산물 등 생산방법과 생물, 냉장, 냉동 등등 유통형식을 막론하며 품목 또한 한국 측 주생산물인 넙치, 장어 등 거의 전 수산물로 확대될 것이며 이에 비례한 피해 증가는 당연히 따라오는 부수현상이다.

넷째, 위생검역의 큰 문제인 후쿠시마 방사능 수산물 수입이 허용되면(대만이 CPTPP 가입조건으로 허용한 사례), 일본의 최인접국가로서 한국의 위치로 볼 때 국민위생에 중대한 위해가 발생할 수 있다.

다섯째, CPTPP 챕터 20장의 과잉어획 어족자원 어업과 IUU 어업목록에 등재된 어선에게 공여되는 보조금 금지 조항은 적

2022년 7월 23일 'CPTPP 저지! 후쿠시마 오염수 방류 반대! 경남도민대회' 중 통영 앞바다에서 어민들이 120여척의 선박을 몰며 해상시위를 벌였다. 출처: 한국농정신문

용하기에 따라 광범위한 어선(IUU 등록 불가 사정의 소형 선박 등)의 어업보조금(면세유 포함) 금지로까지 확산될 위험이 있다. 2019년 미국 환경협과 IUU 파동을 경험한 한국으로서는 미국이 빠진 CPTPP에 이 조항이 명백하게 산입되어있기 때문에 추가 협상을 다시 해야 할 위험에 노출된다.

여섯째, 육지영토 경계 다툼이 주력이었던 구시대와 달리 해양경계가 경쟁의 주력인 시대에는 국토의 지리적 경계와 수산업이라는 산업적 어획경계가 일치한다. 즉 수산업은 FTA라는 경제적 득실의 한 업종 수준이 아니라 영토경계의 선봉으로 국가적 존망이 달린 최우선 위치로 다루어져야 한다는 것이다. 한일 간 수역 경계 다툼은 주로 독도 주변에서 일어나며 한일어업협정의 쟁점이 끊이지 않는 가운데 CPTPP가 이를 회피해서 독자적으로 진행될 것으로 생각한다면 이는 오랜 한일 경쟁관계를 외면하는 정치적 무지에 속한다. 신한일어업협정 개편은 CPTPP와 관계없이 진행되어야 할 당면 과제이며, CPTPP 가입이 그 발목을 잡아서는 안 된다.

수산업에 대한 관점은 어업자원 획득이라는 단순 경제수치 환산에 머무르는 정도로 다루어서는 부족하며, 21세기 세계적 가치인 환경보호와 영토수호의 최첨단 가치라는 시각 확장으로 전환되어야 한다. 주변국과 주로 해양에서 지리적으로 갈등하는 한국으로서는 바다환경 보호와 어획자원 확보, 그리고 국토 경계 경쟁으로 확장되는 중요가치로서도 단연 수산업 진흥을 필요로 한다. 국가 간 격렬한 이전투구와 세계적 보호무역주의가 유행하는 신냉전 시대에 FTA 양허율과 단편적 경제 수치 타산거리라는 차원을 넘어서 전 국가적 운명 단위로서 집중 보호, 육성해야 할 산업으로 수산업의 지위를 격상하는 것은 시대의 요청이자 국가생존의 당연한 수순이다.

4.
CPTPP, 한국농업에 미칠 영향

이수미
(사)농업농민정책연구소 녀름 연구기획팀장

CPTPP, 한국농업에 미칠 영향

1. 농산물 시장개방 확대와 한국농업의 위기
    1.1. 막대한 농식품 무역수지 적자
    1.2. 식량수입국 한국의 위태로운 식량자급률
    1.3. 식량위기, 기후위기에 더욱 취약

2. CPTPP 가입이 농업에 미칠 수 있는 영향
    2.1. 양자협상에서 한국이 지불해야 할 입장료
        2.1.1. 쌀 TRQ증량의 우려
        2.1.2. 사과, 배 등 식물검역의 붕괴위험
        2.1.3. 한우 등 축산산업의 위협
    2.2. 관세철폐, 높은 시장개방률이 미칠 피해
        2.2.1. 관세철폐로 인한 농림업 생산액의 손실
        2.2.2. 향후 중국 참여로 인한 피해 확대
    2.3. 기존 CPTPP 협정문에서 농업에 영향을 미칠 독소조항
        2.3.1. 원산지 규정 - 완전누적 기준
        2.3.2. 동식물 위생검역(SPS) - 수입국의 의무 강화
        2.3.3. 무역기술장벽(TBT) - 회원국 간 무역기술장벽 완화
        2.3.4. 지적재산권 강화 - 각종 투입 비용의 증가

3. 정부의 농업 피해 분석 및 대책의 부실함
    3.1. 겉포장만 바꿔치기한 FTA 국내보완대책
    3.2. 정당하지 못한 대국민 의견수렴절차
    3.3. 정부의 부실한 피해분석

4. 결론 : 농산물 세계자유무역은 실패

1. 농산물 시장개방 확대와 한국농업의 위기

1.1. 막대한 농식품 무역수지 적자

○ 무분별한 농산물 개방으로 농림축산식품 무역수지 적자규모 증가, 2021년 무역수지 적자 333억4,600만달러로 역대 최고
- 자동차산업 무역수지 흑자(322.2억달러)[26] 규모보다 더 큰 농식품 적자

한국은 2004년 한칠레 FTA를 시작으로 현재(2022. 6월) 58개국과 18건의 FTA가 발효되었다. 그동안 농식품 무역수지 적자는 눈덩이처럼 불어났다.

2021년 농림축산식품 무역수지 적자는 333억4,600만달러[27]로 20년 전인 2001년(68억6,800만달러) 무역수지 적자보다 적자규모가 약 4배(264억7,800만달러) 증가하였다.

자동차, 반도체 등의 수출을 위해 농업을 희생했던 결과, 농식품의 무역적자는 매년 눈덩이처럼 커지는 심각한 상황이다. 이러한 상황에서 CPTPP 가입은 농식품분야의 더 큰 무역적자를 가져올 것이다.

---

26) 자동차산업협회 「자동차통계월보」, 무역협회 통계
27) 한화 44조5,503억원(1,336.0 USD)

⟨그림 1⟩ 농림축산식품 수출입 현황 및 무역수지 동향 (단위: 백만달러)

농림축산식품 수출입 및 무역수지 동향

자료 : e-나라지표

○ CPTPP 회원국과의 농식품 수출·입 현황

우리나라는 CPTPP 가입국 중 2개국(일본, 멕시코)을 제외하고 양자 FTA 및 다자간 FTA를 체결하였다. 2021년 CPTPP 가입국에 수출하는 농림수산식품 수출액은 3,708.5백만달러(4조8,043억원[28])로 전체 수출액(11,373.7백만달러)의 32.6%를 차지하고 있다. 11개국 중 일본의 비중(18.1%)이 가장 높고 그 다음으로 베트남(6.6%) 등이다.

2021년 CPTPP 가입국 농림수산식품 수입액은 112억7,190만달러(14조6,027억원[29])로 전체 수입액(480억5,340만달러)의 23.5%를 차지하고 있다. 11개 회원국 중 호주에서의 수입

---
[28] 2022.7.4일 환율 USD1,295.50 적용
[29] 2022.7.4일 환율 USD1,295.50 적용

비중(6.7%)이 가장 높고 그 다음으로 베트남(5.0%), 캐나다 (2.8%), 뉴질랜드(2.4%) 등이 차지하고 있다.

〈표 1〉 CPTPP가입국과의 농축산물 수출현황(2021년) (단위: 백만불, %)

국가명	FTA체결여부	발효일	수출액	비중	주요 수출품
일본(Japan)	-	-	2,056.7	18.1%	
호주(Australia)	양자	2014.12.	195.2	1.7%	라면, 커피조제품, 기타 베이커리제품, 곡류조제품
브루나이(Brunei)	ASEAN(10개국)	2007.06	2.4	0.0%	라면, 궐련, 물, 닭고기, 딸기
캐나다(Canada)	양자	2015.01.	169.6	1.5%	라면, 커피조제품, 아이스크림, 기타 베이커리제품
칠레(Chile)	양자	2004.04	27.5	0.2%	커피조제품, 기타음료, 라면, 기타 과실
말레이시아(Malaysia)	ASEAN(10개국)	2007.06	198.4	1.7%	라면, 궐련, 물, 닭고기, 딸기
멕시코(Mexico)	-	-	43.6	0.4%	
뉴질랜드(New Zealand)	양자	2015.12.	53.2	0.5%	라면, 곡류조제품, 커피조제품, 김치, 새송이버섯
페루(Peru)	양자	2011.08.	10.5	0.1%	라면, 채소 종자, 리큐르, 효소, 기타 음료
싱가포르(Singapore)	양자	2006.03	198.8	1.7%	딸기, 라면, 자당, 맥주, 커피조제품, 김치
베트남(Viet Nam)	양자	2015.12.	752.6	6.6%	닭고기, 기타 음료, 궐련, 과당, 조제분유, 라면
CPTPP회원국 합계			3,708.5	32.6%	
총 수출액			11,373.7		

자료 : 농식품부, aT. 2021농림수산식품 수출입동향 및 한국농촌경제연구원 농축산물 수출입동향 2022년 1분기, 산업통상자원부 FTA강국 코리아 홈페이지

<표 2> CPTPP가입국과의 농축산물 수입현황(2021년) (단위: 백만달러, %)

국가명	FTA체결 여부	발효일	수입액	비중	주요 수입
일본(Japan)	-	-	713.0	1.5%	
호주(Australia)	양자	2014.12.	3,220.7	6.7%	쇠고기, 사탕수수당, 밀, 면, 양고기, 보리
브루나이(Brunei)	ASEAN(10개국)	2007.06	0.5	0.0%	팜유, 바나나, 기타 과실, 닭고기
캐나다(Canada)	양자	2015.01.	1,356.7	2.8%	돼지고기, 밀, 쇠고기, 보리, 대두, 커피, 귀리
칠레(Chile)	양자	2004.04	848.7	1.8%	돼지고기, 포도, 포도주, 체리, 크렌베리
말레이시아(Malaysia)	ASEAN(10개국)	2007.06	839.2	1.7%	팜유, 바나나, 기타 과실, 닭고기
멕시코(Mexico)	-	-	208.7	0.4%	
뉴질랜드(New Zealand)	양자	2015.12.	1,143.6	2.4%	키위, 치즈. 쇠고기, 녹용, 버터
페루(Peru)	양자	2011.08.	360.9	0.8%	포도, 망고, 아보카도, 커피, 브라질넛, 바나나
싱가포르(Singapore)	양자	2006.03	194.6	0.4%	초콜릿, 기타 코코아조제품, 코코아분말, 마가린
베트남(Viet Nam)	양자	2015.12.	2,385.3	5.0%	기타 과실, 캐슈너트, 쌀, 커피, 타피오카, 후추, 고추
CPTPP회원국 합계			11,271.9	23.5%	
총 수입액			48,053.4		

자료 : 농식품부, aT. 2021농림수산식품 수출입동향 및 한국농촌경제연구원 농축산물 수출입동향 2022년 1분기, 산업통상자원부 FTA강국 코리아 홈페이지
멕시코 : 2022.03 협상 재개 선언

1.2. 식량수입국 한국의 위태로운 식량자급률

○ 다양한 원인으로 언제든지 발생할 수 있는 식량위기,
　우리도 예외일 수는 없다

　지난 2년 간 전 세계를 휩쓴 코로나19로 국경이 봉쇄되고 주요 식량 수출국들이 빗장을 걸면서 세계적 식량공급 시스템에 위기가 발생하였다. 유엔 식량농업기구(FAO)는 '코로나19가 식량과 농업에 미치는 영향'을 발표하며 세계의 식량공급망이

붕괴될 수 있는 세계 식량위기를 경고하였다. 코로나가 전 세계를 휩쓸면서 세계경제는 휘청거렸고 세계무역은 침체기를 보였다.

그뿐만이 아니라 2022년 세계 최대 식량수출국 중 하나인 러시아, 우크라이나의 전쟁발발로 식량수출이 제한되면서 세계 식량위기에 대한 위기감은 더욱 증폭되었다. 우크라이나 전쟁은 전 세계적인 식량 생산에서부터 물류, 원자재 공급에 차질을 발생시켰고 이로 인한 세계 원자재값 폭등, 수급 불안은 식량가격 상승으로 이어졌다.

FAO 곡물가격지수 8월 평균값은 145.2포인트로 7월보다 2.0포인트(1.4%) 하락했지만 여전히 2021년 8월 값보다 14.8포인트(11.4%) 높았다. 유엔 식량농업기구(FAO)는 2022/23년도 세계 곡물 생산량이 2,791.5백만톤으로 2021/22년도 대비 0.6%(18.2백만톤) 감소할 것으로 전망하였다.

〈그림 2〉 세계식량가격지수

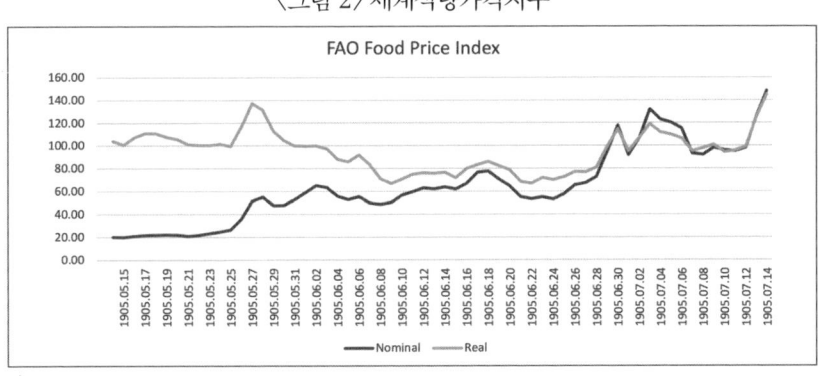

자료 : FAO

○ **전쟁, 기후위기, 전염병 등으로 증가하는 세계 기아인구**

유엔 세계식량기구(WFP) 자료[30]에 따르면 2019년 이후 심각한 식량불안을 겪는 사람들의 수가 1억3,500만명에서 3억4,500만명으로 급증하였다. 45개국 5,000만명은 심각한 기근의 위기에 처해 있다.

유엔은 지속가능발전목표(UN-SDGs) 두번째로 2030년까지 제로헝거(Zero Hunger)를 달성하겠다고 다짐하였다. 하지만 분쟁, 재난, 구조적 불평등으로 사회경제적 불안이 큰 저소득 국가 국민은 기근의 위험과 언제나 싸우고 있다.

위기가 발생하였을 때 그 누구보다 힘든 상황에 직면하는 사람들을 보호할 장치가 얼마나 부실한지를 코로나와 전쟁을 통해 전 세계는 경험하였다. 불평등은 취약계층의 기회를 제한하고 굶주림으로 내몬다. 자유무역은 식량의 접근성을 강화시키지 못했고 취약한 환경에 놓여있는 사람들이 겪는 불평등은 더욱 심화되고 있다.

○ **한국의 식량자급률, OECD 회원국 중 최하위권**

국가의 식량상황을 파악할 때 빼놓을 수 없는 지표 중 하나가 바로 식량자급률이다. 식량자급률은 급격하게 변화하는 대내외적 환경에서도 자국민에게 식량이 안정적으로 공급될 수 있

---

30) https://www.wfp.org/global-hunger-crisis

는지를 파악해 볼 수 있는 지표이기 때문이다.

　앞선 자료에서도 살펴보았듯이 한국의 농식품 수입은 날이 갈수록 더욱 증가하고 있는데 다른 나라에 식량의 대부분을 의존하고 있는 것을 알 수 있다. 사료를 제외하고라도 한국의 식량자급률은 턱없이 낮다. 다른 국가들과의 식량자급률[31]을 비교해보아도 한국의 식량주권이 위태롭다는 것이 나타난다. 한국과 유사하게 수입의존도가 높은 일본의 곡물자급률(28%)은 OECD 회원 38개국[32] 중 32번째이다.

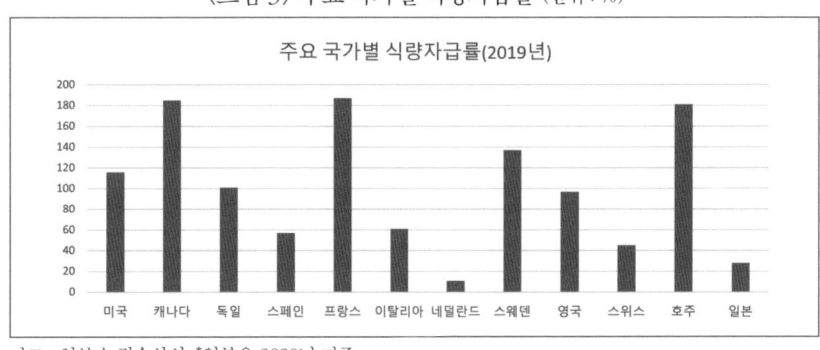

〈그림 3〉 주요 국가별 식량자급률 (단위 : %)

자료 : 일본 농림수산성, *일본은 2020년 기준
농림수산성 '식료수급표', FAO 'Food Balance Sheets'를 바탕으로 농림수산성에서 정리

---

31) 일본 농림수산성 자료
32) 회원국(38개국) : 오스트리아, 벨기에, 캐나다, 덴마크, 프랑스, 독일, 그리스, 아이슬란드, 아일랜드, 이탈리아, 룩셈부르크, 네덜란드, 노르웨이, 포르투갈, 스페인, 스웨덴, 스위스, 터키, 영국, 미국, 일본, 핀란드, 호주, 뉴질랜드, 멕시코, 체코, 헝가리(1996), 폴란드(1996), 한국(1996), 슬로바키아(2000), 칠레(2010), 슬로베니아(2010), 에스토니아(2010), 이스라엘(2010), 라트비아(2016), 리투아니아(2018), 콜롬비아(2020), 코스타리카(2021)

○ 꾸준히 하락하는 한국의 식량자급률
- 수입농축산물은 식량자급률 하락의 주요 요인

한국에서는 쌀을 제외하고는 대부분 곡물의 수입의존도가 너무 높다. 2022년 현재는 주식인 쌀마저도 100% 자급하지 못하는 실정이며 제2의 주식인 밀은 단 1%도 자급하지 못하고 99%를 수입에 의존하고 있는 실정이다.

〈표 3〉 곡물 및 식량자급률(2020년 기준) (단위 : %)

연도	전체	쌀	보리쌀	밀	옥수수	콩	서류	기타
사료용 포함 자급률	20.2	-	36.5	0.5	0.7	7.5	95.8	12.6
사료용 제외 자급률	45.8	92.8	38.2	0.8	3.6	30.4	105.6	14.2

자료 : 농림축산식품부. 연도별 양곡 자급률

식량주권을 실현하기 위해서는 자급률 향상 정책이 기본이 되어야 한다. 하지만 수입농축산물의 증가로 국내 농산물이 설 자리는 점점 줄어들고 있다. 밀, 콩 등 주요 식량작물의 자급률 제고를 위해 다양한 방안을 모색하고는 있지만 큰 진전을 보이지 못하고 있다. 「농업·농촌 및 식품산업기본법」 제14조에 근거해 식량자급률 목표치를 세워보지만 목표치를 달성하고자 하는 강한 의지는 잘 보이지 않았다. 다음 그래프에서는 한국의 식량자급률이 꾸준히 하락하는 추세라는 것을 볼 수 있다.

1988년 곡물자급률(사료용 포함)은 39.6%였지만 2002년

(30.4%) 이후 30%대가 붕괴되었고, 2020년 20.2%로 20%대도 붕괴될 위기에 처했다. 사료용을 제외한 식량자급률도 마찬가지로 하락하였다.

1988년 65.3%에서 2020년 45.8%로 쌀과 서류가 자급률을 뒷받침해 주고 있는 실정이다. 끊임없이 들어오는 수입농축산물은 식량자급률의 하락을 불러오는 주요 요인으로 작용하고 있다.

〈그림 4〉 식량 및 곡물자급률 변화추이

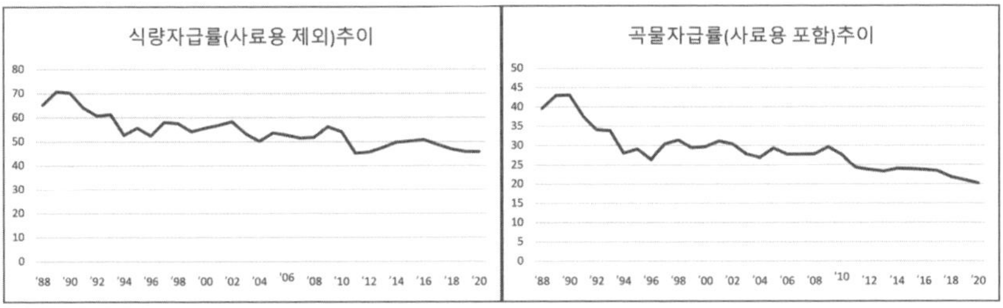

자료 : 농림축산식품부. 연도별 양곡 자급률

1.3. 식량위기, 기후위기에 더욱 취약

○ 농산물 시장개방, 농민이 사라지고 있다

1990년대부터 시작된 농산물 수입개방이 더욱 확대되는 세월동안 한국의 농가, 농민수는 꾸준히 감소하였고 농업의 구조는 변화하였다. 농가수, 농가인구의 감소로 농촌인력 부족 문제는 더욱 심화되고 농민의 빈자리는 외국인노동자로 채워졌다.

2021년 농가(가구)수는 103만1,000호, 농가인구는 221만 5,000명으로 10년 전(2012년) 대비 농가수는 10.4%(△11만 9,906호), 농가인구는 23.9%(△69만6,042명) 감소하였다. 총세대[33] 중에서 농가가 차지하는 비중은 2012년 5.7%에서 2021년 4.4%로 감소되었다.

〈그림 5〉 농가 수 및 농가인구 현황

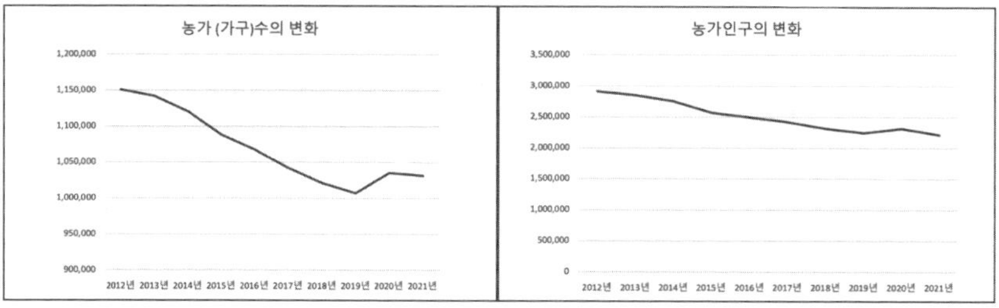

자료 : 통계청 농림어업조사

○ 심각한 농민 고령화율, 보이지 않는 농업의 미래

농가인구 감소와 함께 농가의 고령화는 더욱 심각해지는 상황으로 65세 이상이 전체 농가인구의 46.8%(103만7,485명)를 차지하고 있다. 이는 2012년 35.6%보다 11.2%p 증가한 것인데, 더욱 심각한 것은 농가의 젊은층이 더욱 줄어들고 있는 상황이라는 점이다. 30세 이하 농가인구는 23만2,053명으로 전체 농가인구의 10.5%를 차지하고 있다. 이는 2012년 17.9%보다 7.4%포인트(△28만9,796명) 감소한 것이다.

---

33) 주민등록세대 2012년 20,211,770호, 2021년 23,472,895호

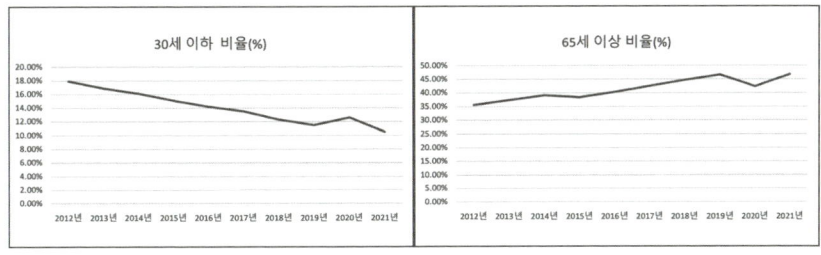

〈그림 6〉 연령대별 농가인구 현황

자료 : 통계청 농림어업조사

○ 농지의 감소, 식량 생산기반의 포기

농지전용은 농지면적 감소의 주요 원인인데 2021년 한해 동안만 6만1,172건, 전국 3,857.8ha의 농지[34]가 다른 용도로 전용되었다. 농지전용을 규제하여 국토 난개발을 막고 식량생산기반을 보전하여야 하지만 현실은 그 반대로 가고 있다.

1975년 이후 농지면적은 69만3,000ha(△논 49만6,000ha, 밭 19만7,000ha) 감소하였다.

2021년 한해 동안 국토면적은 여의도 면적(2.9km^2)의 6.6배가 증가했지만 전, 답 농지의 면적은 여의도 면적의 62배가 감소하였다.

채광석 외(2017) 연구에 의하면, 정부가 목표한 2025년 식량자급률 달성을 위해 필요한 경지면적은 약 165만ha이다. 하지

---

34) 한국농어촌공사 농지전용현황도(자료 : 공공데이터포털)

만 현재의 농지면적(154만7,000ha)은 이미 그 수준에도 미치지 못한 실정이다.

비농민 농지소유 비율이 높아지면서 식량 생산기반인 농지는 그 고유의 기능보다 재산을 증식시키는 도구로 이용되고 이는 농지제도의 문제와도 연결되어 있다.

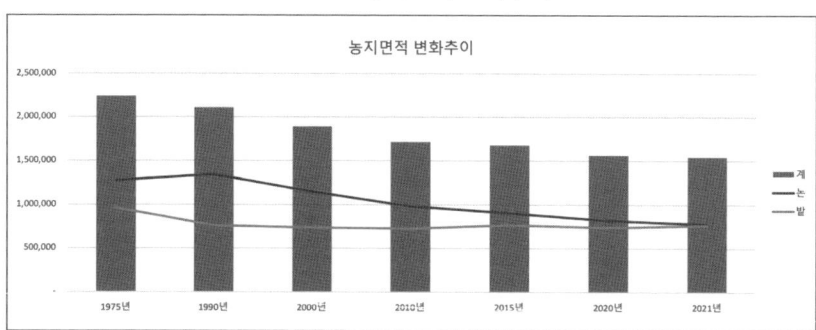

〈그림 7〉 농지면적 변화추이

자료 : 통계청 농업면적조사

○ 농산물 가격 불안정과 생산비 부담의 증가

농산물 가격변동은 농가 소득의 불안정성을 증폭시키고 농가 경영을 위협한다. 수입농산물의 증가, 기후변화, 소비감소 등과 같은 여러요인으로 영향을 받는 농산물 가격은 불안정하고 유통비용은 꾸준히 상승하여 실제 농가 수취율[35]은 낮은 상황이다.

최근 들어 더욱 심각해지고 있는 농업노동비, 종묘, 비료, 기

---

35) 주요 품목별 생산자수취율: 가을배추 38.0, 월동배추 47.3, 난지형마늘 39.4, 양파 18.3 등

름값 등 농자재비 상승으로 농업생산비에 대한 부담은 더욱 커지고 있다.

2021년 마늘 생산비는 351만5,064원(10a당[36])으로 2020년보다 7.4%(24만1,219원) 증가하였고, 양파 생산비는 286만2,982원(10a당)으로 2020년보다 5.7%(15만3,934원) 증가, 고추 생산비는 388만8,878원(10a당)으로 2020년보다 4.9%(18만899원) 증가하였다.

〈표 4〉 주요 품목별 생산비 현황 (단위 : 10a/원)

	2020년	2021년	전년대비 증감	전년대비 증감률
쌀	773,658	792,265	18,607	2.4%
콩	657,986	684,452	26,466	4.0%
마늘	3,273,845	3,515,064	241,219	7.4%
양파	2,709,048	2,862,982	153,934	5.7%
고추	3,707,979	3,888,878	180,899	4.9%

자료 : 통계청. 농축산물생산비조사

○ 농업예산 비율 지속적 감소, 농업의 회생기회조차 외면

2022년 국가전체 예산규모가 607조7,000억으로 전년대비 8.9% 증가하였지만 농식품부 예산은 3.6%증가에 그쳤다. 낮은 증가율뿐 아니라 전체예산에서 차지하는 비중 또한 더욱 더 감소하였다.

---

[36] 1,000㎡, 302.5평, 0.1ha

2022년 농식품부 예산은 16조8,767억원으로 국가 전체예산(607조7,000억원)의 2.78%를 차지한다. 2022년 국가예산 대비 농식품부 예산이 차지하는 비중은 지금까지 중 가장 낮다.

농식품부 예산 비중은 2010년 5.01%에서 매년 줄어들고 있으며 2021년 3%대가 붕괴되었다. 지속적으로 줄고 있는 농업 예산 비중은 각종 FTA로 농업을 희생시키면서 정부가 약속했던 농업에 대한 지원이 헛된 약속임을 증명하는 것과 마찬가지이다.

〈그림 8〉 국가총예산 대비 농식품부 예산 비중 변화추이

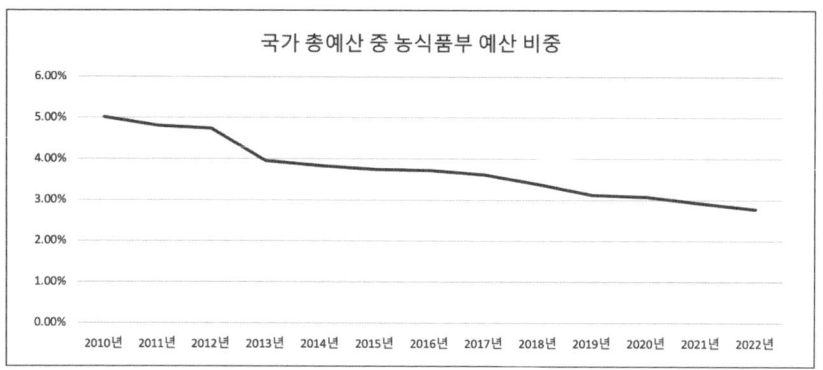

*본예산 기준
자료 : 연도별 정부예산 및 농식품부 예산

2. CPTPP 가입이 농업에 미칠 수 있는 영향

한국이 CPTPP 가입을 위해 회원국들과 협상을 추진한다면 지금까지 양허제외 및 검역조치로 문턱이 높았던 민감품목들의 추가개방 가능성이 높아질 것이다.

한국은 크게 3가지 불리한 상황에 직면하게 될 것이다.
첫째, CPTPP 회원국과의 양자협상에서 지불해야 할 입장료 문제이다.
둘째, 높은 시장개방률이다.
셋째, 기존 CPTPP협정문의 독소조항 문제이다.

2.1. 양자협상에서 한국이 지불해야 할 입장료

2.1.1 쌀 TRQ 증량의 우려

2022년 12월 16일 서울 여의도 국회 앞에서 열린 '밥 한 공기 쌀값 300원 보장! 양곡관리법 전면개정! 폭등한 농업생산비 및 농가부채 해결 촉구! TRQ-CPTPP 저지! 전국농민대회'가 끝나고 농민들이 볏가마를 짊어지고 국회의사당 방향으로 행진하고 있다. 출처: 한국농정신문

○ 일본의 TRQ 증량, 한국에도 요구될 가능성이 높다.
- 국내 쌀산업에 막대한 영향을 미치는 TRQ쌀

한국은 현재 40만8,700톤의 TRQ[37]쌀을 매년 수입하고 있다. TRQ쌀 물량은 한국 쌀 수요량의 10%를 차지하며 쌀 수급과 가격 등 국내 쌀 산업에 큰 영향을 미치고 있다(2020년 쌀 생산량 374만4,000톤, 수요량 413만1,000톤).

CPTPP 회원국 중에서 호주, 베트남 등이 한국의 쌀 TRQ 증량에 관심이 있을 것으로 예상된다. 호주와 베트남은 현재도 국별 쿼터를 배정받아 한국에 TRQ쌀을 수출하고 있다. 지난해부터 국내 쌀가격 하락이 계속되고 있는 상황에서 TRQ쌀 증량은 국내 쌀산업에 막대한 영향을 미칠 것이 뻔하다.

일본은 지난 CPTPP 협상에서 호주에 쌀 TRQ 제공을 협정하였고, 향후 한국도 CPTPP 협상장에 나서게 되면 이와 유사하게 TRQ물량 증량을 요구받을 것으로 예상하고 있다. 일본은 1995년 이후 처음으로 호주에 쌀 할당량을 늘린 것인데 WTO(77만톤(현미)) 외에 호주에 SBS 방식의 국가별 TRQ를 설정(6,000톤(당초 3년 유지) → 8,400톤(13년차 이후)하였다.

---

[37] 국별 쿼터 : 중국 15만7,195톤, 미국 13만2,304톤, 베트남 5만5,112톤, 태국 2만8,494톤, 호주 1만5,595톤

일본 정부는 쌀 수입물량 증가가 국내 주식용 쌀의 수급 및 가격에 미치는 영향을 차단하기 위해 매년 정부 비축쌀 운영을 재검토(5년 보관기간 원칙을 3년 정도로 단축)하고, 국가별 물량에 해당하는 국산 쌀을 정부가 비축미로 매입하기로 하였다.[38] 하지만 이 또한 결국에는 재고로 쌓이게 되고 시장에 직간접적인 영향을 미칠 것이다.

〈표 5〉 CPTPP로 인한 호주산 쌀 연간 일본 수입물량 (단위 : 톤)

2019년	2020년	2021년	2022년	2023년	2024년	2025년	2026년	2027년	2028년	2029년	2030년 이상
6,000	6,000	6,240	6,480	6,720	6,960	7,200	7,440	7,680	7,920	8,160	8,400

자료 : 일본 농림수산성

○ 베트남, 호주는 쌀 수출 확대를 원하고 있다

세계 3대 쌀 수출국(인도, 베트남, 태국) 중 하나인 베트남의 벼 재배면적은 747만ha이다. CPTPP 협상에서 베트남 쌀은 협정 발효 직후 0% 관세율을 적용하고 캐나다에 더 많은 시장점유율을 확보, 멕시코에도 연간 약 7만톤을 수출하게 되었다.[39]

aT(한국농수산식품유통공사)가 조사한 바에 따르면 베트남 농업·농촌개발부에서 베트남 쌀에 대한 신규 수출국을 발굴하는데 애로사항이 많다고 밝힌 것으로 알려졌다(aT, 2020).

---

[38] 적정 비축수준(100만톤 정도)을 유지한 후, 종래의 매입 수량(매년 20만톤 정도)에, CPTPP 국가별 수량을 추가한다(그만큼 매년 매각 수량이 증가). 종래 매입분과 CPTPP분을 구분하여 CPTPP 범위에서 먼저 낙찰 결정

[39] CPTPP: Viet Nam's commitments in some key areas

멕시코는 미국의 가장 큰 쌀수출 시장이다. 미국 쌀협회(USA Rice Federation)에서는 CPTPP로 쌀 관세가 철폐되면서 베트남쌀이 멕시코로 수입되면 자국 쌀 수출에 위협[40]이 될 것이라 우려하기도 하였다.

〈표 6〉 CPTPP 회원국별 쌀 생산량(2019년)

	쌀 (M/T)	경작면적당 생산량(kg/ha)
베트남	43,448,504	5,817
오스트레일리아	66,835	8,771
브루나이	1,500	1,941
일본	10,527,000	6,827
말레이시아	2,912,203	4,255
멕시코	245,217	6,366
칠레	174,897	6,665
페루	3,188,306	7,692

자료 : 통계청 농작물생산조사
캐나다, 뉴질랜드, 싱가포르, 말레이시아 통계는 없음

○ 호주 곡물회사, 일본 수출쌀에 잔류농약 사전 통과 시스템 요구

호주는 TPP협상을 진행하면서 자국의 이해관계 집단에게 다양한 의견을 듣고 이들이 제출한 문서를 공개하였다. 홈페이지에는 곡물회사, 낙농회사, 상공회의소, 노동조합, 원예수출업체, 돼지고기 회사, 수산물 무역자문단 등에서 제출한 수많은 공개문서를 볼 수가 있다.

이 중 ABB곡물회사(ABB Grain Ltd)가 호주의회에 보낸 문서 내용의 일부를 보면, 일본에 곡물 수출시 SBS시스템을 통하지

---

[40] https://www.agri-pulse.com/articles/11819-vietnam-joins-cptpp-and-eyes-mexico-rice-market

않고 곡물을 직접 판매할 수 있는 기능을 갖게 해 달라는 요구가 있다. 또한, 일본 정부의 잔류농약검사 프로그램으로 수출업체가 어려움을 겪고 있으므로 호주 정부가 일본 정부와 협력해서 호주에서 선적 전 화물에서 잔류농약을 사전 통관하는 시스템에 대해 합의하도록 해 달라는 요구가 있다.

이러한 요구상황은 추후 한국과 호주의 양자협상에서도 어떠한 방식으로든 요구될 가능성이 높을 것이다.

2.1.2. 사과, 배 등 식물검역의 붕괴위험

○ 검역을 무력화시키는 수입국 의무강화

지금까지 사과, 배, 복숭아 등의 신선과일 및 열매채소 등은 식물검역을 이유로 수입을 금지해 왔다. 미무역대표부(USTR)에서 미국산 과일이 한국시장에 접근할 수 있도록 한국정부에 압박을 가하겠다는 보고서[41]를 발표한 바가 있는 것처럼 미국 등의 주요 과수수출국들은 한국의 과수시장 진출을 끊임없이 노리고 있다.

현재 식물검역의 대상은 모든 식물 및 식물성산물이며 「식물방역법」 시행규칙에서는 수입금지식물, 금지지역 등을 규정하고 있다. 식물방역법에 따라 검증절차가 완료된 식물만

---

41) 2022년 국별 무역장벽 보고서(NTE : National Trade Estimate Report on Foreign Trade Barriers)

수입할 수 있다.

식물검역협의는 관세협상과 달리 WTO/SPS협정(Sanitary and Phytosanitary Measures), IPPC(International Plant Protection Convention, 국제식물보호협약)의 틀 안에서 정하는 국제기준에 따른 과학적 위험평가 결과에 근거해야 한다. 그러나 CPTPP 제7장 SPS챕터에서는 수입국의 의무를 강화하며 검역을 무력화하려 한다. 수출국이 아닌 수입국에서 과학적 근거를 마련하여 수입을 제한하는 근거를 제출하여야 하는 것이다.

현재 수입금지식물을 수출하기 위해서는 수입위험분석(Import Risk Analysis: IRA)을 통과해야 하는데 CPTPP는 이를 무력화시킬수 있다.

○ 수입금지되었던 사과, 배 등의 수입으로 인한 생산 피해
- 사과 연평균 5,980억원, 배 2,090억원

한석호(2016, 2017)의 연구에서는 SPS 규정강화로 수입조치가 변경되거나 철폐될 때 한국농업에 미치는 경제적 효과를 분석하였다. 사과, 배를 대상으로 영향을 추산해본 결과 생산 감소로 인한 직·간접적 농업 GDP 피해액만 사과 연평균 5,980억원, 배 2,090억원이다.

CPTPP 회원국 중 뉴질랜드, 칠레, 멕시코, 일본 등은 현재

SPS로 수입이 금지되어 있는 신선과일에 관심이 큰 상태로 알려져 있다. 미국, 일본, 호주, 뉴질랜드 사과 SPS분쟁이 해결되지 않은 상황에 사과가 주요 이슈 품목이 될 것으로 예상된다(한석호 2016, 2017).

사과 한 품목만 봐도 일본, 뉴질랜드 사과의 수입 우려가 크다. 우리나라 품종의 대다수(후지, 아오리, 시나노골드, 미얀마, 미시마)가 일본 품종이며 일본의 고품질 사과가 수입되면 고급 사과 시장을 잠식할 것이다. 또한 뉴질랜드의 사과 엔비사과, 로얄갈라, 브래번, 퍼시픽로즈 등이 우리나라 부사와 맛이 비슷(권혁정, 2022)하기 때문에 사과 수입이 이루어지게 되면 직·간접적으로 국내 과수농가에 큰 피해를 불러올 것이다.

2021년 일본의 사과 재배면적은 3만5,300ha, 수확량은 66만 1,900톤인데, 품종별 수확량으로 후지(ふじ)가 50%를 차지하고 있다(일본 농림수산성).

〈표 7〉 일본 주요 품종별 사과(りんご) 생산현황(2021년)

	면적(ha)	10a당 수량(kg)	수확량(톤)	출하량(톤)
전체 계	35,300	1,880	661,900	599,500
후지(ふじ)	17,900	1,880	335,800	306,700
츠가루(つがる)	4,300	1,680	72,200	64,700
오우린(王林)	2,620	1,840	48,100	43,500
조나골드(ジョナゴールド)	2,370	1,820	43,200	39,200

자료 : 일본 농림수산성 통계자료

○ 일본, 사과 수출확대를 위한 고급화 및 브랜드 전략

현재 일본 사과는 대만, 홍콩, 태국 그리고 CPTPP 회원국인 베트남, 싱가포르, 말레이시아 등에 수출되고 있다. 칠레, 멕시코, 페루 등은 검역문제로 수출불가인 것으로 나타나 있다.

일본 사과의 대세계 수출액은 2019년 144.9억엔으로 국가별로 보면 대만이 전체의 68.3%, 홍콩 25.3%, 태국 3.1%이다. 현재까지는 CPTPP 회원국 사과 수출 비중은 적지만 장래에 싱가포르, 베트남, 말레이시아, 캐나다 등으로의 수출 확대를 기대하고 있다. 일본은 중가격대 사과와 수출의 대부분을 차지하고 있는 고급품과의 양면 전략으로 수출확대를 도모하고자 하고 있다[42](일본 국제무역투자연구소). 일본의 고급 사과는 대만, 홍콩의 고급품 시장에서 한국 사과와 경쟁하고 있다. 일본 사과의 수출확대 요인으로는 관세율 저하가 큰 것으로 분석하고 있다.

〈표 8〉 일본 사과 국가별 수출현황

	국가명	수출량	검역상황
아시아	대만	11,825	
	홍콩	3,503	
	중국	7	
	한국	-	검역조건 협의 중
	태국	404	
	싱가포르	139	
	말레이시아	21	
	베트남	241	
중남미	멕시코	×	현재 수출불가
	칠레	×	현재 수출불가
	페루	×	현재 수출불가
	브라질	×	현재 수출불가

자료 : 農林水産省(2022). 動植物検疫協議をめぐる状況

---

42) 国際貿易投資研究所(ITI), https://iti.or.jp/flash/511

○ 일본, CPTPP 이후 식물검역조건 변경

2019년 12월 15일부터 일본산 사과를 베트남이 수입할 때 식물검역조건이 변경되어 재배시 봉지씌우기가 면제되었다. 베트남용 사과는 수출이 시작된 2015년 17.0톤에서 2018년에 321.5톤까지 수출이 확대되고 있다. 말레이시아, 베트남 등 CPTPP 회원국을 위한 사과 수출도 향후 확대될 것으로 기대하고 있다(中村 哲也, 2020).

○ 일본, 관세·수출 장벽 제거방안 모색

일본은 인도와의 관세·수출 장벽의 실태와 접근 수단을 장벽별로 구분하며 제시하고 있다. 비용 측면에서의 장벽, 수송·통관에서의 장벽, 식품안전규제에서의 장벽, 유통 구축에서의 장벽, 프로모션에서의 장벽, 인도의 정책 방침에 대한 대응 등이다.

식품안전 규제에서의 장벽을 제거하기 위해 상품 라벨 표시를 지원, 인도 식품안전기준청(FSSAI) 대응, 동식물 검역에 대한 대응 등을 설명하고 있다. 동식물검역 부분 해결을 위한 접근수단만 살펴보면, 완제품의 동물성 성분에는 검역증명서 면제를 요구하며, 식품안전상 합리성이 없는 절차에 대해서는 객관적인 근거에 따라 폐지를 위해 노력한다고 설명하고 있다.[43]

---

43) 일본 농림수산성

2.1.3. 한우 등 축산산업의 위협

○ 한육우 생산감소액 연간 928억원, 한우 884억원 추정

　CPTPP 회원국 중 호주, 뉴질랜드, 캐나다 등이 한국 축산시장에 관심이 클 것으로 예상되고 있고 칠레, 멕시코도 관심을 가질 가능성 있다. 또한 한국의 한우와 같은 일본산 화우(와규, 일본어 발음) 수입시 한우의 피해가 클 것으로 예상된다.

　한우정책연구소에서 추산한 결과 CPTPP가입으로 인한 한육우의 생산감소액은 연간 928억원이고, 한우는 884억원으로 15년간 생산감소액은 1조3,260억원이다.

○ 호주, 소고기와 돼지고기 수출로 인한 이익

　호주 쇠고기 수출의 약 33%가 CPTPP 시장으로 이동[44]한다. 호주는 CPTPP에 따른 이득을 분야별로 발표하였는데 '소고기와 생우(Beef and live cattle)'부분에서 TPP11에 따른 수출가치는 26억달러, 글로벌 수출가치는 74억달러로 추산하였다.

　호주는 CPTPP에 따른 이득으로, 일본 쇠고기 관세 15년 내 9%로 인하, 5년 이내 캐나다 쇠고기 관세 철폐, 발효 후 10년 이내에 모든 멕시코 쇠고기 관세(현재 최대 25%) 철폐이다.

---

44) https://www.dfat.gov.au/trade/agreements/in-force/cptpp/outcomes-documents/Pages/cptpp-goods

2017년 호주 돼지고기 수출의 71%가 CPTPP 국가이다. 호주 돼지고기 생산자와 수출업체의 CPTPP시장 접근이익은, CPTPP 발효 후 10년 이내에 일본 돼지고기 종가세 철폐, 말레이시아 수출 돼지고기에 대한 모든 관세 15년 이내 철폐 등이다.

○ 캐나다, 한국의 CPTPP 참여에 주목

2018년 CPTPP협정 발효로 2020년 캐나다 쇠고기 수출량은 2018년에 비해 수출량은 37%, 수출액은 35% 증가했다. 캐나다 축산협회(Canadian Cattlemen's Association)는 한국의 CPTPP 관심표명에 주목했고, 아시아 시장에 추가접근하는 것이 우선순위라고 표명하였다.[45]

캐나다의 경우 CPTPP로 말레이시아로 수출되는 특정 돼지고기에 TRQ가 적용되었다. 신선 또는 냉장돼지는 TRQ

〈표 9〉 2020년 캐나다 쇠고기 수출액(CPTPP 회원국)

	2020년 수출액(C$)	CPTPP 관세 인하 결과
일본	3억450만	2033년 4월 1일까지 38.5% → 9%로 점진적으로 인하
멕시코	1억620만	CPTPP 이전에 면세
베트남	4,080만	CPTPP 이전에 최대 31%, 특정 소 내장 2022년 1월 1일까지 10% → 0
페루	240만	협정발효 11년 이내에 17%→ 0%로 점진적으로 인하
나머지 회원국	561,477	호주, 브루나이, 칠레, 말레이시아, 뉴질랜드 면세 또는 이전에 면세

자료: 캐나다
https://agriculture.canada.ca/en/international-trade/market-intelligence/cptpp/cptpp-benefits-canadian-beef-and-pork-exporters

---

45) https://www.canadiancattlemen.ca/daily/beef-cattle-producers-encouraged-by-new-cptpp-applicants

2,000kg. 냉동은 TRQ 20만kg으로 2년차부터 TRQ 수량은 매년 복리로 연간 1%씩 증가한다.[46]

○ 영국, CPTPP 낮은 동물복지 기준 및 환경기준 손상 우려[47]

영국 전국농민연대 NFU(National Farmers' Union)는 영국의 CPTPP 가입에 대한 우려점으로 낮은 동물복지 문제, 환경보호 증진을 저해하는 제품수입 등을 지적했다. CPTPP에는 동물복지에 대한 조항이 없지만 SPS챕터에서 구성원 간의 기준에 대한 동등성 인정을 언급하고 있다. 일부 회원국의 동물복지 기준과 식품 생산 기준은 영국의 기준보다 낮기때문에 이에 대해 우려하였다. 또한 영국에서 합법이 아닌 성장호르몬 사용 및 GMO작물 생산국에서 영국의 기준이 유지될 수 있을지 우려를 표했다.

2.2. 관세철폐, 높은 시장개방률이 미칠 피해

2.2.1. 관세철폐로 인한 농림업 생산액 손실

○ 높은 시장개방률, 관세의 감소

관세는 국제무역에서 교역되는 상품에 부과되는 세금이다. 2021년 관세는 8조2,270억원으로 전체 국세의 약 2.4%이며

---

46) https://agriculture.canada.ca/en/international-trade/market-intelligence/cptpp/cptpp-benefits-canadian-beef-and-pork-exporters
47) HOUSE OF LORDS International Agreements Committee

2010년 이후 FTA확대에 따라 관세는 감소추세[48]이다(관세청). 수입 관세는 국가 소득의 원천이 되기도 하지만 농민을 보호하는 하나의 형태이기도 하다.

이미 알려진 바와 같이 CPTPP는 기존의 FTA와 비교했을 때 보다 시장개방률이 높다. CPTPP 회원국의 농식품시장 자율화율은 평균 96.3% 수준이며, 11개국 중에서 일본이 76.2%로 다른 회원국에 비해 관세철폐율이 낮은 편이다.

11개국 중 우리나라와 FTA를 체결하지 않은 국가는 일본과 멕시코이며, 나머지 9개국과의 FTA로 관세철폐율은 78% 수준이다. 기존의 CPTPP회원국들과 양자협상에서 불리한 입장일 수밖에 없는 한국은 높은 관세철폐를 요구받을 가능성이 높다.

〈표 10〉 CPTPP 회원국 농축산업 관세철폐 현황

	농축산물 부문 철폐 세번 수			농축산물 전체 세번 수	즉시 철폐 품목 비중	자율화율
	즉시 철폐	단계적철폐	계			
싱가포르	1,284	0	1,284	1,284	100	100.0
호주	829	1	830	830	99.9	100.0
뉴질랜드	1,063	13	1,076	1,076	98.8	100.0
브루나이	1,261	23	1,284	1,284	98.2	100.0
페루	839	199	1,038	1,038	80.8	100.0
말레이시아	1,131	88	1,219	1,241	91.1	99.0
베트남	339	949	1,288	1,301	26.1	99.0
칠레	1,199	104	1,303	1,389	86.3	96.8
멕시코	1,017	197	1,214	1,270	80.1	95.6
캐나다	1,222	124	1,346	1,444	84.6	93.2
일본	891	568	1,459	1,915	46.5	76.2

자료 : 농식품부, aT. CPTPP체결시 농식품 분야 영향분석

---

[48] 2017년 3.2% → 2018년 3% → 2019년 2.7% → 2020년 2.5%

○ 한미 FTA만큼 높은 수준의 시장개방

우리나라는 과거 한미 FTA 협상과정에서 높은 수준의 농산물 시장개방을 요구받았다. 하지만 당시에 쌀 및 쌀 관련 제품(16개 세번)은 양허 대상에서 제외하였고, 고추, 마늘, 양파 등 118개 품목에 대해서는 15년 이상의 장기 관세철폐 기간을 확보하기도 하였다.

하지만 100% 관세철폐가 목표인 CPTPP에 후발주자로 한국이 가입하게 된다면 한미 FTA보다 더 높은 수준의 개방률을 요구받을 수 있다. CPTPP 가입으로 인한 관세철폐는 농림업 생산에 큰 타격을 입힐 것이다. CPTPP에 가입하게 되면 오렌지·포도가 호주·칠레·멕시코·페루 등지로부터 유입되면서 감귤·포도 등 국내 과수분야가 큰 피해를 볼 것으로 파악된다(농민신문).

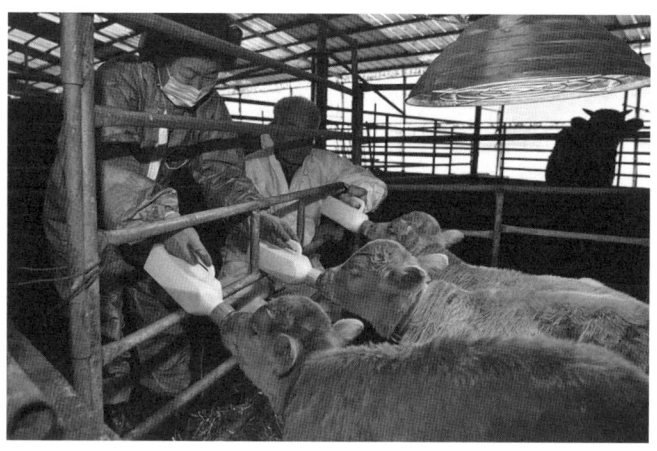

2020년 12월 31일 전북 장수에서 소를 키우는 농민의 모습. 출처: 민중의 소리

○ **연평균 853억~4,400억원의 농림축산업 생산 감소**

관세율의 지속적 인하, 관세철폐로 수입농산물이 무관세로 대량으로 들어온다면 농업 생산량 감소로 이어질 것이다. 지난 3월 산업통상자원부는 CPTPP 가입에 따른 시장개방으로 15년간 연평균 853억~4,400억원의 농림축산업 생산 감소가 발생할 것이라고 밝혔다. 한미 FTA 수준 혹은 일부 품목 민감성을 반영해 자유화율을 90~96%로 가입했을 때를 전제로 하였다고 밝혔다.[49]

○ **100% 관세철폐가 목표인 CPTPP, 농림업 비중은 더욱 감소할 것**

농림업 부가가치는 국내총부가가치 대비 비중으로 농림업이 국가경제에 어느 정도 차지하는지를 파악하는 지표이다. 농림업 부가가치 비중은 1997년 4.4%에서 2020년 1.8%로 하락하였다.

각 산업 부문별 부가가치 비중의 변화를 통해서 산업구조 변화를 살펴볼 수 있는데 농림업은 산업화, 무역자유화를 겪으며 지속적으로 감소해 왔고 한국의 경우 이러한 변화 속도가 매우 빠르게 진행되었다.

2020년을 기준으로 농림업생산액[50]은 52조1,537억원이다. 2004년 4월 최초의 FTA인 한칠레 FTA 발효 이후 농림업 생산

---

49) 농민신문 https://www.nongmin.com/news/NEWS/POL/ETC/353127/view
50) 일정기간(1년)에 생산된 품목을 금액으로 나타낸 수치로 각 품목에 대해 전국 생산량과 전국 평균 농가판매가격을 곱하여 산출

액 중에서 재배업의 비중은 64.3%에서 57.1%로 감소하였다. 상대적으로 축산업이 농림업생산액 내에서 차지하는 비중 (1997년 22.7%→ 2020년 39%)은 증가하고 있다.

개방률이 높은 CPTPP 가입으로 관세인하 또는 관세철폐된 농산물 수입이 늘어날 것이고 이로 인해 국내 생산기반에 막대한 타격이 예상된다. 국내·외 시장의 여건변화에 따라 다양한 요인들에 의해 국내 농림업에 영향을 미칠 것이다.

〈표 11〉 농림업 생산액 및 GDP대비 부가가치 비중 (단위 : 십억원, %)

	1997년	2004년	2011년	2020년
농림업 생산액	30,388	37,289	47,310	52,154
농림업 부가가치	21,857	24,620	27,139	31,949
- 총부가가치 비중	4.4	3	2.1	1.8

자료 : 농림축산식품부 『농림업생산액 및 생산지수』, 한국은행 국민계정

○ 한국의 CPTPP 가입은 다른 국가 농산물 수출에 이익

호주[51] 전국농민연맹(National Farmers Federation, NFF)은 기존 한호주 FTA협정을 맺고 있음에도 불구하고 한국의 CPTPP 가입을 지지한다고 밝혔다. 한국의 CPTPP 가입이 관세, SPS 등의 개선으로 호주 수출업자들에게 더 나은 조건을 제공할 것이라 기대하였다.

---

51) https://www.aph.gov.au/Parliamentary_Business/Committees/Joint/Foreign_Affairs_Defence_and_Trade/CPTPPMembership/Report/section?id=committees%2Freportjnt%2F024826%2F78218

2.2.2. 향후 중국 참여로 인한 피해 확대

○ 중국 참여시 연평균 2조원 이상의 피해 추정[52]
- 정부 추정 편익은 중국변수를 감안하면 하락할 것임

　2021년 6월 영국이 EU를 탈퇴한 후 공식적으로 CPTPP 가입 절차를 시작했고, 중국, 뒤이어 대만도 가입을 신청했다. CPTPP 회원국 대부분이 중국의 주요 교역국이지만 중국과의 협상이 지연될 가능성이 상존하고 있다 전망되고 있다. 중국의 정책과 CPTPP 기준이 상충하기 때문에 그 간극을 메우기 어려울 것으로 평가되고는 있지만 여러 시나리오를 가지고 대비하여야 마땅하다.

　특히 농업 분야에서 중국의 참여 여부는 큰 요인이 됨에도 불구하고 정부의 농업 피해규모 산정에 중국 참여는 고려되지 않았다.

　김선교 국회의원 발표에 따르면 농경연은 SPS(동식물 위생·검역)와 중국 가입까지 고려하면 농업 분야에서 연간 2조1,700억원의 생산 감소를 추정[53](한국농정신문)하였다. 만약 중국이 참여하게 된다면 이처럼 농업분야에 더 큰 피해가 예상되는데

---

52) 한국농어민신문 http://www.agrinet.co.kr/news/articleView.html?idxno=308912
53) 한국농정신문 http://www.ikpnews.net/news/articleView.html?idxno=47518

정부는 이러한 상황은 회피하고, 이로 인한 피해를 축소하고 있다.

정부는 중국의 CPTPP 가입 관련 논의는 아직 시작되지도 않았고, 이에 양국 간 시장개방 수준도 현재 시점에서 예측하기 힘든 만큼 정량적 분석 수행에 한계가 있는 상황이라는 답변이다.

정부는 중국의 가입이 가시화되는 시점에 추가 분석을 실시하고 대응방안을 점검해 나가겠다고 하는데 이는 너무 무책임하고 늦은 대응이다.

○ 현재 중국 농축산물 수입액 6조9,000억원,
 무역적자는 5조1,740억원
 주로 가공품이나 축산물 수입이 많은 다른 국가에 비해 중국은 지리적 인접성 때문에 채소, 쌀, 김치, 고추 등이 많이 수입되고 있다.

전체 농림축산식품 수입동향에서 살펴보면, 2021년 중국 농축산물 수입액은 5,195백만달러(6조9,716억원)로 2020년 4,541백만달러(6조940억원)보다 14.4백만달러 증가하였다(농림축산식품부).

2021년 국내 양파수입량은 수입단가가 21.2% 증가(2020년 0.43$/kg→ 2021년 0.53$/kg)에도 불구하고 2020년에 비해

30.7% 증가한 5만5,000톤이 수입되었다. 수입양파의 80%가 중국에서 수입되었다.

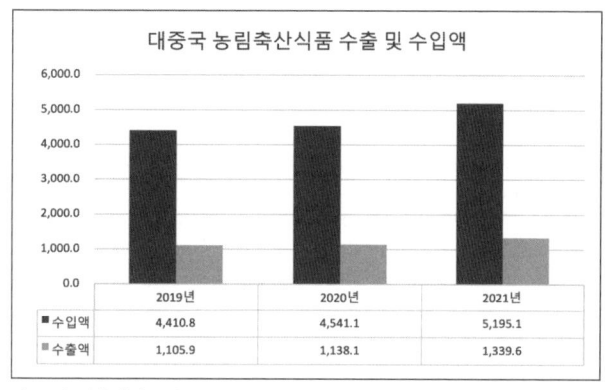

〈그림 9〉 대중국 농림축산식품 수출 및 수입액

자료 : 농림축산식품부, aT(2021)

한국농업은 중국과 유사한 농산물 작목구조와 소비구조를 가지고 있다. 한국농업은 중국농업에 비해 가격경쟁력이 취약하여 한국의 대중국 농산물 무역수지 적자도 급증하고 있다(한곤, 2013).

○ **중국, CPTPP 참여 경제적 효과 분석**[54]

Chunding 등 중국 대학 연구진은 CPTPP 참여시 중국에 미치는 경제적 효과에 대해 분석하였다. 중국 참여, 미국 복귀, 다른 신청국들 참여시 등 여러 다양한 시나리오를 가지고 분석하였는데 중국만 CPTPP에 가입하면 GDP 0.006%, 사회복지

---

54) Li Chunding, Ping Yifan and Zhang Jiehao(2021).

0.035%, 제조업 고용 0.228%, 수출입 무역 1.095%가 향상될 수 있다는 시뮬레이션 결과를 발표하였다. 거의 모든 회원국이 중국 가입으로 혜택을 볼 수 있다고 자신감을 드러내기도 하였다.

CPTPP 가입을 분명히 한 국가는 대한민국, 인도네시아, 콜롬비아, 태국, 필리핀 등인데 CPTPP 회원국에 대한 경제적 효과 측면에서 중국이 함께 CPTPP에 가입할 때 대부분 더 큰 경제적 이익을 얻게 된다는 전망이다. 중국이 CPTPP에 단독으로 가입함으로써 창출되는 경제적 이익에 비해 각종 지표는 크게 개선되는 것으로 전망했다.

○ 영국의 경우 환경, 온실가스, 생물다양성 등에 미칠 잠재적 영향도 분석[55]

영국의 경우를 살펴보면, 영국은 CPTPP 참여로 인한 영국 지역의 부가가치 변화도 분석하며 산업별, 부문별, 지역별로 광범위하게 예상되는 영향을 분석하여 대비하고 있다. CPTPP 참여로 환경, 온실가스 배출, 생물다양성 등에 미치는 잠재적 영향도 분석하였다. 영국은 한국이 참여했을 때, 한국, 태국, 미국이 참여했을 때의 영국 거시경제에 미치는 영향을 분석하기도 하였다.

---

[55] Department for International trade(2021). UK Accession to CPTPP: The UK's Strategic Approach

2.3. 기존 CPTPP 협정문에서 농업에 영향을 미칠 독소조항

2.3.1 원산지 규정 – 완전누적 기준

○ 비원산지 재료의 역내 공정과 부가가치 누적까지 인정, 완전누적
- 생산 및 제조과정이 모두 공개되지 않으면 원산지 파악에 제약

CPTPP는 당사국의 원산지 재료 누적뿐 아니라 비원산지 재료의 역내 공정과 부가가치 누적까지 인정하는 완전누적(full cumulation) 기준을 도입하였다.

FTA의 수가 늘어날수록 FTA를 체결한 국가 간에 무역자유화의 배타적 이익은 줄어드는 반면 원산지 규정은 복잡해진다. 완전누적이란, FTA 역내 국가 간 재료뿐 아니라 모든 공정 및 부가가치의 누적을 인정하는 것으로, 원산지 판정에 있어 해당 FTA 역내 국가들을 단일체로 간주하는 것이다(정철, 2017). 어느 정도의 비율만 유지하면 역내국을 국내로 인정해 준다는 것이다.

완전누적을 채택한 FTA는 미국, 캐나다, 멕시코 3개국 협정인 NAFTA(North American Free Trade Agreement)와 유럽경제지역 EEA(European Economic Area)가 있다(강성훈, 2017).

농축수산물 1차산품은 완전생산기준이 대부분이므로 누적의 활용 수준이 낮을 것으로 예상하고, 단미사료와 같이 제품의 안정성, 검역위생이 중시되는 품목의 경우 누적의 활용으로 원산지 파악이 어려워지면 품질 하락이 우려된다(정철, 2017).

CPTPP와 기체결한 FTA의 차이는 식물 및 식물유래 제품과 동물 및 동물유래 제품으로 구분하여 정리해 볼 수 있다. 식물 및 식물유래 제품에서 기체결 FTA는 대부분 '역내에서 재배되고 수확된 제품'을 완전생산 제품으로 인정하는 반면, CPTPP는 '역내에서 재배, 배양, 수확 또는 수집된 식물과 그 유래 제품'을 완전생산 제품으로 인정한다. 동물 및 동물유래 제품에서 기체결 FTA는 대부분 '역내에서 태어나고 자란 동물', '역내에서 태어나고 온전히 역내에서만 자란 동물'을 완전생산 제품으로 인정하나, CPTPP는 '역내에서 태어나고 자란 동물', '역내 동물에서 얻은 물품' 역시 완전생산 인정 범위(농식품부, aT)이다.

지난해 국회 입법조사처에서 분석한 자료에 따르면 알셉(RCEP)의 누적원산지 조항은 농업에 크게 영향을 미칠 사안이며 식품기업에 중간재로 공급되는 국산농산물이 수입산으로 대체될 소지가 있다고 지적하였다.

2.3.2. 동식물 검역(SPS)[56] 완화 – 수입국의 의무 강화

○ 주권적 조치인 SPS의 무력화

SPS는 농식품분야 무역규제로서 질병이나 병해충, 오염물질로부터 자국의 국민과 동식물을 보호하기 위해 수행한다. SPS는 궁극적으로 국민과 동식물의 생명이나 건강을 보호하기 위한 주권적 조치로서도 중요한 정책적 의미를 갖는다(김규호, 2022).

CPTPP는 WTO나 타 FTA 보다 수입허용 관련 이행절차와 투명성이 강화되어 수입국의 의무사항이 증가되는 것으로 알려져 있다.

○ 구획화(compartmentalisation), 국가에서 문제가 발생되어도 수입제한 불가능

협정문 챕터7 제7.7에서는 지역화 내용을 규정하고 있는데 수입국은 지역결정 절차를 설명해야 하고 평가 상태를 수출국에 통지해야 한다.

구획화(compartmentalisation)는 국가가 아닌 농장단위로 수출입 제한범위를 완화하는 것이다. 수입이 가능한 질병 청정지역을 평가해 수입을 허용하는 '지역화' 외에 특별한 차단방

---

56) CPTPP 협정문 CHAPTER 7

역 시설을 갖춘 농장·시설을 평가해 수입을 허용하는 '구획화' 도 한층 분명[57]해졌다.

협정문에서는 수출국이 요청을 하면 수입국이 수입제한 등의 이유와 근거를 제공해야 하고 위원회에도 보고하도록 권장한다.

수출 당사자가 제공한 증거 평가로 해충이나 질병이 없는 지역 또는 해충과 질병 유병률이 낮은 지역을 인정하기로 결정하지 못한 경우, 수입 당사자는 수출 당사자에게 결정 근거를 제공해야 한다.

○ 동등성(Equivalence), 수출국과 수입국 조치를 동일하게 요구
CPTPP 챕터 제7.8에서는 동등성(Equivalence)에 대한 요건을 규정하고 있다.

WTO 위생 및 식물위생 조치의 적용(SPS)에 관한 협정에서의 동등성은 수출회원국이 자국의 조치가 수입회원국의 위생 및 식물위생 보호의 적정수준을 달성한다는 것을 동 수입회원국에게 객관적으로 증명하는 경우, 회원국은 다른 회원국 사용 조치가 자국 또는 여타국 조치와 상이하더라도 동등한 것으로 수락[58]한다.

---

57) 한국농정신문(http://www.ikpnews.net)

하지만 CPTPP 동등성 요건은 수입당사국의 조치와 동일한 보호 수준을 달성하는 것뿐 아니라 목표를 달성하는데 있어서도 수입국의 조치와 동일한 효과를 가져야 한다. 또한 동등성 결정이 인정되지 않은 경우 수입국은 수출국에게 그 근거를 제공해야 한다. 이처럼 동등성이 인정될 경우 수입이 증가할 것으로 예상되고 있다.

○ 과학 및 위험분석(Science and Risk Analysis)
CPTPP 챕터 제7.9조에서는 SPS조치가 과학적 원칙에 근거하여야 한다고 규정하고 있다. 수출 당사자의 요청에 따라 위험분석에 필요한 정보를 제공해야 하며 수입국이 SPS를 검토한다는 이유만으로 물품 수입을 중단해서는 안 된다.

○ 수입검사(Import Checks), 절차 완화
제7.11조에서는 수입검사가 과도한 지연없이 수행되도록 보장하여야 한다고 규정하고 있다. 수입 당사국은 요청 시에 상품을 테스트하기 위해 사용하는 분석방법, 품질관리, 샘플링 절차 및 시설에 관한 정보를 제공하여야 한다.

금지 또는 제한 사유, 해당 행위에 대한 법적 근거, 상품의 상태 및 상품 처분 정보 등을 포함하여 통보하여야 한다.

---

58) https://www.mofa.go.kr/www/brd/m_3893/view.do?seq=305957&srchFr=&srchTo=&srchWord=&srchTp=&multi_itm_seq=0&itm_seq_1=0&itm_seq_2=0&company_cd=&company_nm=&page=41

○ 투명성(Transparency)

　제7.13조는 투명성 규정이다. 당사국은 SPS조치에 대한 정보를 지속적으로 공유하고 의견을 제시할 기회를 제공해야 한다.

○ 영국, SPS챕터에 주목

　긴급한 문제가 발생하거나 위험발생이 있는 경우를 제외하고는 최소 60일의 의견수렴 기간을 허용해야 한다. 영국도 CPTPP 가입을 준비하는 과정에서 SPS챕터에 주목하며 CPTPP 가입으로 식품기준을 낮추는 것에 대하여 우려하고 있었다. CPTPP에 참여를 희망하고 있는 영국의 관련 보고서[59]를 보면 영국은 높은 환경보호, 동물복지, 식품기준을 해치는 무역협정에는 서명하지 않을 것이며 이 분야에서 영국이 세계적인 리더이고 그것은 변하지 않을 것이라고 언급하고 있다.

2.3.3. 무역기술장벽(TBT, Technical Barriers to Trade) - 회원국 간 무역기술장벽 완화

　한국이 지금까지 체결한 FTA협정은 TBT조항을 모두 포함하고 있다. 무역기술장벽(TBT)은 국가 간의 서로 다른 기술규정과 표준, 그리고 이를 잘 준수했는지 검증하는 적합성 평가절차 또는 적합판정절차로 인해 무역에 장애가 발생하는 상황을

---

[59] Department for International trade, UK Accession to CPTPP: The UK's Strategic Approach

일컫는 용어이다(장용준, 2019).

○ CPTPP, 기존 FTA에서 포함하지 않았던 기술기준 마련
　무역기술장벽은 매년 높아지고 있지만 CPTPP는 투명성 강화, 특정 품목(와인과 증류주, 포장식품 및 식품첨가물)의 통일 기술규범 공시로 회원국 간 무역기술장벽을 완화할 예정이다.

○ 와인과 증류주, 포장식품 및 식품첨가물, 유기농 제품의
　기술규정과 관련하여 개별 부속서(ANNEX 8-A, F, G) 발행

　와인 및 증류주(WINE AND DISTILLED SPIRITS)에 대한 주요 합의 내용은 라벨링 요건을 다루는데, 라벨링 정보, 용어사용, 증명과 인증서 발급, 부착방식 등에 관한 구체적인 기준으로 이루어진다.

　포장 식품과 식품첨가물 관련(PROPRIETARY FORMULAS FOR PREPACKAGED FOODS AND FOOD ADDITIVES), 국제표준에 따른 용어사용을 증진하고 기술규제에 대한 내국민 대우를 강조하고, 요구한 정보에 대한 비밀보장 의무를 확인한다.

　유기농 제품(ORGANIC PRODUCTS)에 관한 부속서는 동 제품에 관한 정보교환과 협력, 그리고 국가 간 제품 및 규제에 관한 정보교환 및 협력이 주요한 내용으로 포함된다(장용준, 2019).

CPTPP 회원국 중 호주, 캐나다, 일본은 한국의 농수산분야에서 많은 STC특정무역현안(STC: Specific Trade Concern)을 제기하는 특징이 있다(장용준, 2019).

2.3.4. 지적재산권 강화 – 각종 투입 비용의 증가[60]

○ **수출보조금 폐지**

CPTPP 회원국에게 농산업에 대한 국내 보조금을 폐지할 의무는 없지만 농산물에 대한 모든 형태의 수출 보조금을 폐지할 의무가 있다. 이는 농민들이 CPTPP 회원국에 농산물을 수출하기 위한 정부 지원 프로그램이 불가능하다는 것을 의미한다.

○ **지적재산권 강화, 기업을 더욱 풍요롭게 하는 조치**

CPTPP 협정문 제18장 지적재산권(Property Chapter)에서는 국가가 지적재산권에 관한 여러 국제협약에 가입할 것을 의무화하고 있다. 농민들에게 직접적인 영향을 미칠 협정 중에는 국제식물신품종보호연맹 협약(UPOV91)과 미생물에 대한 특허와 관련된 부다페스트 협정(Budapest Agreement)이 있다.

UPOV는 농민이 종자를 저장하는 것을 불법으로 만들어 종자회사를 보호하는 특별한 지적재산권이다(비아캄페시나).[61]

---

60) https://foe-malaysia.org/articles/cptpp-and-the-agricultural-sector/
61) https://grain.org/en/article/6391-resisting-rcep-from-the-ground-up-indian-movements-show-the-way

기업이 식물 품종의 원래 출처를 공유하지 않고도 이익을 거둘 수 있게 해준다. 또한 미생물에 대한 특허는 관련 회사가 시장에서 독점할 수 있도록 하여 관련 비용을 증가시킨다. CPTPP 협정문의 강력한 지적 재산권 보호는 더 많은 수의약품이 특허를 받고 더 높은 독점가격으로 장기간 판매될 수 있게 하여 비용을 증가시키고 사육자의 수입을 감소시킬 것이다.

미국의 맥락에서 개발된 지적재산권을 매우 다른 환경을 가진 다른 국가에 적용함으로써 농업을 균질화하여 특히 소규모 농민에게 피해를 준다.

3. 정부의 농업피해 분석 및 대책의 부실함

3.1. 겉포장만 바꿔치기한 FTA 국내 보완대책

○ 실제 피해보전은 직접피해보전뿐, 하지만 너무나 미비했다

정부는 지금까지 각종 FTA를 체결할 때마다 큰 피해가 예상되는 농업계와 충분히 상의하고 보완대책을 함께 추진하겠다고 호언장담하였지만 언제나 정부가 원하는 방향으로만 진행할 뿐이었다. 이는 현장에 필요한 실질적인 대책으로 이어지지 못했다. 정부는 농민들의 반발을 의식하면서도 그 당시의 위기를 모면하는데 급급할 뿐 농민들이 농사를 지속할 수 있는 환경 마련에는 소홀했다.

FTA로 인한 직접피해 보전을 위해 한칠레 FTA 당시 「자유무역협정 체결에 따른 농어업인 등의 지원에 관한 특별법(약칭: 자유무역협정(FTA)농어업법)이 2004년 3월 제정되었다.

피해농가를 직접지원할 수 있는 두 개 사업인 피해보전직불과 폐업지원이 시행되었지만 지원이라고 말하기에도 너무나 부실했다. 피해보전직불 예산은 처음 시행된 2013년 254억원, 폐업지원 예산은 1,965억원이었다.

○ FTA피해보전직불금 신청, 전체농가의 2.1%에 불과
FTA피해보전직불금을 신청한 농가는 2013년 18만7,000명으로 지난 8년 중에서 가장 그 수가 많았고, 이후부터는 그 수가 미미하여 2019년에는 180명 수준에 그쳤다.

2013~2020년 연평균 피해보전직불 신청농가 수는 5만2,000명으로 전체 평균농가 수의 2.1% 수준에 불과했다.

○ 요건이 까다로운 FTA직접피해보전직불, 제대로 발동되지도 못해
직접지불제도인 FTA피해보전직불금이 2004년 한칠레 FTA 농업분야 피해대책으로 도입되었다. 하지만 FTA직불금은 발동요건이 매우 까다로워 제도가 제대로 시행되지 않았다.

발동요건은 국내가격 요건, 총수입량 요건, FTA체결국 수입량 요건 등 이 세 가지 기준 모두를 충족해야 발동할 수 있도록

<표 12> FTA피해보전직불금 신청 농가수

품목		2013년	2014년	2015년	2016년	2017년	2018년	2019년	2020년
축산	송아지	88,782	86,678						
	한우	98,919							
	육용계(닭)			202					
	재래 산양(염소)						829		
	돼지류								3,297
식량 작물	감자		29,803	24,356					
	고구마		932	1,308					
	수수		1,313						
	대두			24,456					
	귀리						188	151	
	녹두								727
과실류	노지포도			19,555	20,096				
	시설포도			3,192	3,423				
	체리			98					
	메론			1,324					
	블루베리				3,742				
채소, 특용 작물 등	도라지					1,514	132		
	당근				853				
	호두						2,230		
	밤			590					185
	양송이						367		
	목이(시설)							28	
	목이(원목)							1	
	소계	187,701	118,726	75,081	28,114	1,514	3,746	180	4,209

자료 : 농림축산식품 공공데이터 포털

설계되었기 때문이다. 수입기여도 문제 등으로 인해 현장의 문제제기가 많았지만 현장의 의견은 반영되지 않았고 10여년 간 제 기능을 하지 못했다.

2012년 한미 FTA로 관련법을 개정하면서 피해보전발동기준을 85%에서 90%로 조정하여 2013년에서야 처음으로 제도가 시행되었다. 하지만 그 성과는 미미했고 2016년 한중 FTA로 피해보전비율을 90%에서 95%로 상향조정하게 된다.

(가격요건) 대상품목의 해당 연도 평균가격이 직전 5년 간의 최고·최저치를 제외한 3개년도 평균가격의 90% 이하로 하락
(총수입량요건) 대상품목의 해당 연도 총 수입량이 직전 5년 간의 최고·최저치를 제외한 3년 간의 평균총수입량보다 증가
(수입량요건) FTA 협정 상대국으로부터의 해당 연도 수입량이 기준수입량*보다 증가
*(기준수입량) 해당 연도 직전 5년 간 협정상대국으로부터의 연간 수입량 중 최고치와 최저치를 제외한 3년 간의 평균수입량 × 수입피해발동계수

2020년부터 피해보전직불금 예산을 대폭 삭감하여 2019년 1,000억원에서 현재 2022년 예산은 200억원에 불과하다. 지금까지 집행실적으로는 2020년이 가장 지원금액이 큰 해였다.

그 외에는 대부분 예산액 대비 실제 지원되는 금액이 저조하여 불용처리되는 비율이 높았다. 피해 농가가 없어서 예산집행이 되지 못한 것이 아니라 정부의 기준이 실제 현장의 현실을 반영하지 못하였기 때문이다.

〈표 13〉 피해보전직불금 예산 및 집행실적

	2013	2014	2015	2016	2017	2018	2019	2020	2021
대상 품목	한우, 송아지	수수, 감자, 고구마, 송아지	대두, 감자, 고구마, 체리, 멜론, 노지포도, 시설포도, 닭고기, 밤	당근, 블루베리, 노지포도, 시설포도	도라지	호두, 도라지, 귀리, 양송이, 염소	귀리, 목이버섯	녹두, 밤, 돼지고기	귀리
예산액 (억원)	600	1,005	1,005	1,005	1,005	1,005	1,000	200	200
지원액 (억원)	254	324	471	385	15	32	5	609	7
집행률	42.3%	32.2%	46.9%	38.3%	1.5%	3.2%	0.5%	304.5%	3.5%

자료 : 농식품부 예산 및 기금운용계획, 분야별 정책

○ 폐업지원, 폐업 후 대안이 없다

폐업지원은 FTA 체결로 인한 수입증가로 폐업하는 경우 지원금을 지급하는 정책이다. 하지만 이 사업 또한 제한적으로 운영되었고 피해보전직불금 대상으로 선정되어야 폐업지원 대상[62]이 된다는 점 등은 폐업지원 정책이 비현실적이라는 지적을 받아왔다.

폐업지원은 피해보전직불금과 대상품목이 연계되어 있어 집행이 저조했는데 2017년과 2019년에는 집행률이 '0'이었다. 폐업지원사업은 농민들이 다른 작목으로 전환하거나 다른 분야에 취업을 할 수 있도록 생활기반을 보장하고 농업경쟁력 강화라는 목표를 내세웠다. 하지만 대부분의 농산물이 수입자유화된 상황에서 전환할 작목은 마땅하지 않았다.

○ 지난 10년 간 7,452명의 농민이 포도 농사 포기
  - 국내 포도 생산량의 절반 가까이가 매년 수입

무분별한 FTA체결은 농민이 농사를 지속할 수 없는 상황으로까지 몰고 갔고 대체할 작목에 대한 대안은 마련해주지 못했다. 시세가 조금이라도 좋은 작목에 쏠림현상이 발생했고 이는 가격폭락의 악순환을 불러왔다. 수입농산물이 언제든지 국내

---

62) - 재배·사육 등을 하는 투자비용이 큰 품목 중 폐업하면 투자비용을 회수하기 곤란한 품목일 것,
    - 재배·사육 기간이 2년 이상이어서 단기간에 재배·사육 후 판매하여 수익을 얻기 어려운 품목일 것,
    - 기타 폐업지원금을 지급할 필요성이 있다고 인정되는 품목일 것

지난 10년 간 7,000여명의 농민이 포도 농사를 포기했다. 현재 국내 포도 생산량의 절반 가까이가 매년 수입되고 있다. 출처: 한국농정신문

산을 대체할 수 있는 환경이 만들어지면서 농민들이 선택할 수 있는 작목은 점점 제한되어 갔다.

10년 전인 2012년 2만892명이던 배 재배농가는 현재 35.0% 감소했고, 3만2,546명이었던 포도재배 농가는 22.9% 감소했다. 포도의 경우 연평균(2012~2021년) 7만5,263톤, 2,886억 원 가량이 매년 수입되어 들어온다. 2021년 포도생산량(16만 8,150톤)의 44.8%가 수입[63]되어 들어오고 있는 것이다.

---

63) aT 농식품수출입정보 통계자료. 신선, 건조, 기타 등 포함

폐업지원은 2020년을 끝으로 사업이 종료되었다. 하지만 CPTPP라는 메가FTA를 체결하고자 하는 정부는 폐업지원사업을 대체할 지원대책을 마련하지 못하였다. 정부는 대안도 없는 상태에서 주요 지원사업을 일몰시키며 무책임한 과오를 저질렀다. 농민이 다시 일어설 수 있는 기회조차도 주지 않는 것이다.

○ 간접피해보전, FTA체결이 아니어도 해야 할 사업

FTA 국내보완대책으로는 38개 개별지원 사업이 시행되었다. 중장기 투·융자사업은 품목별 경쟁력 제고, 근본적 체질개선과 단기피해지원 대책으로 구성되었다. 38개 사업은 축산경쟁력제고 19개, 과수원예경쟁력제고 3개, 농업인 역량강화 및 경영안정 5개, 신성장동력 창출 9개, 직접피해지원 2개 등이다(농림축산식품부).

하지만 이러한 보완대책은 여러 문제가 제기되었다. 까다로운 사업신청 절차, 경직된 사업시행 방침, 융자사업의 높은 금리 등으로 사업신청부터 어려움을 겪었고 효율성에 문제가 제기되었다.

예를 들어 '축사시설현대화사업'은 신청절차가 복잡하고 지원금 지급시기도 늦어져 농민들이 체감하는 실효성이 높지 않았다. '과수우량묘목생산지원' 사업의 사업대상 품목은 여전히 사과, 포도, 감귤, 배, 복숭아, 감으로 수혜대상 품목을 제한하고 있다. 또한 해당 품목을 재배하더라도 그 수혜대상은 지정 묘목생산자 단체로 지정되어 있거나 그 외에 수혜를 받기위한 대상자 피지정에 어려움이 있어 문제로 지적되고 있다(이병문, 2018).

○ 자유무역이행지원기금(FTA기금) 만으로 농업의 지속가능성을 담보할 수 있을까

FTA는 체결 후 시간이 지날수록 관세율 하락과 관세철폐로 인한 국내 농식품 피해가 확산된다. FTA로 인한 피해를 지원하는 주요 재정은 자유무역이행지원기금(FTA기금)을 통한다. 자유무역이행지원기금(FTA기금)의 주된 재원은 정부출연금(농특회계 전입금), 관세할당물량(TRQ)에 대한 공매납입금 또는 수입이익금, 기금의 운용수익금 등이다.

〈표 14〉 FTA기금 사업규모 (단위 : 백만원, %)

사업명		2021년(A)	2022년(B)	증감 B-A	%
직접피해지원	피해보전직불	20,000	20,000	-	0.0%
	폐업지원	110,000	-	-110,000	-100.0%
	자유무역협정이행지원센터운영	4,627	4,474	-153	-3.3%
농식품창업지원	농식품모태펀드출자	40,000	40,000	-	0.0%
농기자재산업육성	종자산업기반구축	10,770	10,542	-228	-2.1%
원예산업경쟁력강화	과수생산유통지원	90,451	97,232	6,781	7.5%
	원예시설현대화	26,040	25,947	-93	-0.4%
	스마트팜ICT융복합확산	10,340	9,254	-1,086	-10.5%
축산업경쟁력제고	원유소비활성화	10,000	9,000	-1,000	-10.0%
축사시설현대화	축사시설현대화	191,222	168,783	-22,439	-11.7%
사업비 계		513,450	385,232	-128,218	-25.0%

자료 : aT. FTA기금현황

○ 구호에 그치고 있는 농어촌상생협력기금

　지난 2015년 11월 한중 FTA 비준 당시 여·야·정 협의체는 FTA 피해 농어민을 지원하고 도농격차를 완화시키기 위한 목적으로 한 기금설치에 합의하였다. FTA로 이득을 보는 기업에서 자발적으로 기금을 걷자는 취지였다. 농어촌상생협력기금은 농민단체에서 줄기차게 요구했던 무역이득공유제의 대안으로 만들어진 것과 마찬가지이지만 성과를 보이고 있지 못하다.

　당시 매년 1,000억원씩 10년 간 모두 1조원의 '농어촌상생협력기금'을 조성하기로 합의하였고 이후 2017년부터 관련한 3개의 법률 개정안을 근거로 기금 마련을 시작했다. 그러나, 지난 5년 간(2017~2021년) 출연된 기금은 1,720억원[64]으로 너무나 부실한 실적을 보이고 있다.

　농어촌상생협력기금과 달리 중소기업과 상생하기 위해 만들어진 '대·중소기업 상생협력기금'은 원활히 진행되고 있다. '대·중소기업 상생협력기금'은 출범 10년(2011~2020년)만에 1조5,000억원가량이 조성된 것으로 나타나고 있어 이와 유사한 '농어촌상생협력기금'의 문제점과 부실한 운영상태를 파악할 수 있다.

---

64) 한국수산경제(http://www.fisheco.com)

농어촌상생협력기금의 문제점으로 지적되고 있는 것은 민간기업의 참여를 유인할 수 있는 인센티브가 타 기금에 비해 미흡하고 사업 연계성이 부족하다는 점이다.[65]

농어촌상생협력기금은 매년 1,000억원 이상 모금을 계획하였다. 하지만 계획대로 모금이 이루어지지 않았을 경우 어떻게 이 문제를 해결할지에 대한 정부의 조치가 명확하지 않았다. 이러한 문제는 상생기금의 정책적 적극성의 의지와 기금운용에 대한 책임의 모호함으로 귀결되었다. 정부의 기금 직접모집이 불가능한 현재의 기부금품법과의 법적 충돌 문제로 인하여 기업의 자발적 참여에 기대어야 하는 구조이다(김병진, 2020).

3.2. 정당하지 못한 대국민 의견수렴절차

○ 농민을 기만한 요식행위

2022년 3월 25일 정부는 CPTPP 공청회를 강행하려 하였지만 농민들의 격렬한 항의 속에 파행되었다. 정부가 정해 놓은 일정을 일방적으로 강요하며 묻지마식 공청회를 진행한 것에 대하여 정부는 스스로 반성이 필요하다.

CPTPP 가입을 위한 구색을 맞추기 위해 추진되었던 공청회는 정당하지 못했다. 정부의 이러한 태도는 너무나 무책임하고

---

65) 한국농어민신문(http://www.agrinet.co.kr)

국민을 기만하는 것이다. 현장의 의견을 제대로 듣지 않고 일방적으로 추진하는 행태는 용납받지 못한다.

「통상조약의 체결절차 및 이행에 관한 법률(약칭: 통상조약법)」에 따라 국내절차를 추진하고자 한 정부의 계획은 첫 단추부터 잘못 끼워졌다. 불순한 의도와 함께 피해산업에 대한 면밀한 검토, 의견수렴의 절차를 제대로 거치지 않은 요식행위일 뿐이었다.

호주는 CPTPP회원 확대 논의를 위해 2021년 8차례 공청회[66]를 연방의회 국회의사당에서 진행[67]했고, 일본의 경우 대략의 합의 후에도, 지방을 포함해 약 300회의 설명회를 실시하였고, 상세한 각종 자료를 공표했다.

○ **통상조약법, 개정의 필요**

정부는 통상조약법에 따라 이해관계자에게 의견수렴 절차(제7조(공청회의 개최))를 거쳐야 하고 누구든지 정부에 관련 의견을 제출(제8조(국민의 의견제출))할 수 있다. 또한 제9조(통상조약 체결의 경제적 타당성 등 검토)에 따라 경제적 타당성을 검토, 제10조(통상협상의 진행 및 국회의 의견제시)에 따라야 한다.

---

66) 6/17, 6/24, 8/26, 9/2, 9/30, 10/1, 10/12, 10/21
67) https://www.aph.gov.au/Parliamentary_Business/Committees/Joint/Foreign_Affairs_Defence_and_Trade/CPTPPMembership/Public_Hearings

하지만 관련 보고 및 서류제출은 외교통일위원회·산업통상자원중소벤처기업위원회 및 통상 관련 특별위원회의 요구가 있을 때이다. 통상조약체결계획은 국회 산업통상자원중소벤처기업위원회에 보고하게 되어 있어 농업 관련 상임위인 농림축산식품해양수산위원회는 관련 보고를 듣지 못 한다. 통상조약에서 농업분야가 가장 피해를 많이 받는 산업임에도 불구하고 이를 감시할 경로가 막혀 있는 것과 같다. 통상조약법 개정이 요구된다.

3.3. 정부의 부실한 피해 분석

○ 일본, CPTPP로 농림수산물 생산감소액 약 1,300억~2,100억엔

CPTPP 가입시 일본 정부가 추산한 농림수산물 생산 감소액은 약 1,300억~2,100억 엔[68]이다. 원화로 환산[69]하면 1조2,778억~2조650억원 규모이다. 일본도 자국의 피해를 최소화하여 추산하였다고 보면 일본과 한국을 단순히 비교해봐도 한국 정부가 추산한 농업피해규모가 크게 축소되어 있음을 알 수 있다.

과거 주요 FTA 체결시 한국농촌경제연구원, 대외경제정책연구원 등에서 추정했던 농업생산액 감소 규모만 봐도 정부의 이번 CPTPP 가입으로 인한 농업 피해추산이 과거에 비해 부실한 것으로 볼 수 있다.

---

68) 農林水産省(2016), TPPに関する疑問にお答えします
69) 2022년 8월 16일 환율 983.38 적용

- 한칠레 FTA 피해 국내 농업 생산액 9년(2004~2012년)에 걸쳐 1조원 감소
- 한미 FTA 이행 5년차에 4,465억원, 10년차에 8,958억원, 15년차에는 1조361억원 감소, 향후 15년간 연평균 생산액 감소 규모는 6,698억원으로 추정
- 한EU FTA, 15년차에는 2,481억~3,172억원 수준, 발효 15년차에 관세가 완전철폐 한다고 가정하는 경우 농산물 생산 감소액은 2,369억~3,060억원 수준
- 한중 FTA로 인한 10년차 농업생산감소액 : 2조338억원

○ 선대책 후비준은 없었다

　지난 2003년 정부는 한칠레 FTA 비준을 준비하면서 '선대책, 후비준'을 원칙이라며 발표하였다. 당시 4대 지원법 「FTA이행특별법」, 「부채경감특별조치법」, 「농어업인삶의질향상법」, 「농특세법」을 통해 대책을 마련하겠다는 계획이었으나 20여년이 지난 지금 농업이 처해 있는 현실이 그 결과를 말해주고 있다.

　FTA를 통해 정부가 얻고자 했던 시장지향적 농업구조, 수출농업, 다양한 농가소득원 확충, 농촌복지 증진 및 지역개발 등의 목표는 그저 허황된 꿈일 뿐이었다. 지난 20여년 간 무분별하게 추진한 FTA로 작금의 한국농업은 쇠퇴하고 있을 뿐이다.

　최근 농가소득이 증가하였다고 하지만 이 또한 허상이다. 총농가소득에서 농업소득이 차지하는 비율(27.1%)은 10년 전인

2012년 29.4%보다 더욱 하락하였다. 일년 농사지으면 한달에 백만원 정도의 소득을 얻는 농사만으로는 농가경제를 이어갈 수 없다.

여전히 정부는 농업의 가치를 깨닫지 못한채 농업은 그저 다른분야 수출확대를 위한 희생양으로 삼으려 한다. 지금까지 희생해온 농민들에게 또다시 희생을 강요하며 농업이 회생될 수 있을거란 희망조차도 꿈꾸지 못하게 한다.

정부는 CPTPP로 농수산업의 피해가 예상되는 분야를 지원[70]하고 종합적이고 충분한 대책을 마련한다고 하였다. 협상이 완료되면 그 결과를 토대로 구체적인 보완대책을 마련하겠다고 하였지만 농업의 지속가능성을 얼마나 담보해낼 수 있는 대책이 마련될지는 의문이다.

> 통상조약의 체결절차 및 이행에 관한 법률 (약칭: 통상조약법)
> 제19조(농업·축산업·수산업 보호·육성 의무 등) 정부는 통상조약의 이행을 이유로 「대한민국헌법」 제123조에 따른 농업·축산업·수산업의 보호·육성, 지역 간 균형발전, 중소기업 보호·육성 등의 의무를 훼손하여서는 아니 된다.

---

[70] 주요내용: 직접피해지원제도 개선, 농·수산업 경쟁력 강화를 위한 재정투입 확대, 국산 농·수산물의 안정적 수요기반 확보, 농·어업인 소득·경영안전망 확충, 농·어촌 정주여건 개선 및 사회안전망 강화 등 농·수산업 구조전환 지원 등

4. 결론 : 농산물 세계자유무역은 실패

- CPTPP, 자유무역협정은 수입에 의존도를 더욱 높인다
- 추가 시장개방의 경제적 이득은 작지만 고통은 클 것
- 식량주권에 기반한 새로운 틀의 국제무역을

○ 탈세계화의 흐름
- 보호무역 기조, 자국 생산의 흐름

　세계화로 인한 불평등의 심화로 브레이크 없이 질주하던 세계화가 주춤하고 있다. 세계화가 자국 산업의 경쟁력 약화로 이어지면서 양질의 일자리가 사라지고 중산층 이하 가계 소득의 감소 현상이 벌어졌다(윤석천, 2022). 세계화의 중심이었던 미국에서 시작된 탈세계화는 코로나19 이후 더욱 거세졌다.

　지난 2년, 코로나19의 확산 이후 수많은 나라가 국경을 폐쇄하며 무역을 규제했다. 세계적으로 '자국우선주의'와 '보호무역주의' 정서가 급격하게 확산되면서 경쟁적 보호무역 시대에 돌입했다. 코로나19 감염증은 지금까지 세계화가 내포하고 있던 불평등과 취약성을 전 세계에 드러나게 해주었다.

　이러한 흐름 속에서 반덤핑, 상계관세, 세이프가드 등 전통적 무역구제 조치를 비롯하여 무역기술장벽, 위생검역, 통관절차 강화, 수입제한 등의 비관세장벽을 통한 보호무역 조치가 증가

하는 추세이다(산업통상자원부[71]).

탄소국경조정 등 새로운 형태의 무역장벽이 등장했고 선진국을 중심으로 제조업의 본국회귀(Reshoring)가 가속화되고 있다. 얼마 전 미국 바이든 행정부가 발표한 인플레이션 감축법(IRA, Inflation Reduction Act)은 WTO규범을 정면으로 위배한다. WTO의 규범은 이제 더 이상 반드시 지켜야 할 국제규범이 아니다.

○ 농민·농업·농촌의 지속가능성을 찾아야

농민, 농업, 농촌 3농이 처한 현실은 참으로 암울하다. 대다수 농민은 고령화되었고 그 뒤를 이을 청년은 턱없이 부족한 것이 현재의 대한민국 농업이다. 농민이 없는 농업, 농촌에 그 어떤 희망이 있을까? 이런 한국농업을 지속가능하다 말할 수 있을까? 지난 30년 간 농업의 경쟁력 강화, 규모화 정책이 남긴 것은 무엇인가? 현 상황 이대로라면 대한민국 농업의 미래는 보이지 않는다. 지난 20여년 간 정부가 주장했던 피해산업의 경쟁력 강화가 어떠한 성과를 남겼는지는 보이지 않고 더욱 취약해진 농업만 남겨져 있다. 더 이상 농업을 희생양으로 삼는 자유무역협정 추진이 정당화될 수도 이해받을 수도 없다.

지난 수십년 간 만연했던 세계화와 자유무역 확대는 도농 간

---

71) 통하는 세상 통상

소득격차, 농-농 간의 양극화, 도시와 농촌의 양극화를 심화시켰다. 무분별하게 추진했던 자유무역협정으로 세계식량시스템은 심각한 혼란에 직면했지만 여전히 더 많은 자유무역을 요구하고 있다. 식량위기, 기후위기 시대에 살아남기 위해서는 변화하지 않으면 안된다. 자유무역협정에서 농업의 상품화를 중단하고 배제하여야 한다.

○ 새로운 농업 통상정책의 수립
- 식량주권 실현이 기본정신으로 작용해야

식량수입국이 수입에 의존할수록 자급력을 회복하기 어렵고 더 많은 수입에 의존하는 매우 불안정한 구조가 된다는 것을 누구나 알고 있다(윤병선, 2022). 하지만 정부는 여전히 물가안정 대책으로 농산물 수입을 대안으로 제시하고 있다. 농산물 가격이 조금만 올라도 국내에 들여오는 수입농산물은 국내농산물을 밀어내고 시장을 잠식해버렸다. 중장기적으로 안정적 수급이 이루어지면서 안정적인 가격형성이 가능할 수 있는 구조를 만들어야 하지만 현재 정책은 그렇지 못하다.

이제는 국가의 식량주권을 실현할 수 있는 방향으로 정책기조를 전환해야 한다. 전통적으로 식량안보를 중시하는 중국은 기본적으로 자급을 원칙으로 하며 식량자급률 95% 이상 유지를 목표로 하고 있다(김태곤, 2018). OECD 회원국 중 한국과 유사하게 낮은 식량자급률을 보이고 있는 일본의 경우에는 최근 식량자급률이 증가하는 추세이다. 또한 제2의 주식인 밀의 자급률도 꾸준히 향상시켜 최근 17%의 자급률을 보였다는 점은 한국의 밀산업 관련 정책에 시사하는 바가 크다.

한국도 기본적으로 국민의 먹거리를 자급할 수 있는 능력, 농민·농업·농촌의 지속가능성을 지향해야 한다. 그 바탕에는 자유무역을 신봉하는 통상정책의 전환이 반드시 이루어져야 한다. 이 땅의 먹거리가 지속가능하게 생산되기 위해 농업에 대한 지속적인 교육을 통해 전 국민적 관심을 이끌어내는 노력이 함께 이루어져야 한다.

농민의 지속가능성이 담보되어야 한국농업의 미래도 꿈꿀 수가 있다. 한국농업의 미래를 다시금 꿈꾸기 위해서는 농산물 자유무역 제도가 전면 재검토되어야 한다.

2022년 6월 13일 국회 의원회관에서 'CPTPP, 국내 농업·먹거리에 미치는 영향은?' 토론회가 열렸다. 식량주권의 중요성이 날로 커지는 시기에 우리 농업을 지켜야 한다는 생각으로 전국 각지에서 모인 참가자들은 정부를 향해 날카로운 지적과 비판을 이어갔다. 출처: 한국농정신문

<참고자료>

강성훈, 이재선, 김미정(2017), 다자간 FTA확산에 따른 누적기준의 이해와 활용방안, 한국조세재정연구원 세법연구센터
김규호(2022. 5). CPTPP 가입 추진에 따른 위생 및 식물위생조치(SPS)상의 쟁점과 과제. 국회입법조사처 제248호 NARS
김병진, 김지석, 김성록(2020), 농어촌상생협력기금 활성화방안에 관한 연구, 法과 政策硏究 第20輯 第4號 2020. 12.
김태곤(2018), 세계 농업, 어떻게 이해할 것인가. 한국농촌경제연구원
농림축산식품부(2022. 4). 농축산물 품목분류(HSK) 및 관세율
농식품부, aT. 2021농림수산식품 수출입동향 및 통계
농식품부, 2021 양정자료
농식품부, aT. CPTPP체결시 농식품 분야 영향분석. 2021농식품 수출환경 변화대응 이슈조사
문한필 조성주 이수환 염정완 김경호(2018. 12), CPTPP 발효와 농업통상 분야 시사점, KREI 농정포커스 제174호
문한필(2018). 세계통상질서의 변화와 한국 농업의 대응. 농업농촌의 길 2018
문한필, 정민국, 남경수, 정호연(2014), FTA국내보완대책의 성과와 개선 방향. 한국농촌경제연구원 제91호 농정포커스
박지은, 제현정(2016), 무역업계가 알아야 할 FTA원산지 누적조항의 비교 및 시사점, 한국무역협회
서진교, 정민철(2022. 5). CPTPP에 가입하면 무엇이 달라지나? 시선집중 GSnJ 제301호
송병철 외(2021. 10). 곡물 수급안정 사업·정책 분석. 국회예산정책처
윤석천(2022. 9). 지난 50년의 세계화 시대 뒤로하고 탈세계화·지역화로 가나. KDI 경제정보센터
윤병선(2022. 9). 세계화된 농식품체계 지속 가능하지 않아… 식량주권 확보로 우리 먹거리 지켜내야. KDI 경제정보센터
이근혁(2022. 6). CPTPP, 국내 농업먹거리에 미치는 영향은? 국회토론회 자료집
이병문, 정희진(2018), FTA 국내보완대책의 평가와 과제: 농축산업분야를 중심으로, 무역상무연구 제77권 2018. 2, pp. 215~237.
정대희(2022. 4). CPTPP가입으로 인한 농업부문 영향. 국회토론회 자료집
정철·박순찬·박인원·김민성·곽소영·정민철, 2017, 원산지 누적 조항의 무역비용 추정과 경제적 효과, 대외경제정책연구원
장용준·김민정·최보영·현혜정(2019), 무역기술장벽(TBT)의 국제적 논의 동향과 경제적 효과 분석, 대외경제정책연구원
한석호·염정완·서홍석, 「사과 SPS 수입금지 조치 해제의 경제적 효과 실증분석 – 가격 격차 방법론의 적용」, 농촌경제 제39권 제3호, 2016, 49-77
한석호·서홍석·염정완, 「일본 배 SPS 수입금지 조치 해제의 사전분석」, 한국산학기술학회논문지 제18권 제1호, 2017,
한석호, 이수환, 염정완, 지성태, "기 체결 FTA 농업부문 사후영향평가와 시사점", 한국산학기술학회논문지 제18권 제9호, 2017

<참고자료>

한곤, 장동식(2013), 한·중간 농업무역환경 변화에 따른 한국농업의 대응전략
KATI 농식품수출정보(www.kati.net)
산업통상자원부 FTA강국 코리아 https://fta.go.kr/main/situation/kfta/ov/
농식품FTA활용정보서비스
e-나라지표
한국수산경제(http://www.fisheco.com)
한국농어촌공사 농지전용현황도(자료 : 공공데이터포털)
한국농수산식품유통공사 농식품수출정보(KATI)
2020년 1월 aT(한국농수산식품유통공사) 하노이지사 KATI수출뉴스
미국무역대표부 USTR
(https://ustr.gov/trade-agreements/free-trade-agreements/trans-pacific-partnership/tpp-full-text)
USDA(2021). China: Nexus of Agricultural Trade and China's CPTPP Interests
뉴질랜드 외교통상부 홈페이지 CPTPP text
일본 외무성 https://www.mofa.go.jp/ecm/ep/page25e_000266.html
일본 농림수산성 https://www.maff.go.jp/index.html
財務省関税局·税関. (2018. 11). TPP11(CPTPP)原産地規則について
재무성 관세국·세관. (2018. 11). TPP11(CPTPP) 원산지 규칙에 대해서
農林水産省(2016), TPPに関する疑問にお答えします
農林水産省(2022). 動植物検疫協議をめぐる状況 , 消費·安全局
中村 哲也(2020), リンゴ輸出の現状と新たな潮流に向けた提案 ーアジアのリンゴ消費動向からの接近ー, TERG Discussion Papers
https://www.dfat.gov.au/trade/agreements/in-force/cptpp/official-documents
https://iti.or.jp/company
Department for International trade(2021). UK Accession to CPTPP: The UK's Strategic Approach
HOUSE OF LORDS International Agreements Committee(2021). UK accession to the Comprehensive and Progressive Agreement for Trans-Pacific Partnership (CPTPP): Scrutiny of the government's Negotiating Objectives
Li Chunding, Ping Yifan and Zhang Jiehao(2021). China's Policy Responses to the Economic Impact of CPTPP and their Effectiveness. East Asian Affairs Vol. 1, No. 2 (2021)
FAO https://www.fao.org/worldfoodsituation/foodpricesindex/en/
WFP https://www.wfp.org/global-hunger-crisis
https://agriculture.canada.ca/en/
https://viacampesina.org/en/
https://www.aph.gov.au/Parliamentary_Business/Committees/Joint/Foreign_Affairs_Defence_and_Trade/CPTPPMembership/Report/section?id=committees%2Freportjnt%2F024826%2F78218

5.
CPTPP와 통상조약절차법

김종우
변호사, 민변 국제통상위원회

CPTPP와 통상조약절차법

1. 들어가며

2. CPTPP 협상문 분석

3. 통상조약절차법의 문제점

4. 나가며

1. 들어가며

미국의 상대적 쇠퇴와 중국의 급속한 부상이라는 G2시대(신냉전)에 이어, 미국의 국제경제질서 전략이 새로운 보호무역주의 체제를 도입한 것이 아니냐는 분석이 나오고 있다.[72] 아메리카 퍼스트로 상징되는 트럼프 행정부가 바이든 행정부로 변경된 이후에도 미국의 국제경제에 관한 입장은 큰 변화 없이 신중상주의를 고수하고 있다(이른바 관세전쟁).

과거 중국의 보호무역 정책을 비판하던 미국에 대하여 중국은 자유무역의 수호자를 자처하며 WTO 체제로 복귀하라고 비판하고 있고, 실제 WTO는 중국의 주장에 힘을 실어주기도 하였다.[73] 물론 미국은 중국의 불투명하고 반시장적이며 국가중심적인 산업정책으로 인해 자유시장국가의 근로자들이 제대로 경쟁할 수 없는 불균형 문제를 해결해야 한다고 반박하면서, 더욱 대 중국 압박을 강하게 유지하고 있다.[74]

그런데 대중 통상질서를 통한 압박의 측면에서, CPTPP (Comprehensive and Progressive Agreement for Trans-Pacific Partnership)와는 다른 IPEF(Indo-Pacific Economic

---

[72] 김종우, '미국의 신중상주의 정책이 한국과 일본의 ODA정책에 미치는 영향에 관한 연구', 고려대학교 정책대학원(2018)
[73] 연합뉴스, 'WTO "중국 상품에 대한 미국 관세, 무역규정 불합치"(종합)' (2020. 9. 16.)
[74] The Star, 'US will not join CPTPP, but pursue specific trade tie-ups with allies: Gina Raimondo' (2021. 11. 17)

Framework)라는 새로운 질서를 미국이 선택한 이상,[75] 우리의 CPTPP에 대한 관심도는 현저히 줄어든 상황이라 할 수 있다.

다만 CPTPP와 IPEF 모두 미국이 구상하는 새로운 국제통상질서를 담고 있다는 점에서, 현 시점에서 CPTPP를 분석하고 그 가입절차에 작용하는 통상조약절차법을 개관하는 작업은 의미있는 과정이 될 것이다.

2. CPTPP 협상문 분석

"Look at KORUS FTA. We want more."

한미 FTA는 미국이 주도하는 차세대 FTA(양자 간 자유무역협정)의 모범안으로 준비되었기에 미국이 원하는 새로운 기준을 망라하는 것으로 기획되었다. 이어서 미국은 중국이 주도하는 RCEP(Regional Comprehensive Economic Partnership)에 대항하여 다자간 자유무역협정의 모범안으로 TPP(Trans-Pacific Partnership)를 준비하였다. 당시 미국이 TPP 협상을 개시하면서 자주 언급한 문구가 바로 "Look at KORUS FTA. We want more(한미 FTA를 보세요. 우리는 그 이상을 원합니다)."였다고 전해진다.

---

[75] 각주 74 참조

RCEP은 중국의 주도로 한국과 일본, 아세안과 호주가 결합한 낮은 강도의 다자간 자유무역협정으로 평가되는데, 기본적인 상품 관세인하 정도만 규정하고 있고, 예를 들면 한미 FTA에서 새롭게 도입된 노동, 환경 챕터 등에 대해서는 전혀 규율하고 있지 않다. 또한 투자관련 ISDS가 들어있지 않아서 확장성도 통제가 된 상태이다.

그러나 TPP는 한미 FTA의 모든 새로운 제도를 도입하고 있어서(노동, 환경, 투자) 높은 수준(High standard, 개방정도가 높다는 뜻)의 다자간 FTA로 평가된다.

그런데 이렇게 협상이 거의 완료된 TPP에서 갑작스럽게 미국이 탈퇴하면서 미국의 새로운 다자간 자유무역협정, 즉 대중 통상압박 기구는 좌초하였다. 이러한 상황에서 기존에 확정된 TPP 협정문을 그대로 인용하여, 일본이 주도하여 미국이 돌아오면 TPP로 되살리기로 하고, 그 중간에 나머지 국가들이라도 대중 통상압박을 진행하겠다는 발상이 CPTPP로 이어졌고, 나름 성공적으로 출범에 성공하였다.[76]

이어서 관성적으로 자유무역규범의 확대를 주장하는 우리 정부의 통상관료들은 CPTPP에 가입하는 것이 국익에 도움이 된

---

76) 다만, 현재 중국이 CPTPP에 가입신청을 하여서, 원래 의도인 중국을 배제한 무역규범의 확립, 즉 중국고립 정책의 향방이 오리무중이 되었다.

다면서 가입추진을 결정하였다.[77] 처음 기획된 의도와 영 다른 방향으로 흘러가는 CPTPP이지만, 트럼프 행정부가 바이든 행정부로 바뀐다면 CPTPP가 되살아날 것이라는 분석도 작용하였을 것이다.

다만 미국이 IPEF로 관심을 옮기면서, ("US will not join CPTPP now, but it is pursuing IPEF.", 지금 미국은 CPTPP에 가입할 생각이 없습니다. 미국은 IPEF에 전념하고 있습니다.) 한국도 CPTPP에 가입절차를 서두를 이유가 없어졌고, CPTPP에 강한 지분을 갖고 있는 일본도 한국과 중국의 가입을 쉽게 허락하지 않겠다는 입장이다. 따라서 대한민국의 CPTPP 가입 추진은 동력을 잃었다고 평가된다.[78] 특히 관세 부분에서 농수산물 관세철폐율이 96%에 달하는 것으로 알려진 만큼, 농어업계의 강력한 반발도 고려되었다.

여기서 산업통상자원부는 국회에 CPTPP 가입추진 계획을 보고하는 마지막 절차를 보류하고 있다고 하는데, 통상조약절차법에 따른 통상조약 체결의 절차를 살펴보고, 어떻게 이러한 과정이 통제되는지 살펴볼 필요가 있다.

---

77) The Interpreter, 'Expanding the CPTPP: A form guide to prospective members' (2021. 2. 22.)
78) 아시아경제, '동력 잃은 CPTPP…하반기도 가입 신청 '불투명' (2022. 7. 29.)

3. 통상조약절차법의 문제점

통상조약절차법이 제정되기에 이른 계기는 이른바 마늘파동(1999년)이다. 중국산 마늘 수입이 급증하면서, 한국 마늘 농가의 피해가 막심하였다. 가격경쟁력의 측면에서 도저히 중국산 마늘을 극복하기 어려웠기에 한국의 마늘 농업은 고사 직전이 되었다. 이에 한국 정부는 2000년 6월 세이프가드[79]를 발동하여 중국산 마늘의 관세율을 30%에서 300%로 인상하였다. 그러자 일주일 뒤 중국 정부는 보복조치를 단행하였는데, 한국산 휴대전화와 폴리에틸렌의 수입을 아예 금지하는 막무가내 정책을 취한 것이다.

한국 입장에서는 휴대전화와 폴리에틸렌을 중국에 수출하지 못하면 막심한 피해가 발생하기에 중국과 협상에 나설 수밖에 없었는데, 2000년 7월 31일 한국과 중국의 마늘협상이 타결된다(책임자 당시 통상교섭본부장 한덕수). 중국은 한국산 휴대전화 금수를 풀고, 한국은 2002년까지 3년간 3만5천톤의 마늘을 30~50% 관세로 수입하며, 나머지에 대해서는 세이프가드를 유지하기로 약속한 것이다.

그런데 2002년이 되자 다시 중국산 마늘 수입이 급증하기 시

---

[79] 국가가 자신의 특정 산업에 큰 피해가 있을 경우 일방적으로 수입물품에 대한 관세율을 올려서 국내산업을 보호할 수 있는 무역 제도, 예외적으로 인정된다.

작하여, 한국의 농림수산부는 세이프가드 재발동을 고려하기 시작했다. 그런데, 그때서야 알게된 사실은, 2000년 마늘협상의 부속합의서에 '중국산 마늘 세이프가드 연장은 2년 반으로 제한한다'는 내용을 포함하였으면서도 당시 이를 알리지 않았다는 것이었다. 그저 대외공개를 안 한 것뿐만이 아니라, 통상교섭본부가 농림부에도 이를 알리지 않았다는, 마늘파동이 마늘'협상' 파동으로 변경되는 순간이었다.

당시 청와대 경제수석이었던 한덕수는 한국의 마늘농가가 고사하는 상황에서도 세이프가드를 발동하지 못하고 속수무책으로 지켜만 보게 한 책임을 지고 사임하였는데, 이런 말을 남겼다. '4억달러(휴대폰)를 지키기 위해 1백만달러(마늘농가)를 희생한 결정인데, 다시 하라고 해도 마찬가지 결정을 하겠다.'[80]

이러한 마늘'협상' 파동을 경험한 뒤로, 과거 통상정책 및 집행의 문제점들에 대한 지적이 나왔는데, 정부와 국민 사이에서 통상협정의 필요성, 당위성, 목적 및 효과, 예상되는 피해 및 정부 대응책, 의견 수렴 및 조정 등의 소통 부족, 정부 내부 사이에서도 교섭 담당은 외교통상부, 실질 이해 당사자는 농림부와 산업자원부라는 구조적 문제, 통상정책 조정의 대외경제장관회의, 실무조정회의의 구조적 한계가 지적되었으며, 정부와 국회의 측면에서도 사후 단계에서의 일방적인 비준동의 요청만

---

80) 결국 삼성전자는 마늘농가의 희생을 딛고 성장한 것이다.

이 있고, 찬반 외의 조정 등의 절차가 결여되어있다는 문제점이 지적되었다.

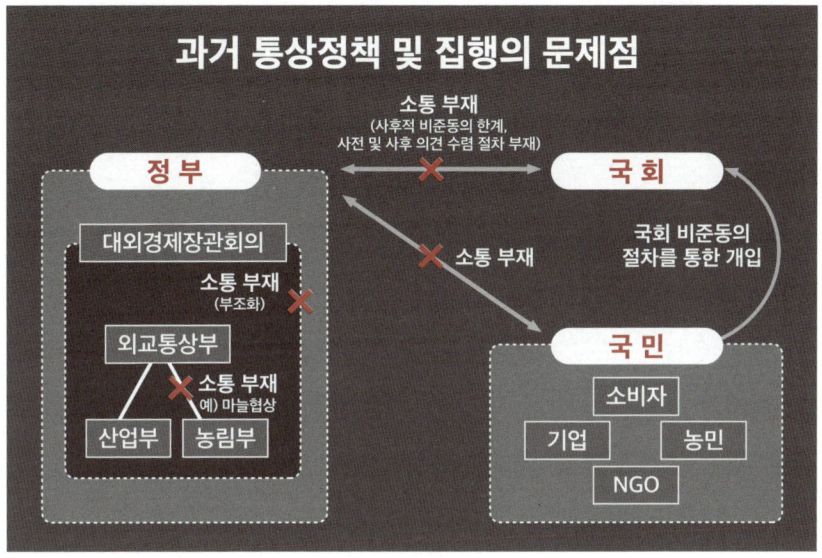

이러한 문제의식이 발전하여, 2006년 2월 2일 제안된 권영길 의원안을 시작으로, 2012년 1월 17일 외교통상통일위원회안으로 통상조약절차법[81]이 제정 및 시행되었다.

통상조약절차법은 통상조약체결 및 이행에 관하여 국회의 비준동의 절차를 실질화하는 것을 요체로 하는데, 통상조약체결계획을 수립하여 국회에 보고하는 것을 시작으로, 협상진행상황 국회보고, 협상결과 국회보고, 이행상황평가 국회보고와 같

---

81) 정식명칭 '통상조약의 체결절차 및 이행에 관한 법률'

이 통상조약체결의 전중후 국회보고를 핵심으로 한다.

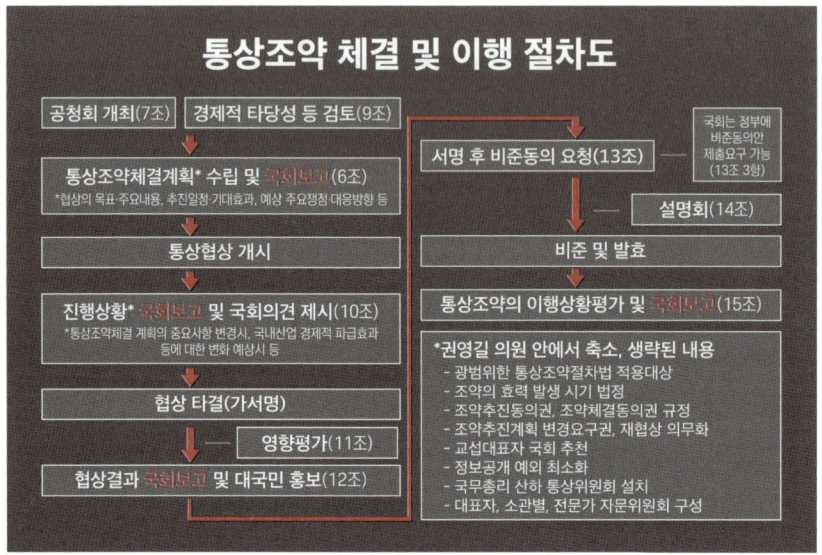

그렇다면 과거 우리 정부는 TPP를 추진하면서 위와 같은 통상조약절차법을 준수하였을까? 유감스럽게도 그렇지 않다.

우리 정부는 2014년 당시 이미 예비양자협의를 진행한 상태이면서도 TPP 통상조약체결계획을 수립하였는지를 묻자, 지금은 관심표명단계라서 계획수립을 하지 않았다고 답변한 것이다.[82]

---

82) 뉴시스, '최재천 "정부, 통상계획 수립 않고 TPP 예비협상 진행"' (2014. 3. 31.)

> **통상조약절차법 제6조(통상조약체결계획의 수립 및 보고)**
> ① 산업통상자원부장관은 통상협상 개시 전 다음 각 호의 사항을 포함하여 통상조약의 체결에 관한 계획(이하 "통상조약체결계획"이라 한다)을 수립하여야 한다.
>
>   1. 통상협상의 목표 및 주요내용
>   2. 통상협상의 추진일정 및 기대효과
>   3. 통상협상의 예상 주요쟁점 및 대응방향
>   4. 통상협상과 관련된 주요국 동향
>   5. 그 밖에 산업통상자원부장관이 필요하다고 인정하는 사항
>
> ② 산업통상자원부장관이 제1항에 따라 통상조약체결계획을 수립한 때에는 지체 없이 국회 산업통상자원위원회에 보고하여야 한다.
> ③ 국회는 진행 중인 협상이 통상협상에 해당된다고 판단할 경우 산업통상자원부장관에게 통상조약체결계획의 수립 등 이 법에서 규정한 절차를 준수할 것을 요구할 수 있다.

통상조약절차법에 대해서 외교통상부가 밝힌 내용에 따르면,[83] 통상조약절차법 제6조2항의 통상조약체결계획을 '수립한 때'란 통상조약절차법 제6조에 나열된 제반 요소를 포함하여 특정 통상협정을 체결하기 위한 구체적 계획이 최종적으로 확정된 경우를 의미하는데, 예를 들면 대외경제장관회의에서 최종결정이 나왔을 때를 의미한다고 한다.

만약 통상조약절차법을 준수하지 아니하고 통상조약이 체결된 경우에도 조약의 효력은 유효한 것인지 라는 쟁점에 대해서

---

[83] 외교통상부, 통상조약절차법 해설서 (2012. 6.)

는, 국제법상 국내절차의 위반의 경우에도 조약은 유효한데, 국회는 헌법상의 권한쟁의 또는 관련 장관에 대한 해임건의 등 정치적 견제수단이 있다고 한다.

마지막으로 통상절차법 제6조 3항에 따른 국회 요구가 있는 경우, 정부는 이에 구속되는지 여부에 대해서는, 이견이 발생하는 경우 정부와 국회는 면밀한 협의와 의견교환을 통하여 그러한 이견을 해소할 수 있을 것이지만, 만약 이러한 이견이 해결되지 않는 상황을 가정하면, 양 기관 간 권한쟁의 심판의 형태로 헌법재판소의 결정으로 확정될 수밖에 없을 것이고, 따라서 정부 입장에서는 통상협상에 해당하지 않는 경우임에도 불구하고 국회가 통상조약체결계획 등을 수립할 것을 요구하는 경우 헌법재판소 등의 최종 결정이 있기 전에는 이를 거부할 수 있을 것이라 밝힌 바 있다.

결국 TPP 예비양자협의는 통상조약절차법상 협상 개시전 단계가 아니라는 입장을 위와 같은 해석으로 비켜나갈 수 있는데, 통상조약절차법을 위반하여 체결한 TPP라도 여전히 국제법적으로는 유효하고, 이러한 결과를 방지하기 위한 국회의 어떤 시도에 대해서도 정부가 따르지 않는다면 그에 대해서는 헌법재판소에 권한쟁의 심판 청구라는 지나치게 무겁고 가능성이 낮은 절차 외에는 다툴 방법이 없다.

위와 같은 통상조약절차법의 한계가 이미 노정된 상태이나,

그렇더라도 적어도 통상협정 개시 전에 통상조약체결계획 국회 보고가 공식적인 첫 단계라는 점은 해석을 통해서도 회피할 수 없다는 점에서, 통상조약절차법의 가치는 간과될 수 없다.

하지만 이와 같이 법에 있는 절차를 국가가 무시하고 과거와 같이 비밀주의를 고수하면서 통상협상을 진행한다면, 법치주의는 지켜지고 있다고 말할 수 없다. 결국 통상조약절차법은 이러한 정부의 해석을 통한 위반을 방지하기 위해 보다 적극적인 조항들을 추가하여 개선할 필요가 있는데, 이를테면 국회의 조약추진동의권, 조약체결동의권 규정이나, 조약추진계획 변경요구권, 재협상 의무화 규정, 교섭대표자 국회 추천 등의 제도를 도입할 필요가 있다.

2022년 3월 25일 정부세종청사 산업통상자원부 대강당에서 열린 '포괄적·점진적 환태평양경제동반자협정(CPTPP) 공청회'. 국민과함께하는농민의길, 한국수산업총연합회 등 농어민단체는 'CPTPP가입 농어민 말살'이라고 적힌 손팻말을 든 채 공청회 중단 구호를 외치며 경찰과 대치했다. 출처: 한국농정신문

4. 나가며

여전히 우리 언론은 관성적으로 CPTPP 가입을 서둘러야 한다는 주장을 반복하고 있다.[84] 과연 국제정세를 제대로 반영하고 따라가고 있는 것인지도 의심스럽지만, 농축산 피해를 딛고 산업계가 무역으로 국익을 확보한다는 허구적인 문법은 이제 식상하다. 무역수지 적자가 예상되는 시점에서,[85] 그저 무역으로 국가의 부를 늘려야 하니 국내 농축산이 희생해야 한다는 논지는 허구이다.

다행히 통상조약절차법상 여러 절차를 통해 과거와 같은 비밀주의 일변도로 협상을 진행하는 일은 방지할 수 있을 것으로 보인다. 다만 국회 및 농민단체, 시민단체의 끊임없는 감시와 비판이 이어져야 법이 제대로 힘을 발휘할 수 있을 것이다. 또한 무역입국이라는 구시대적인 가치관에서 탈피하여 농어업과 상생하는 산업, 무역정책을 수립하는 정부의 태도변화가 가장 가치 있는 변화가 될 것이다.

또한 IPEF로 상징되는 새로운 무역규범이 다가오고 있다.[86] 이 가입과정에서도 우리의 이해관계가 잘 반영되어야 할 것이다.

---

84) 한국경제신문, '韓, CPTPP 가입 땐 무역효과 10조 … 농축산 피해는 최대 2.2조' (2022.10.2.)
85) 한국경제신문, '올해 무역수지 적자 480억 달러 전망 … "IMF 직전의 2.3배"' (2022.10.2.)
86) 한겨레, 'IPEF, 공식 협상 개시…무역·공급망·청정경제 등 공동대응' (2022.9.10.)

6.
한일 역사정의와 평화 그리고 CPTPP 가입저지 운동

주제준
CPTPP 가입저지 및 식량주권 사수 범국민운동본부 정책팀장

한일 역사정의와 평화 그리고 CPTPP 가입저지 운동

1. 일본이 요구하는 CPTPP 가입 조건
   1.1. 일본 정부 "한국의 CPTPP가입에는 일본 국민의 이해도 필요하다"
   1.2. CPTPP 가입을 위해선 국민의 건강권을 훼손하는 일본 후쿠시마 농수축산물을 수입해야 한다
   1.3. 후쿠시마 주변 식품은 안전한가?

2. 일본이 CPTPP를 가입하려는 한국에 요구하는 것들
   2.1. 한미일 협력 강화와 역사 정의 그리고 평화
   2.2. 역사정의 실현을 위한 일제시기 강제 동원 피해자
   2.3. 위안부 합의와 CPTPP
   2.4. 일본의 군사대국화와 한미일 협력 강화

3. 괴담이라는 진실
   3.1. ISDS (투자자 국가 제소 제도)
   3.2. 한미 FTA 추진, 괴담과 진실

4. CPTPP 현황 및 대응
   4.1. 홍남기 전 부총리 겸 기획재정부 장관, CPTPP 가입 본격 추진
   4.2. 강력한 반발에 나서는 농수축산인들
   4.3. 윤석열 정부 CPTPP 강력 추진 의지 내비쳐

5. 결론 : 국민들이 나서서 CPTPP 가입 저지 시켜야

1. 일본이 요구하는 CPTPP 가입 조건

1.1. 일본 정부 관계자 "한국의 CPTPP 가입에는 일본 국민의 이해도 필요하다"

한국 정부가 지난해인 2021년 12월 13일 CPTPP 가입 추진을 공개하자, 교도통신은 일본의 정부 핵심 관계자의 말을 인용 "한국의 CPTPP 가입에는 일본 국민의 이해도 필요하다"며 징용 문제와 일본산 식품 수입 규제 등 "한일 간에는 여러 현안이 있다"고 신중한 견해를 나타냈다고 전했다.

또 같은날 사토 마사히사 자민당 외교부회 회장이 자신의 트위터를 통해 "한국의 현 정권은 후안무치! TPP가맹 신청 전, 일본 지적의 수출 관리 시정이 먼저"라며 "TPP는 높은 수준의 경제 룰 동맹, 한편 일본을 포함한 비준국 8개국 중 한 나라라도 반대하면 가맹 교섭에 들어갈 수 없다. 국내 운용 체제 정비가 먼저다. 어이없다"는 글을 게시했다.[87]

[그림] 사토 마사히사 자민당 외교부회 회장 트위터 캡처

---

87) 한겨레신문 (2021.12.13). 사토 자민당 외교부회장 "한국 TPP 가입 검토 후안무치",
https://www.hani.co.kr/arti/international/japan/1023149.html

연이어 12월 14일 일본 NHK 방송에 따르면 마쓰노 관방장관은 각료회의 후 기자회견에서 한국이 TPP가입 신청을 목표로 한다는 방침을 밝힌 데 대해 "TPP는 시장 액세스 면에서도, 전자상거래나 지적 재산 등의 룰 면에서도 높은 수준이기에 이를 완전하게 채울 준비가 되어 있는지 우선 확실히 판별할 필요가 있다"며 "우리나라는 계속 신규 가입에 관심을 나타내는 경제권의 동향을 주시하면서 전략적 관점이나 국민의 이해를 근거로 해 대응해 갈 것이다. 본 건에 관해서는 한국과 협의를 실시한 적 없고 실시할 예정도 없다"고 강조했다고 한다.[88]

일본 정부 핵심 관계자의 말, 사토 마사히사 자민당 외교부회 회장의 언급, 그리고 마쓰노 관방장관의 발언은 한국의 CPTPP 가입을 위해선 일본의 "국민적 이해"가 있어야 하며, 일본 정부의 "전략적 관점"의 판단이 있어야 한다는 것으로 결론 지을 수 있을 것이다. 결국 한일 간의 쟁점으로 자리하고 있는 강제징용 대법 판결 문제와 일본군 위안부 등 한일 역사 갈등 현안 그리고 일본이 요구하는 후쿠시마 주변 8개현의 농수축산물 수입 등을 한국의 CPTPP 가입과 연계시킬 수 있음을 시사한 것으로 보여진다.

---

88) NHK (2021.12.14). 한국 TPP가입. "가입조건 총족여부 확인 필요"
  https://www3.nhk.or.jp/news/html/20211214/k1001

1.2. 국민의 건강권을 훼손하는 일본 후쿠시마 농수축산물을 수입해야 한다

1.2.1 대만, CPTPP 가입 위해 후쿠시마산 식품 수입 재개 발표

일본 요미우리신문은 한국의 CPTPP 가입 절차에서는 "수산물 수입 규제 해제도 초점이 될 것으로 보이며 한국 정부는 국내에서 과학적 평가에 토대를 둔 정보를 발신하는 등의 '후효히가이(風評被害, 풍평피해- 근거 없는 소문 때문에 생기는 피해)' 대응도 강하게 요구받게 될 것 같다"고 2022년 3월 26일 보도한 바 있다.[89]

일본 정부는 일관되게 후쿠시마 핵오염은 사실이 아닌 근거 없는 소문인 '후효히가이'라고 주장한다. 당연히 이를 근거로 수입을 중단하는 조치에 강력히 반발해 왔다.

그리고 CPTPP 가입 요청을 한 나라들에게 후쿠시마산 식품 수입을 강요하고 있다. 이러한 요구를 외면하기 쉽지 않은 것은 일본이 사실상 CPTPP조약국 중 의장국의 역할을 하고 있으며, 일본의 요구를 수용하지 않으면 CPTPP 가입이 현실적으로

---

[89] 조선일보 (2021.12.27) 재인용. "日, 韓 CPTPP 가입 조건으로 수산물 수입금지 해제 요구할 듯". https://biz.chosun.com/international/international_general/2021/12/27/O2YRUCQGCJDU3DROQKPM6BLG7M/

쉽지 않기 때문이다.

대만의 후쿠시마산 식품 수입 재개도 이런 맥락으로 해석해야 할 것이다. 일본 정부는 CPTPP 가입 지지를 요청하는 대만 쪽에 지난해 9월 후쿠시마산 식품 수입 재개 문제를 적극 제기했고, 대만은 2022년 2월 8일 그간 취해왔던 후쿠시마산 식품 수입금지 조치를 철회했다.

<그림 1> 대만 행정원이 2022년 2월 8일 오전 기자회견을 열어 지난 2011년부터 유지해 온 일본 후쿠시마 일대 식품에 대한 수입금지 조치를 해제한다고 발표했다. <자유시보>(2022.02.09) 누리집 갈무리

대만 행정원은 2월 8일 기자회견을 열어 2011년 3월 11일 일본 도쿄전력 후쿠시마 제1원전 참사 이후 유지해온 후쿠시마 및 인근 군마·이바라키 등 5개 현에서 생산된 식품과 농수산물에 대한 수입금지 조치를 해제하겠다고 밝혔다. 대만 정부는

동일본 대지진으로 3·11 참사가 난 직후에 후쿠시마 등 5개 현에서 생산된 식품의 수입을 금지했다. 대만인들은 2018년 11월 실시된 국민투표 때도 후쿠시마산 식품 금수 조처 유지에 78%의 압도적 찬성표를 던진 바 있다.

그럼에도 차이잉원 총통 정부가 이번 결정을 내린 것은 2021년 9월 신청서를 낸 CPTPP 가입의 밑돌을 쌓기 위해서다.

대만 〈자유시보〉는 "특정 지역 식품 수입금지에서 특정 품목 금지로 기준을 바꾸되, 당국이 지정한 위험 품목에 대해선 방사선 안전검사 결과와 원산지 증명을 요구하기로 했다. 또 후쿠시마를 포함한 일대 5개 현에서 수입되는 식품 전량을 대상으로 통관 검사를 진행하고, 이를 위한 검사 인원도 기존 46명에서 103명으로 늘리기로 했다"고 전했다.

1.2.2. 후쿠시마 오염수 해양 방류

올해로 후쿠시마 핵사고가 발생한 지 12년이 되었다. 후쿠시마 핵사고는 스리마일, 체르노빌 핵사고에 이은 역사상 최악의 사고로 기록되었다. 이 사고는 우리에게 핵발전의 위험과 모든 생명의 가치를 일깨워주었고 사고가 발생한 지 12년이나 지났지만 후쿠시마 주민들은 여전히 고향으로 돌아가지 못하고 있다. 후쿠시마에 사고의 흔적이 여전히 남아있기 때문이다. 후쿠시마 원전에서는 2011년 사고로 '멜트다운'이 일어나 녹아

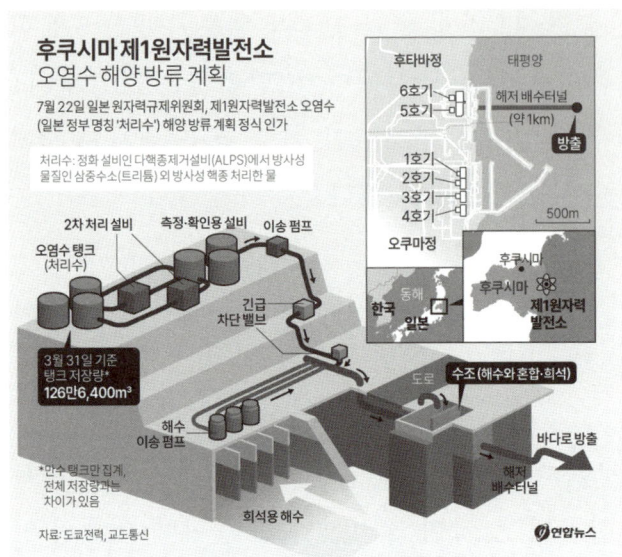

<그림 2> 연합뉴스 그래픽 인용. 후쿠시마 제1원자력 발전소 오염수 해양방류 계획

내린 핵연료를 냉각하기 위해 물을 주입하고 있고, 이로 인해 매일 약 140톤의 방사성 오염수가 발생하고 있다. 사고의 흔적 중 하나가 바로 후쿠시마 방사성 오염수다. 그런데 일본 정부는 보관 중인 방사성 오염수를 해양에 방류하겠다고 결정했다. 2023년부터 약 30~40년 간 오염수를 바다에 방류하는 계획이라고 밝히고 있다. 일본 정부는 이 오염수를 다핵종제거설비를 통해 처리하고, 삼중수소는 물로 희석시켜 방출하면 문제가 없다고 말하지만 다핵종제거설비를 통해 처리한 오염수 68%에 기준치를 초과한 방사성 물질이 여전히 남아있다는 것은 과학적 사실이다.[90]

---

90) 도쿄전력 발표 자료 인용
　　https://www.tepco.co.jp/decommission/progress/watertreatment/alps01/)

삼중수소, 탄소-14, 스트론튬-90, 세슘, 플루토늄, 요오드 등 방사성 핵종이 제대로 걸러지지 않는다는 측면에서 국제환경단체들, 전문가들, 세계 많은 나라가 심각한 우려를 표명하고 있는 상황이다. 지난 2018년 일본 가나자와대와 후쿠시마대 연구팀은 해양학 분야의 국제학술지인 '해양과학' 논문에 지난 2011년 후쿠시마 원전 사고 이후 바다로 누출된 방사성 물질이 동해를 비롯한 한반도 해안에 유입되었다고 발표한 바 있다. 만약 수백만톤의 후쿠시마 오염수까지 해양에 방류된다면, 우리나라 바다와 태평양에 방사성 물질이 더욱 확산될 것이고 우리 국민뿐만 아니라 70억 인류의 생명과 안전을 위협할 수 있는 것이다. 이렇게 바다에 방출된 핵오염수는 바다 생물에의 생물학적 농축에 이어 최종적으로는 사람에게도 영향을 미칠 수 밖에 없다.

방사성 물질이 인체에 유입되면 골수암, 백혈병 등 각종 치명적인 질병을 유발하게 된다. 한편, 일본의 계획대로 오염수의 정화처리가 잘 이뤄진다고 해도, 삼중수소는 걸러지지 않는다. 일본 정부는 삼중수소를 물로 희석해서 버리기 때문에 환경에 영향을 주지 않는다고 주장하고 있다. 일본 정부의 주장을 그대로 받아들인다해도 방류된 오염수가 환경에 미칠 영향에 대한 정확하고 검증가능한 모니터링이 필요한데, 지금의 일본 정부의 태도는 이를 기대하기 어렵게 한다. 또한 방사능 오염수가 버려진 뒤 모니터링을 통해 문제를 발견한다고 해도, 물은 한번 바다로 흘러가면 회수가 불가능하다는 측면에서 반드시 후쿠시마 오염수 해양 방류를 막아내야 한다.

또한, 일본 정부는 더 이상 오염수를 저장할 부지가 없다는 이유로 해양 방류를 결정하였지만 이는 가장 값싼 방법으로 오염수를 처리하려는 것에 불과하다. 일본이 국제사회의 우려와 자국 어민들의 거센 반발, 방사성 오염수의 위험성에도 불구하고 해양방출을 강행한 이유는 경제적 문제가 크다고 할 수 있다. 대기방출, 지층주입, 추가 저장탱크 확충 등 다양한 방법이 있음에도 비용이 가장 적게 드는 해양방출을 강행하는 것이다.

1.2.3. 핵오염수 방류기간이 30년이라는 일본 정부의 거짓말

일본 정부는 2050년까지 후쿠시마 원전의 폐로 작업을 마치고, 그때까지 오염수를 해양에 방류할 계획이라고 밝혔다. 그러나 그린피스와 전문가 학계의 분석결과, 이 목표는 수정이 불가피하고 오염수 방류 역시 세기를 넘겨 진행될 것으로 보인다.[91]

그린피스가 후쿠시마 제1원전 건설사인 GE원자력의 원전 수석관리자를 지낸 사토시 사토 엔지니어와 함께 일본 정부의 후쿠시마 원전 폐로 기술과 그에 따른 오염수 영향을 분석(2021

---

[91] 그린피스 보고 자료 인용(2022.03.03), "오염수 해양 방류는 끝이 아닌 시작일 것"
https://www.greenpeace.org/korea/press/21658/pressrelease-only1yearleft/

년 3월)한 결과, 일본 정부가 목표대로 2050년까지 폐로를 마칠 가능성은 매우 희박하다. 폐로를 위해서는 원전 부지 내 고준위 방사성 폐기물이 된 흙이나 잔디를 모두 외부로 옮겨야 하지만, 모든 폐기물의 양을 감당할 만한 부지를 찾는 것 역시 불가능할 것으로 예측된다.

도쿄전력은 현재 후쿠시마 제1원전의 원자로 3기에 매일 140여톤의 냉각수를 쏟아붓고 있다. 원자로에 남은 핵연료가 발열로 인해 폭발할 수 있기 때문이다. 이렇게 투입된 냉각수와 흘러드는 빗물, 지하수가 모두 오염수가 된다.

체르노빌 원전의 현 상황과 비교하면, 30년 이내에 폐로 작업을 끝내겠다는 일본 정부의 주장 역시 타당성이 부족하다. 우크라이나 정부는 체르노빌 원전의 핵연료를 제거하는 데 앞으로 100년이 넘는 시간이 필요할 것으로 예상하고 있다. 후쿠시마 원자로에는 체르노빌 원전보다 약 2배 많은 1,100톤가량의 핵연료가 존재한다고 추정된다. 특히 도쿄전력은 첨단 로봇 팔을 활용해 2050년까지 폐로 작업을 끝마칠 것이라고 밝혔다. 하지만 이 로봇 팔로 한 번에 제거하려는 핵연료의 양은 최대 10,000g에 지나지 않는다. 원자로에 남아 있는 양이 약 9억 9,700만g에 달하는 점을 고려하면, 후쿠시마 원전의 폐로 작업은 요원하다고 보는 것이 타당하다.

1.2.4. 한국민에 영향을 미치는 핵오염수

독일 킬대학 헬름홀츠 해양연구소에서는 후쿠시마 오염수가 '200일'만에 제주도, '280일' 이후엔 동해 앞바다에 도달한다는 시뮬레이션 연구결과도 발표했다. 2021년 12월 중국 칭화대 연구팀은 후쿠시마 오염수 안에 들어있는 삼중수소가 바다에 버려질 경우 280일만에 제주도를 비롯한 남해안에 도달하고, 400일 이후에는 남한 전체에 확산된다는 연구결과를 발표했다. 중요한 점은 원전 오염수가 한반도에 영향을 미친다는 것이고 한번 오염수가 도달하게 되면 그 이후 지속적으로 오염수가 밀려온다는 것이다. 일부 학자들의 주장처럼 인체에 당장은 무해하더라도 쌓이다 보면 어떠한 부작용이 발생할지 예측할 수 없다. 오염수 해양 방출로 해양에 사는 플랑크톤 등 해양생태계 파괴까지 전 지구적 환경 문제를 공론화시켜야 되는 이유다.

<그림 3> 후쿠시마현에서 방사성 오염수 방류시 200일(약 7개월)만에 제주 앞바다에 유입되고, 280일(약 9개월) 뒤 동해에 도착한다.

일본 정부가 지난 2018년 처음으로 방사성 오염수 해양 방류 계획을 발표한 이후, 우리나라 국민과 정부, 일본 국민들 뿐만 아니라 중국, 러시아, 대만 등의 국제사회에서도 이러한 결정을 비판해왔다.

2021년 4월 19일 일본의 후쿠시마 방류에 반대하는 전남과 경남 어민들이 해상시위를 진행하고 있다. 출처: 민중의 소리

후쿠시마 방사성 오염수 해양방류는 바다를 터전으로 삼아 살아가고 있는 어민들과 상인 등 수산업계에도 막대한 피해를 줄 것이다. 우리 아이들이 살아갈 환경에도 악영향을 줄 수밖에 없다.

우리나라 정부는 지난 2018년부터 '후쿠시마 원전 오염수 방출 대응을 위한 9개 관계부처 TF'를 설치·운영해오고 있으며 방사능 감시체계 구축, 후쿠시마 인근 8개 현에 대한 수산물 수입금지, IAEA 국제검증단 참여 등을 통해 대응해왔다. 그러나, 실질적인 후쿠시마 방사성 오염수 방류 결정 철회나 투명한 정보 공개는 이뤄지지 않았다. 또한 방사성 오염수 방류 시 국내 수산업계에 악영향을 미칠 수 있음에도 관련 대책 역시 제대로 세워지고 있지 않다. 이러한데도 CPTPP가입을 추진하는 것은 섶을 지고 불 속에 뛰어들어가는 꼴이라고 하지 않을 수 없다.

1.3. 후쿠시마 주변 식품은 안전한가?

1.3.1 후쿠시마 원전 항만에 기준치 9배 세슘 물고기 발견

앞서 언급한 바 있듯 일본은 세계무역기구(WTO)에 후쿠시마산 수산물 수입규제 해제를 위한 제소를 한 바 있고, 2018년 2월 패소하였다. 그럼에도 불구하고 일본은 패소 후에도 후쿠시마산 수산물이 안전하다며 우리 정부에 수입규제를 풀 것을 요구하기도 했다. 정말 후쿠시마 주변 식품은 안전할까? 그렇지 않다.

도쿄전력이 동일본대지진 이후 매달 원전 항만 인근의 물고기를 채취해 방사능 오염 여부를 조사하고 있는데 2021년 4월 후쿠시마 앞바다에서 시험조업으로 잡은 우럭에서 1kg당 500 베크렐의 세슘이 검출되었다는 보도가 있었다. 2022년 6월 후쿠시마 원전 항만 내 취수구 앞에서 직접 채취한 우럭에서 기준치의 9배가 넘는 세슘이 검출되었다. 항만의 방파제 안팎에서 잡은 쥐노래미 등 다른 물고기들에서도 기준치를 넘는 세슘이 확인되었다.

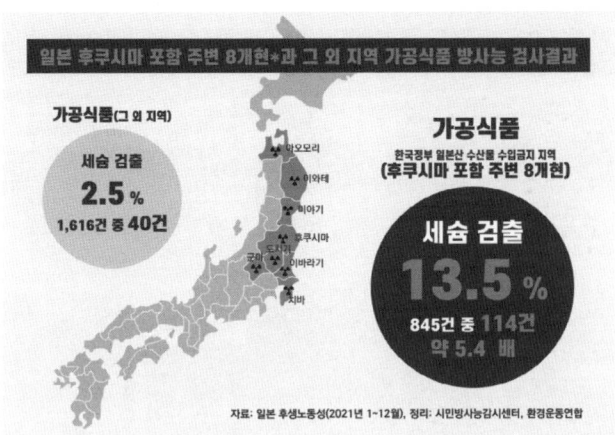

<그림 4> 2021년 후쿠시마 포함 주변 8개 현과 그 외 지역 가공식품 방사능 검사결과. 시민방사능감시센터, 환경운동연합 제공

한 달 동안 채취한 물고기 32마리에서 모두 세슘이 검출됐고, 6마리는 기준치를 초과했다. 도쿄전력이 공개한 분석 결과에 따르면 기준치 초과 사례가 이어지는 가운데 다섯 배를 넘긴 건 최근 3년 사이 이번이 처음이라고 밝혔다.

일본 정부는 2021년도에 총 4만1,272건의 농수축산 식품을 대상으로 방사성물질 세슘에 대한 검사를 진행하여 발표했다. 일본 후생노동성이 공개한 식품 종류별 방사능 검사결과를 보면 수산물은 3.8%, 농산물은 18.7%, 축산물은 1.7%, 야생육은 25.1%, 가공식품 6.3% 유제품 0.5%에서 방사성물질(세슘)이 검출되기도 했다.

<그림 5> 2021년 일본 전역 방사성 물질 다량검출 가공식품.
시민방사능감시센터, 환경운동연합 제공

시민방사능감시센터와 환경운동연합은 〈일본산 농수축산물 방사능 오염 실태분석 보고서〉를 발표하면서 "2021년 검사 건수는 2020년 대비 약 1/3로 줄어들어, 일본 정부가 자국 내 식품의 방사성물질 오염에 대한 감시를 소홀히 하고 있다"라고 지적하고 "수산물의 경우 전체적으로 세슘의 검출량과 검출률이 줄어들었으나, 세슘이 검출된 해수어의 종류가 늘어났고, 우럭에서 기준치(100Bq/kg)를 초과한 270Bq/kg까지 검출되는 등 해수어의 세슘 오염이 안정되지 않고 있음을 알 수 있었다"라고 발표한 바 있다.

후쿠시마현을 포함한 8개 현의 방사성물질 검출률이 그 외

지역보다 높게 나오고 있다. 〈일본산 농수축산물 방사능 오염 실태분석 보고서〉에 따르면 후쿠시마 포함 주변 8개 현의 농산물에서 세슘 검출률이 19.4%에 이르고, 그 외 지역의 농산물에선 13.8%의 세슘이 검출되고 있다. 이는 일본 전역의 농산물 오염의 심각함을 보여주는 결과라고 할 수 있는 것이다.

<그림 6> 일본 후쿠시마 포함 8개 현과 그 외 지역 농산물 방사능 검사결과.
시민방사능감시센터, 환경운동연합 제공

<그림 7> 2021년 한국정부 수입금지 및 허용지역별 일본 수산물 방사능 검사결과.
시민방사능감시센터, 환경운동연합 제공

1.3.2. 한국 수산업의 피해 그리고 한국 정부의 대응

해양에 방류된 후쿠시마 오염수는 해류를 따라 이동해 빠르면 7개월 만에 한국 바다로 유입된다. 이로 인한 즉각적인 피해는 한국 수산업계가 입을 경제적 타격이다.

2011년 후쿠시마 원전 사고 당시, 한국 수산업은 심각한 타격을 입었다. 한국수산경제연구원이 2013년 12월 31일까지 조사한 결과에 따르면, 당시 수산 피해업종의 피해 금액은 1조5,000억원에 달했다. 수산 생산 산업에서는 약 5,000억원 정도의 손실이 있었으며, 수산 소비는 60% 정도 줄었다. 만약 후쿠시마 오염수가 해양에 방류된다면, 그리고 CPTPP를 통해 일본 후쿠시마 부근 현 수산물이 수입된다면, 한국 수산업은 2011년 당시를 뛰어넘는 타격을 앞으로 최소 30년 간 지속적으로 받아야 한다.

같은 이유로 일본의 전국어업협동조합연합회(전어련)는 오염수가 방류될 경우 어업 산업이 '궤멸할 것'이라며 일본 정부의 해양 방류 결정에 반발하고 있다.[92] 불과 수일 전에도 후쿠시마 원전 앞바다의 물고기에서 기준치의 10배를 넘는 세슘이 발견됐다. 오염수가 해양에 방류되면 후쿠시마뿐 아닌 일본 전

---

[92] 일본 전국어업협동조합연합회 (2021.04.18) 일본 전국어업협동조합연합회, 후쿠시마 오염수 해양 방류 결정에 항의 http://sapenet.net/archives/8017709
교토통신 (2022.04.05) 기사를 연합뉴스가 재인용. 기시 히로시 전국어업협동조합연합회(전어련) 회장은 전어련을 방문한 하기우다 고이치 경제산업상과 면담하며 "후쿠시마 오염수 해양방류에 절대 반대 의사"를 밝혔다고 교도통신이 보도했다. https://www.yna.co.kr/view/AKR20220405132700073

해양에서 이와 비슷한 현상이 벌어질 수 있다. 특히 2011년 5월 관리 부실 문제로 300톤의 후쿠시마 오염수가 해양에 방출됐을 때, 50개 이상의 국가들이 후쿠시마산 수산물의 수입을 금지했다. 일본 정부가 계획대로 130만톤의 오염수를 의도적으로 해양에 방출할 경우, 전어련은 후쿠시마뿐 아니라 일본 전체 수산업이 영향을 받을 것으로 보고 있다.

그런데도 한국정부는 미온적이기만 하다. 윤석열 대통령은 2022년 7월 26일 도어 스테핑(약식 기자회견)에서 "일본 정부는 오염수 해양 방류에 대해 한국의 동의를 구해야 할 것"이라고 밝혔다. '동의를 구해야' 한다는 것과 '동의할 수 없다'는 것은 전혀 다른 의미다.

이에 앞서 일본의 지지통신 2022년 5월 19일자 보도에 따르면 "오염수 방출, 윤석열 반대 안 해"라는 기사에서 한국 외교부 관계자의 말을 인용해 "도쿄전력의 오염수 해양 방출과 관련해 객관적이고 과학적인 관점에서 안전하고, 국제법과 국제기준에 맞는 방식으로 처리될 수 있도록 필요한 대응에 최선을 다할 것"이라고 말했다고 전했다. 그러면서 지지통신은 문재인 정부는 방사능 오염수의 해양 방류를 반대했지만, 윤석열 정권의 외교부는 일본과 협의를 계속해 나가겠다는 반응을 보였다고 보도했다.[93]

---

[93] 노컷뉴스 재인용 (2022.05.19.) "오염수 방출, 윤석열 반대 안 해"… 언론 '주목' https://www.nocutnews.co.kr/news/5758559

한국 정부는 국제사회를 통해 '일본 정부가 오염수 방류 계획을 계속 추진한다면 국제법으로 대응한다'는 입장을 명확히 밝혀야 한다. 중국, 러시아, 대만, 필리핀 등 동아시아 및 태평양 지역의 국가들도 후쿠시마 오염수의 해양 방류에 반발하고 있다. 특히 뉴질랜드, 호주를 비롯한 태평양 도서국 포럼이 최근 이에 대응하기 위해 적극적인 모습을 보이고 있는 모습과는 대조적이다. 아마도 윤석열 정부가 중점적으로 추진하는 한미일 협력을 강화하는 데 있어 일본의 핵오염수 방류나 후쿠시마 주변의 식품 수입 등 국민의 건강권은 그리 중요한 문제가 아닌 듯하다.

2021년 4월 19일 일본의 후쿠시마 방류에 반대하는 전남과 경남 어민들이 해상시위를 진행하고 있다. 출처: 민중의 소리

1.3.3. 검역주권 포기, 국민건강권 침해

현재 한국은 후쿠시마 8개 현 모든 수산물 수입을 중단하고

있다. WTO 판정에서 승소했기 때문에 가능한 일이다.

그런데 CPTPP에 가입하게 되면 이것도 유지할 수 없을 것으로 분석된다. 가입 조건으로 후쿠시마 식품 수입을 강요하는 일본의 요구를 거부하기 어려울 뿐 아니라, 가입하게 되더라도 CPTPP는 동식물 위생·검역(SPS) 규정, 역내 누적 원산지 규정 등 새로운 통상규범을 담고 있어 기존 FTA보다 더 강력한 공습이 예상되기 때문이다. CPTPP는 검역상의 이유로 수입국이 수출국의 농산물 수출을 막으면, 수출국이 요청시 해당조치를 내린 과학적이고 객관적인 근거를 증빙해야 한다. 증빙하지 못할 경우 피해보상까지도 해줘야 하는 규정이 있어 CPTPP에 가입하게 되면 후쿠시마 주변 식품의 수입 규제를 유지하기는 사실상 불가능하게 되는 것이라고 하겠다.

뿐만 아니라 CPTPP 가입 시 국가 단위로 이뤄지던 동식물 위생·검역(SPS) 분야의 '구획화'가 이뤄지면서 현재 해당 국가에서 가축 질병이나 식물 병해충이 발생하면 나라 전체나 지역 단위로 수입을 제한할 수 있지만 앞으로는 해당 농장 단위로 국한해야 한다. 이러한 SPS 규정 약화로 외래 질병과 병해충이 무분별하게 한국을 오염시킬 가능성과 함께 일본의 후쿠시마 수산물 수입 재개도 CPTPP 가입에 따른 비싼 대가 중 하나일 가능성이 크므로 국민건강권에 대한 심각한 침해가 발생할 것이다.

2. 일본이 CPTPP를 가입하려는 한국에 요구하는 것들

2.1. 한·미·일 협력 강화와 역사 정의 그리고 평화

최근 전 세계적 신냉전 질서가 공고화 되고 있는 상황에서 한반도를 비롯한 동북아의 군사적 긴장과 갈등이 고조되고 있다.

지구 반대편에서의 '우크라이나 사태'가 지속되고 있는 가운데, 대만과 남중국해에서의 미·중 갈등이 심화되고 있고, 가치 동맹이라는 미명하에 일본의 군사대국화와 이를 위한 과정으로 평화헌법 개정 움직임이 가속화되고 있다. 같은 맥락으로 한미일 군사협력도 강화되고 있는 양상이다.

이는 중국과 러시아 그리고 북을 소위 '자유주의적 국제질서에 도전하는 현상변경 세력' 취급하는 세력, 즉 이들을 적으로 규정하고 이에 대응하기 위해 동맹국들과의 연대를 핵심축으로 하는 미국의 전략이기도 하다.[94]

중국과 러시아, 북에 맞서 현재의 국제질서를 지켜내는 것은

---

[94] 미국의 국가안보전략 보고서 (2022.10.12) 인용. 이 보고서에 따르면 중국을 국제질서 재형성 능력과 의도를 가진 미국의 유일한 경쟁자로 규정하며, 대만에 대해 현상 변경을 시도하고 '하나의 중국' 원칙을 강조하고 있다고 설명. 러시아는 국제질서를 위협하며 유럽 지역의 즉각적 위협 세력으로 규정했다. 또한 북한을 공격적이고 불안정을 야기하는 독재국가라고 규정하며 위와 같이 중국과 러시아 그리고 북을 '자유주의적 국제질서에 도전하는 현상변경 세력'을 추구하는 세력이라고 판단하고 있다.

미국과 뜻을 같이하는 모든 국가들에 혜택을 가져다줄 수 있으므로 함께 연대해야 한다는 것이 논리인 것이다.

조 바이든 행정부가 많은 공을 들이고 있는 한·미·일 협력은 이 같은 미국의 세계전략의 한 부분이다. 2022년 6월 나토정상회담에서 한·미·일 정상이 "북핵 대응을 위해 한미일 군사협력을 재개하자"는 것을 합의한 상황이기도 하다.

특히 윤석열 정부는 미국의 이러한 전략에 발을 맞추며 미·일 군사동맹 체제에 하위 파트너로 한국을 밀어 넣으려 하고 있다.

결국 미국과 일본 입장에서 한·미·일 군사협력을 강화하는 데 발목을 잡고 있는 게 일제시기 강제동원과 일본군 '위안부' 문제라고 판단하고 있으며 이에 대해 해법을 가져오라고 일본은 요구하고 있다. 윤석열 정부는 미·일 군사동맹 체제에 '수발드는 처지'를 자초하더니 강제동원과 일본군 '위안부' 문제의 해법을 가져오라고 윽박지르는 일본의 고자세에 '굴욕외교'로 일관하고 있다.

앞서 언급했듯 한국의 CPTPP 가입을 위해선 일본의 "국민적 이해"가 있어야 하며, 일본 정부의 "전략적 관점"의 판단이 있어야 한다는 주장은 결국 일제시기 강제동원 문제와 2015년 굴욕적인 위안부 합의 등에서 일본 위주로 해결되어야 한다는 뜻이기도 하다. CPTPP 가입은 결국 역사정의는 점점 더 멀어지게 할 것이고, 한반도 평화의 자리에 분쟁과 전쟁의 먹구름을 드리우게 할 것이다.

2.2. 역사정의 실현을 위한 일제시기 강제동원 피해자

일제시기 강제 동원 문제를 얘기하기 위해선 한일협정이 있었던 1965년까지 올라가야 한다. 1965년 한·일 양국은 냉전시대를 배경으로 한 정치적 야합으로 일제강제동원 피해자들의 정당한 권리를 강제로 봉합했다.[95] 그 후 1972년 후쿠오카 지방법원에 손진두 피폭 수첩 신청 각하 처분 취소 소송이 있었지만, 국내적으로는 박정희, 전두환, 노태우로 이어지는 군부정권 하에서 피해자들은 오랫동안 자신의 권리를 제대로 주장할 수 없었다.

그러다가 1987년 6월 항쟁의 민주화 열기에 힘입어 피해자

---

[95] 한일청구권협정은 한일 기본 조약이 체결됨에 따라 대한민국과 일본 사이에 1965년 체결된 협정이다. 정식 명칭은 대한민국과 일본국 간의 재산 및 청구권에 관한 문제의 해결과 경제협력에 관한 협정(Agreement on the Settlement of Problem concerning Property and Claims and the Economic Co-operation between the Republic of Korea and Japan)이다. 이 협정에서 일본은 한국에 대해 조선에 투자한 자본과 일본인의 개별 재산 모두를 포기하고, 3억달러의 무상 자금과 2억달러의 차관을 지원하고, 한국은 대일 청구권을 포기하는 것에 합의하였다. 1991년 일본의 야나이 순지 조약국장은 국회에서 한일청구권협정에 대하여 "한일 양국이 국가로서 가지고 있는 외교보호권을 상호적으로 포기했다는 것입니다. 따라서 이른바 개인의 청구권 자체를 국내법적 의미에서 소멸시킨 것은 아닙니다"라고 답변하였다. 이에 따라 전후 보상에 대한 소송이 잇따르자 2001년 일본 정부는 "평화조약 제14조(b)에서 말하는 '청구권의 포기'라고 하는 것은 일본국 및 일본국민이 연합국 국민에 의한 국내법 상의 권리에 기초한 청구에 응할 법률상의 의무가 소멸했다는 것으로서 이를 거절할 수가 있다는 취지를 정한 것으로 해석해야 한다"라고 주장하였고, 2007년 일본 최고재판소는 이러한 일본 정부의 해석을 수용하였다.

들은 1990년대에 들어서야 피해자와 유족회 단체를 중심으로 목소리를 내기 시작했으며, 1990년 사할린 억류자 소송을 시작으로 일본 정부 및 일본 가해 기업을 상대로 본격적인 손해배상 청구 소송에 나서게 되었다.

오래 지속되었던 일본에서의 소송은 비록 한일청구권협정을 구실로 대부분 패소했지만, 한일 양국이 봉합해 온 일제 강제동원 피해자 문제가 한일 간 새로운 역사청산 과제의 하나로 부각되는 계기를 만들어 내었다. 일본 법원의 문턱을 넘지 못한 피해자들은 2000년 미쓰비시중공업, 2005년 일본제철을 상대로 국내 법원을 통해 권리회복의 길을 모색했다.

2012년 5월 24일 대법원 파기 환송심 사건을 계기로 일본기업을 상대로 한 배상청구권이 비로소 열리고, 2018년 10월 30일 대법원 전원합의체 판결을 통해 배상이 최종 확정됨으로써 강제동원 문제는 새로운 전환점을 맞게 되었다.

2018년 일제 강제동원 피해자들이 쟁취한 대법원 판결은 일본의 조선에 대한 식민지배가 불법적이며 침략전쟁의 수행과 직결된 강제동원·강제노동이 반인도적인 불법행위라는 점을 명확히 한 세계사적인 판결이었다. 그러나 일본 정부와 가해 기업은 책임을 인정하거나 사죄와 법적 배상을 통해 판결을 이행하기는커녕 일체의 대화마저 거부한 채 한국의 사법주권을 무시하고 있다.

알다시피 일본 정부는 한국 대법원 판결을 부정하며 피고 기업의 판결 이행을 방해해 왔다. 2019년에는 난데없이 수출규제조치라는 이름으로 한국에 대한 일방적 경제 제재 조치를 취하는가 하면, "한국 대법원 판결은 국제법 위반"이라며 "한국이 먼저 해결책을 내야 한다"고 강조해 왔다. 여기에 더 나아가 "일본기업의 한국 내 자산이 현금화되면 추가 보복 조치를 강구하겠다"며 으름장까지 놓고 있다.

이런 가운데 대법원은 근로정신대 동원 피해자 김성주 할머니의 특허권 2건에 대한 특별현금화명령 재항고 사건과 관련해, 아쉽게도 최종 판단을 유보하고 말았다.

2022년 7월 26일 외교부가 이 사건 담당 재판부에 '의견서' 형식을 빌려 사실상 판결을 '보류' 해 줄 것을 요청하며 제출한 의견서가 결정적 영향을 미친 것으로 관측된다. 그도 그럴 것이 이 사건의 맥락은 매우 단순명료하다. 법원 명령에 따라 채무를 이행해야 할 채무자가 고의적으로 그 채무를 이행하지 않은 상황에서, 채권자의 권리확보를 위해 채무자의 자산을 압류, 매각하는 것이 정당한 것인지, 부당한 것인지에 관한 상식적인 판단이다.

외교부의 '의견서' 제출은 추가 보복을 강조한 일본의 부당한 압력에 굴복해 어렵게 거둔 사법 주권의 결과물을 스스로 먹칠하고 폄훼한 저자세 외교의 극치를 보여주는 것이다.

정부의 의견서 제출은 그동안 정부의 태도에 비추어서도 국민적 비판을 면할 수 없다. 정부는 그동안 피해자들의 소송과 관련한 정부의 태도를 묻는 말에 "개인이 일본 민간기업을 상대로 한 사적(私的)인 소송"이라며 "재판이 진행 중인 사안에 대해 정부가 견해를 밝히는 것은 부적절하다"라며 손절해 왔다. 한마디로 '당신들 일이니만큼 괜히 정부 붙잡지 말라'는 것이다.

이처럼 피해자들을 차갑게 내쳤던 한국 정부가, 미쓰비시의 강제 매각이 임박해지자 난데없이 얼굴을 바꿔 '공익과 관련된 사안'이라며 민사소송법이 보장하고 있는 피해자의 정당한 권리행사를 가로막고 있는 것이다.

무엇보다 강제집행은 정당한 사법절차의 하나이자, 지금의 상황은 미쓰비시가 스스로 불러온 결과라고 할 수 있다. 특히, 지급 능력이 있으면서도 악의적으로 시간을 지체해가며 채무를 이행하지 않은 미쓰비시와 같은 악덕 채무자를 상대로 피해자의 권리를 확보하기 위해 법이 보장하고 있는 정당한 권리인 것이다.

한국의 외교부인지, 일본의 외교부인지 알 수 있게 된 현재 상황에서 한국 정부의 태도가 한·미·일 협력 강화와 CPTPP 가입을 위한 일본의 "국민적 이해"를 위해서가 아닌지 묻지 않을 수 없다.

2.3. 위안부 합의와 CPTPP

일본군 성노예제 문제는 가해국 일본이 광범위한 아시아 여성들을 대상으로 중대한 인권침해 및 인도에 관한 법을 위반한 범죄행위로 국제사회가 인지하고 있는 인권과 평화의 문제다. 그런 점에서 일국의 문제가 아니라 제국주의, 식민주의, 군사주의와 전쟁에 신음하고 있는 전 세계의 문제이며, 동시에 머나먼 타자의 문제가 아니라 분단 한반도에 살고있는 우리 모두의 생명과 안전에 관한 문제라고 할 수 있다. 당연히 과거의 문제가 아니라 전쟁을 교훈삼아 평화를 가꾸어나가야 할 미래의 문제이기도 하다.

그러나 안타깝게도 2015년 12월 28일, 박근혜 정부 시절 한일 외교부 장관 기자회견에서 기습적으로 '2015 한일합의'를 발표했다. 굴욕적 합의였다. 사실 인정이 빠진 애매모호한 유감 표명, 법적 배상금이 아닌 위로금 10억엔 출연으로 화해치유재단 설립, 이를 대가로 주한일본대사관 앞 소녀상를 철거한다는 비공개 합의, 국제사회에서 비난·비방 자제, 최종적·불가역적 해결을 한국 정부가 약속해 준 구걸 외교의 결과였다. 비공개를 전제로 '피해자 관련 단체 설득, 제3국 기림비 문제 해결, 성노예 용어 사용 자제' 등 이면 합의까지 담긴 일방적이고 졸속적인 '정치적' 합의였다. 형식, 절차, 내용 모든 면에서 문제적 합의였음이 만천하에 드러난 바 있다.

합의 이후 일본 외교부 공식 문건에서 성노예, 강제동원 등의 용어는 사라졌으며 역사교과서에서 일본군의 관여를 암시하는 '종군'이라는 용어마저 각의 결정을 통해 삭제되었고 한국 외교부가 일본군'위안부' 문제를 유엔에서 인권차원에서 제기하는 것조차 '2015 합의 위반'이라 어깃장 놓기도 했다. 피해자들이 제기한 손해배상 소송에서 승소하자 '국제법 위반'이라고 맹비난하기도 했다. 일본은 독일 베를린 '소녀상'은 물론, 전 세계 시민들의 힘으로 설치되었거나 추진 중인 '소녀상' 철거와 설치 방해도 노골적으로 자행해 왔다. 일본군'위안부' 문제가 모두 해결되었다고 주장하면서 일본 정부의 역사부정과 왜곡은 더욱 노골화, 제도화되고 있는 것이다. 2015 한일합의는 일본군'위안부' 문제가 해결되기는커녕 가해자와 피해자의 위치가 결정적으로 뒤바뀌며 더 큰 문제만 야기되어 왔던 것이다.

이에 문재인 정부 들어서 2017년 12월, 한일합의 검증 TF팀의 검토 결과 보고서에서 일본군'위안부' 문제는 2015 한일합의에 의해 해결되지 않았음을 명시하며 "주고받기식 협상"으로 진행되어 "피해자 중심의 원칙을 위배"했다고 적시한 바 있다. 2019년 12월, 헌법재판소도 '2015년 12월 28일의 한일 외교장관 합의는 그 절차와 형식 및 내용에 비추어 볼 때 법적 구속력이 있는 정식조약이 아니라 단순한 정치적 합의에 불과'하므로, 그 합의를 통해 "일본군'위안부' 피해자들의 권리가 처분되었다거나 대한민국 정부의 외교적 보호권한이 소멸하였다고 볼 수 없"다고 판단한 바 있다. 유엔 등 국제사회 또한 피해자중심의 원칙을 저버리고 소녀상 철거를 압박하는 한일합의가 '진실·정의·배상'의 원칙에 어긋난다며 우려를 수차례 표명해 왔다.

일본 정부는 2015년 위안부 합의 의지가 강한 것으로 알려지고 있다. 일본 〈니혼게이자이 신문〉에 따르면 "(기시다) 총리가 [2015 한일] 위안부 합의에 대한 신념이 강"하며, "합의 이행 확약 없이 (정상) 회담을 받기 어렵다는 견해가 있다"고 보도했다. "위안부 합의 사항을 한국이 제대로 실행하느냐가 중요하다는 게 일본 정부 입장"이라고도 했다.[96]

윤석열 정부에 들어서며 일본의 이러한 입장에 동조하는 모양새다. 지난 7월 18일 도쿄에서 한일 외교부장관 회담이 열렸는데 회담 직후 한 외교부 고위 당직자는 기자들을 만난 자리에서 "2015 한일합의가 공식 합의이며 합의를 존중한다는 취지로 일본 측에 전달"했고, "제일 중요한 건 합의의 준수보다 피해자의 명예와 존엄을 회복하고 마음의 상처를 치유시키는 게 합의의 정신을 실현시키는 것"이라는 취지로 발언했다. "합의 정신을 구현하기 위해 여러 가지 방안을 논의하고 있다"고

---

96) 연합뉴스 (2021.09.29.). 기시다 새 일본 총리 '한일 위안부 합의'강조. 기사 인용. 보도에서는 "아베 정권 시절 약 4년 8개월 동안 외무상으로 재직했고 일본군 위안부 문제에 관한 2015년 한일 외교장관 합의의 당사자"라며 이력에 비춰보면 일본군 위안부 문제와 관련해 '한국이 약속을 지켜야 한다'고 주장한 아베·스가 정권의 노선을 이어갈 것으로 보인다고 관측.
https://www.yna.co.kr/view/AKR20210929114800073

도 했다. 이는 박진 외교부 장관이 하네다 공항에서 기자들과 만나 '2015 한일 외교장관 위안부 합의'가 "양국 간 공식 합의로서 존중되어야 하"며 "가장 중요한 것은 합의 정신으로 피해자의 존엄과 명예 회복", "마음의 상처를 치유하는 정신에 입각한 해결 방안을 찾겠다"고 한 발언과 일맥상통한 것이다. 박진 장관은 7월 19일 기시다 일본 총리를 만나 "2015년 한일 위안부 합의를 (한국 정부가) 공식 합의로 존중하며 이 합의 정신에 따라 해결하기를 기대한다"고도 했다.

오히려 역사를 부정하고 왜곡하며 피해국과 피해자들에게 문제를 전가하고 있는 것이다. 이런 상황에서 윤석열 정부는 '그랜드바겐,' '톱다운 방식' 운운하며 한·일관계 개선이라는 명분으로 다시금 피해자들의 의사에 반하는 '주고받기식' 한·일 협상을 섣부르게 시도하고 있다.

한국 정부의 이러한 태도가 한·미·일 협력 강화와 CPTPP 가입을 위한 일본의 '국민적 이해'와 연결되어 있는지 확인해야 한다.

한국 정부는 지금이라도 관련 국가들의 기록 공개, 가해국의 책임 인정과 공식 사죄, 법적 배상을 받기 위해 적극 노력해야 한다. 기록하고 기념하여 재발 방지와 올바른 역사 교육을 위해 스스로 나서야 한다.

2.4. 일본의 군사대국화와 한·미·일 협력 강화

2.4.1. 일본, 중국·러시아 견제 명분삼아 군사대국화 추진에 박차

일본의 자민당이 2022년 7월 10일 참의원 선거 공약으로 방위비를 5년 이내 두 배 이상 늘리고, 적기지 공격 능력을 보유하겠다는 내용을 공약으로 제시했다. 그리고 7월 10일 참의원 전체 248석 가운데 절반인 125석을 새로 뽑는 이번 선거에서 집권 여당인 자민당이 압승을 했다. 이른바 평화헌법 파괴세력으로 불리는 자민당, 공명당, 일본유신회, 국민민주당

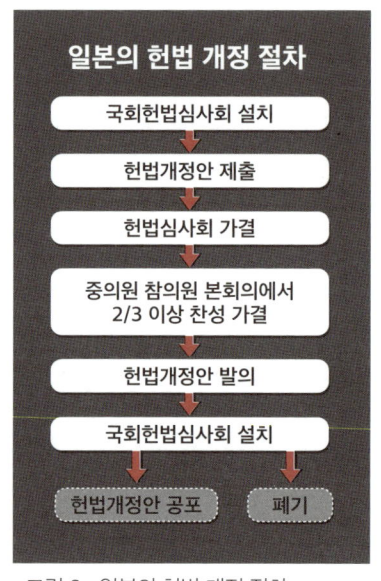

<그림 8> 일본의 헌법 개정 절차

4개당은 91명이 당선돼 175석이 됐고 개헌 발의 기준인 166석을 크게 웃돌게 된 것이다. 지난해 중의원 선거에서도 3분의 2 이상을 개헌세력이 차지한 바 있다.

이렇게 되자 선거 직후 기시다 일본 총리는 "헌법개정에 대해서는 종래부터 얘기한대로 가까운 시일에 할 것을 자민당이 제안했습니다. 꼭 진행해야 한다고 생각합니다"라면서 개헌에

박차를 가할 것을 예고했다.

　일본 국내외 많은 전문가 및 언론매체들은 기시다 정권이 빠르게 진행할 경우 2023년 4월 통일지방선거와 함께 개헌안을 국민투표에 부칠 수 있다고 진단한다. 또 개헌 추진과 함께 일본의 군사대국화가 본격 추진될 것이라고 강조한다.

　개헌이 이뤄진다면 일본의 안보방위정책에 큰 변화가 예상된다. 전후 일본의 헌법 정신에 입각한 전수방위 원칙이 공식 폐기될 것이다. 전수방위란 상대로부터 무력공격을 받은 후에야 방위력을 행사하고, 행사·보유하는 방위력도 자위에 필요한 최소한으로 한정하는 전략이다. 이 관점에서 보면 평화헌법을 부수는 것은 '방어'보다 '공격' 능력을 중시하는 군사능력에 대한 의지 표명이기도 하다.

　이와 함께 헌법 개정을 계기로 일본은, 미일동맹체제는 유지 강화하며 인도 태평양 지역에서 군사적 지위를 높이려 할 것으로 보인다.

　일본은 개헌과 상관없이 군사대국을 지향하면서 실제로 사거리 1,000km가 넘어 이론적으로는 한반도 타격이 가능한 '스탠드오프(Stand-off) 미사일'을 개발하고, 방위예산을 국내총생산(GDP) 대비 2%로 증액하는 등 군비증강을 빠른 속도로 진행하고 있다.

특히 적기지 공격능력을 갖춘 '스탠드오프 미사일'은 적 함대의 침공 저지 및 상륙부대의 배제 등을 목적으로 하고 있다는 점을 유의해야 한다. 공격성을 높인다는 것이다.

방위비 증액도 군사강국을 목표로 결정된 것이라고 할 수 있다. 일본의 방위비는 2020년 기준 약 50조원 규모이다. 그러나 계획대로 향후 5년간 GDP 대비 2% 수준으로 상향 조정한다면 매년 방위비가 10조원가량 증가하게 된다. 이는 2027년쯤에는 방위비가 한국(2022년 54조원)을 훨씬 뛰어넘는 100조원 규모가 된다는 것으로 세계 3위의 군사대국이 되는 것이다.

2.4.2. 미·일·한 군사협력 강화

미국의 바이든 행정부가 추진하는 한·미·일 협력은 6월 나토 정상회담에서 한·미·일 정상들이 공동으로 "북핵 대응을 위해 한·미·일 군사협력을 재개하자"고 합의한 상황이라고 밝히기도 했다. 특히 윤석열 정부는 미국의 이러한 전략에 발을 맞추며 적극적으로 한·미·일 군사훈련에 참가 중이다. 8월 다국적 림팩 훈련, 퍼시픽 드래곤 3국 해상훈련, 한·미·일·호 퍼시픽 뱅가드 등 한·미·일 3국이 함께 하는 군사훈련에 연이어 참여하겠다고 밝히고 있다. 또한 최근 주한 미 8군 사령부는 이례적으로 한·미·일 하급장교 교류행사에 자위대의 전투복을 입고 참석한 장면을 공개하기도 했다.

9월 30일에는 독도 주변에서 미·일·한 군사훈련을 진행했다. 일본이 자기네 땅이라고 우기는 독도 주변에서 일본의 자위대가 버젓이 한·미·일 군사훈련을 진행한 것이다. 11월 6일에는 윤석열 정부가 한·미·일 군사훈련을 통해 우리 해군이 일제 전범기를 향해 경례하도록 했다. 이는 가해자 일본에 면죄부를 주는 것이며 일본의 군사 대국화를 방조하는 것이다. 미·일·한 군사협력은 신냉전 시기 한반도의 긴장을 높이는 방향으로 나아갈 수밖에 없다. 일본의 군사대국화는 결국 한반도 평화가 결정적으로 위협받게 되는 것이다. 평화가 없이는 아무 것도 이루어질 수 없다. 경제성장도 일상의 안전도, 인권도 평화의 토대 위에서만 가능하다. 신냉전체제를 방불케 하는 국제 정세 속에서 윤석열 정부는 4.27선언과 9.19합의 등 남·북 합의 이행 및 남·북 대화와 협력을 저버린 채, 미·일·한 군사동맹체제 구축에 열을 올리고 있다. 미·일·한 군사협력은 일본의 군사대국화 및 평화헌법 개정 시도와 맞물리면서 동북아 평화에 큰 위협이 되고 있다. 전체 수출의 30% 이상을 중국에 의존하고 있음에도 불구하고 노골적으로 중국을 적대시하는 정책은 경제적으로도 큰 위협이 되고 있는 것이다. 우리는 한 세기 전 격변기 한반도가 전쟁터가 되었던 청·일전쟁과 러·일전쟁의 교훈을 되새길 필요가 있다. 한반도의 자주와 균형 잡힌 평화협력이 우리가 갈 길임은 명확하다. 이러한 점에서 CPTPP 가입을 매개로, 또는 미·일·한 군사 동맹의 취지로 미·일·한 군사협력으로 나아가는 것은 한반도 평화를 위협하는 길이라고 할 수 있다.

3. 괴담이라는 진실

3.1. ISDS (투자자 국가 제소 제도)

최근 ISDS라는 생소한 이름이 언론보도를 통해 자주 노출된다. 이 제도는 CPTPP 협정문에도 일부가 들어가 있는데, 2006년 한미 FTA 협상 추진 당시 시민사회와 국회는 투자자국가 중재제도(ISDS)를 심각한 독소조항으로 지목하고 FTA 협상에서 제외되어야 한다고 주장한 바 있다. 그러나 FTA를 추진하던 정부측에서는 이를 괴담으로 치부했고, 투자자가 국가를 제소하는 일은 현실적으로 나타나지 않을 것이라고 했다. 그러나 2022년 8월 31일 론스타의 투자자 국가 중재 판정에서 한국 정부는 패소하여 3,000억원의 배상금을 물어야 되는 일에 직면했다. 현재의 결과는 투자자 국가 제소 제도가 괴담이 아니라 한 나라의 사법주권 등 국가주권을 본질적으로 침해한다는 점을 분명히 보여 주고 있는 것이다.

론스타는 어떤 회사인가? 1989년 미국 텍사스주에서 설립된 부동산 투자 전문 사모펀드로 1997년 외환위기 직후 한국을 비롯한 아시아 신흥 국가에 부동산, 구조조정 기업 등에 집중 투자해 막대한 수익을 올린 바 있다. 외환은행 인수 당시 일본에 골프장, 예식장 등을 소유하고 있는 산업자본으로 한국은행법상 외환은행을 인수할 자격이 없는 회사였다. 그런데도 모피아 세력의 결탁과 비호 아래 적격심사를 얼렁뚱땅 통과할 수 있었고, 거기다가 모피아세력이 공모하여 추진한 BIS 비율 조작을 통해 외환은행을 잠재적 부실 금융기관으로 만든 것에 힘입어 헐값에 외환은행을 인수하였다. 2012년 외환은행을 인수 9년 만에 매각하면서 모두 4조7천억원이라는 천문학적 이익을 챙겨가고도 모자라, 한국정부로부터 추가로 부당이득을 갈취해 가려고 ISDS까지 제기한 사모펀드 회사다.

IMF 이후 한국 정부는 은행의 부실화를 막기 위해 국민의 세금으로 막대한 금융 지원에 나섰고 그런 특혜를 받은 외환은행을 론스타는 지난 2003년 8월 지분 51%를 1조3,834억원에 인수했다. 그 직후 론스타는 외환은행에 대규모 구조조정을 단행했고, 외환은행 직원들을 거리로 내몰았다.

결국 론스타가 이미 챙겨간 4조7천억원에 달하는 돈과 이번에 추가로 챙겨갈 3,000억원 이상의 투기이익은 모두 국민의 혈세이고, 노동자의 피눈물인 것이다. 중요한 점은 이제 시작일 뿐이라는 것이다. 2012년 론스타의 제소 이후 우리 정부를 상대로 제기된 ISDS 사건이 10건이고, 누적된 중재청구액만 13조원을 넘는다.

앞으로도 국제투자자들은 자신의 사적 이익을 위해 ISDS를 최대한 활용할 것이고, 우리나라 국고와 혈세는 이들에게 무자비하게 약탈당할 위험에 노출되어 있으며, 또 우리나라의 주권 행사는 심각하게 제약받게 될 것이다. 공공복지 정책까지 투자자의 이익 침해라는 이유로 위협받게 될 것이고, 복지 확대 정책은 계속 위축될 수 밖에 없을 것이다.

이 때문에 ISDS를 앞장서 주창했던 미국도 2018년 미국·멕시코·캐나다 사이의 북미자유무역협정(NAFTA) 재협상을 통해 ISDS 조항을 사실상 폐지하고 국제투자자의 권리를 오히려 대폭 제한한 바 있다.

한국 대법원도 2006년 6월 한미 FTA 협상 당시 법무부의 요청에 따라 ISDS에 관한 검토 의견서에서 '사법주권' 침해의 위험성을 이미 경고한 바 있기도 하다.

CPTPP 협정문에는 회원국 정부와 투자계약을 체결하는 회원국 기업들의 ISDS 조항은 삭제되었다. 가령 CPTPP 회원국 투자자들은 1) '정부와 투자계약을 맺었을 시' 정부 상대 소송이 불가하고 2) 공중보건 및 공공교육 등 사회서비스와 관련한 정부규제에 대해서 소송이 불가 하다는 것이다. 하지만 독소조항인 ISDS는 일부가 여전히 포함되어 있다.

3.2. 한미 FTA 추진, 괴담과 진실[97]

3.2.1. 한국산 세탁기와 철강에 대한 미국의 반덤핑 관세 부과 사건

---

97) 한미 FTA 5년 평가 국회 토론회 자료집 (2017.03.15.). 송기호 남희섭 우석균 글 인용

한국은 한미 FTA 협정 발효 이후 미국을 세계무역기구(WTO)에 두 차례나 제소해야 했다. 2013년에는 한국산 세탁기에 대한, 그리고 2014년엔 한국산 철강에 대한 미국의 반덤핑 관세가 WTO 위반이라는 이유로 제소했다.

한국의 소장을 보면, 미국은 WTO 규정을 어기고 '제로잉'이라는 방식으로 덤핑 판정을 했다고 되어 있다. 이 방식은 거래 가격 중에서 비싸게 판 거래는 '제로'로 처리하고, 값싸게 덤핑 혐의가 있는 거래만으로 덤핑 판정을 하는 불법적 방식이다.

정부는 한미 FTA 홍보를 하면서 미국이 제로잉 방식을 더 이상 사용하지 않기로 한 점을 들었다. 그러나 한미 FTA에도 불구하고, 미국은 다시 이 방식을 사용하였고, 한국은 한미 FTA에 따라 이를 해결하지 못하고, 미국을 WTO에 제소해야 했다.

이 사건을 보면 한미 FTA가 미국의 반덤핑 장벽에 무력함을 잘 알 수 있다.

3.2.2 의약품 허가 - 특허연계 제도 도입

미국에게 한미 FTA는 한국의 법과 제도를 미국화하는 데에 매우 쓸모있고 강력한 수단이다. 약사법을 개정하여 도입한 특허 소송 시 약품 판매허가를 자동 중지하는 제도와 같이 한미 FTA는 지금까지도 한국의 제도를 바꾸고 있다.

허가-특허 연계 제도, 즉 특허권 보유자가 안전성과 유효성에 문제가 없어 판매가 허가되거나 허가될 의약품에 문제를 제기하면 그 의약품의 허가가 자동정지되는 제도는 미국 및 미국과 FTA를 맺은 캐나다나 오스트레일리아 등의 나라에서만 존재하는 특수한 제도다. 이 제도는 한국 정부 스스로가 매우 큰 폭으로 약값을 올린다는 추산을 한 바 있다.

미국 정부의 입장 변화와 이에 따른 재협상에 따라 3년 간 유보되었던 허가-특허 연계 제도가 한국에서 다시 시행되기에 이르렀다. 그러나 이러한 이행법안의 성안에서도 한국 정부는 국민의 이해가 아니라 미국의 압력에 굴복하였고 국내 대형 제약회사의 이해에 복무하였다. 이처럼 정부가 투자자보호를 위한 ISDS, 무역장벽해소 등 FTA를 추진하면서 강조했던 장밋빛 희망은 거짓임이 여실히 드러나고 있다. 한국 정부는 FTA 추진 20년을 맞아 무분별하게 또다른 FTA를 추진할 것이 아니라 지금까지 맺어왔던 FTA들의 효과를 검증 분석해야 한다.

4. CPTPP 현황 및 대응

4.1. 홍남기 전 부총리 겸 기획재정부 장관, CPTPP 가입 본격 추진

2021년 12월 13일 정부서울청사에서 홍남기 당시 부총리가 주재한 대외경제관계장관회의에서 "교역·투자 확대를 통한 경제적·전략적 가치, 우리의 개방형 통상국가로서의 위상 등을 종합적으로 고려해 CPTPP 가입을 본격 추진하고자 한다"라며 관련 절차를 개시한다고 밝혔다. 이어 12월 27일 '제3차 대외경제안보전략회의'에서 "2022년 4월경 CPTPP 가입신청서 제출을 목표로 진행해 나갈 방침"이라고 CPTPP 가입 추진을 공식화했다.

이후 정부는 일방적으로 CPTPP 가입을 밀어 붙였으며 2022년 1월 12일 오전 aT센터에서 정부측 CPTPP 설명회를 진행했고, 가입 명분 용도로 지역별 현장간담회 등 형식적 절차를 진행했다.

이 과정에서 각 지역의 농민과 축산인, 어업인들이 나서서 정부가 설명회를 일방적으로 추진하며 농어축산인의 목소리를

<그림 9> 공청회에 참석해 졸속 밀실협상 추진을 반대하는 농축산어업인들

배제한 것에 대해 항의를 지속해 나갔다.

2022년 2월 7일 농림축산식품부 이상만 국제협력국장 주재로 열린 온라인 기자간담회에서 정부는 CPTPP 추진현황에 대해 설명하면서 "가입의향서를 4월에 제출하고 가입국가와 협상을 진행할 것"이라고 일방적으로 밝혔다. 농어축산인의 반발에도 밀어붙이겠다는 의지이다. 급기야 3월 25일 산업통상자원부는 정부세종청사 12층 대강당에서 CPTPP 가입신청 관련 '국민의 의견수렴을 위한 공청회'를 개최했으나, 농어축산인들이 '졸속협상 밀실협상 규탄한다'고 목소리를 높이자 공청회는 산회됐다. 하지만 정부 당국은 공청회를 통해 의견을 수렴했다는 취지로 입장 발표하며 통상절차법에 따른 청문회 절차는 진행했다고 밝혔다.

4.2. 강력한 반발에 나서는 농수축산인들

2022년 4월 13일 전국농어민 생존권 사수 총궐기대회가 1만 명이 집결한 가운데 개최됐고 CPTPP 추진 반대 의사를 명확히 밝혔다. 그리고 이틀 후인 4월 15일 경제부총리가 주재하는 대외경제장관회의에서 CPTPP 가입추진 계획을 의결했다. 같은 날 국회에서 CPTPP 가입 추진 계획을 의결하려 했지만 국회에서 더불어민주당 김성환 정책위의장 주재로 위성곤 국회 농림축산식품해양수산위원회 간사, 여한구 산업통상자원부 통상교섭본부장 등이 모여 당시 집권당인 민주당이 CPTPP 추진에 따른 시나리오별 영향 분석이 충분치 않다며 정부에 보완을 요구했다. 지자체 선거를 앞두고 농축수산업인의 강력한 반발이 선거에 영향을 미칠 것을 우려했기 때문인 것으로 관측된다. '통상조약의 체결절차 및 이행에 관한 법률'에 따르면 정부(산업부)는 통상협상을 개시하기 전 국회 소관 상임위인 산업통상자원중소벤처기업위원회에 관련 내용을 보고해야 한다. 상임위 의결 사항은 아니지만 보고를 생략하고는 가입 신청이 불가하다.

4.3. 윤석열 정부 CPTPP 강력 추진 의지 내비쳐

윤석열 대통령 취임 직후인 2022년 5월 19일 윤석열 정부 추경호 경제부총리 겸 기획재정부 장관이 국회에서 CPTPP 가입을 공식화했다. 이와함께 윤석열 정부 110대 국정과제로 CPTPP 가입을 분명히 했다. 이에 따라 CPTPP 추진 속도가 매우 높아질 것으로 관측되었다.

하지만, 농민들의 반발도 확산되면서 급기야 8월 22일 이창양 산업통상자원부 장관이 국회에서 열린 산업통상자원중소벤처기업위원회 전체회의에 참석하여 CPTPP 가입 국회 보고 일정이 아직 잡히지 않았다고 언급했다.

가장 중요한 절차인 국회 보고 일정조차 잡지 못했고 정부 부처 내에서도 부정적인 기류가 강해서라고 알려졌다. 특히 정부는 가입 신청 기한을 정해놓지 않고 농수산업계와 소통에 집중할 방침이라고 알려졌다. 정부가 국회 보고 일정을 잡지 않고 있는 이유는 농수산업계의 반발 탓이라고 한다. 정황근 농림축산식품부 장관과 조승환 해양수산부 장관도 지난 5월 국회 인사청문회 당시 CPTPP 가입과 관련해 농수산업계의 피해가 우려된다며 대책 마련이 필요하다고 지적하기도 했다.

하지만 여전히 정부는 농민과 어민들을 설득하여 추진하겠다는 입장이다. 해수부 역시 지난 6월부터 CPTPP 등 FTA 관련 권역별 어업인 설명회를 통해 전국을 돌며 수산업계와 소통을 진행했다. 8월부턴 어업인 대상으로 CPTPP 관련 설명회를 개최했고, 태안, 보령과 여수, 완도, 목포를 찾아 지역별 현장설명회를 진행한다고 했다.

5. 결론 : 국민들이 나서서 CPTPP 가입 저지 시켜야

앞서 언급한 바와 같이 CPTPP 협정은 국민건강을 위협하는 협상이고, 한·일 역사정의와 평화도 심각하게 위협하는 협상이다. 따라서 지금 당장 중단되어야 한다. 지금까지는 농민들과 어민들과 국민들의 반발로 협상 추진을 막아왔다.

또한 윤석열 정부 출범 이후 통상 관련 국제 협력의 우선순위가 인도·태평양 경제프레임워크(IPEF), 칩4(Chip4) 등으로 옮

겨가면서 CPTPP 가입 추진에 관한 정권 차원의 관심이 줄었다는 점도 CPTPP 가입 저지를 시킬 수 있는 유리한 지점이라고 할 수 있다.

하지만 윤석열 정부의 CPTPP 가입 의사는 확고한 것으로 보인다. 2022년 12월 28일 윤석열 정부가 발표한 외교 전략인 "한국 인도태평양 전략"에 따르면 "경제 통상 질서 논의에 선도적으로 참여할 것"이고, 그 일환으로 "CPTPP 논의에 참여하여 무역협정을 체결하겠다"고 밝혔다. 또 추경호 경제부총리 겸 기획재정부 장관은 여전히 "CPTPP 가입 추진은 기본적으로 필요하다고 생각한다"며 "피해가 예상되는 부분, 또 피해가 실제 발생하는 부분에 대해 충분히 보상하면서 진행하겠다"고 했다.

윤석열 정부의 강력한 가입 의지를 중단시킨 것은 농수축산인들이다. 하지만 앞서 언급했듯 CPTPP는 농수축산인만의 문제가 아니다. 국민 건강권의 문제이고, 평화와 역사정의의 문제이며, 국민주권의 문제이다.

결국 온 국민의 사안인 것이다. 국민들이 CPTPP 본질을 파악하고 힘을 모은다면 졸속적이고 퍼주기 협상인 CPTPP를 저지시킬 수 있다. 이를 위해선 가장 먼저 CPTPP가 한국 사회에 미치는 영향을 잘 분석하고 이를 국민들에게 설명드리는 것이 선차적이다. 이제부터 시작해 보자.

보론

한국으로 쓰러진 FTA
- 한미 FTA 10년을 평가한다

송기호 변호사

한미 자유무역협정(FTA)을 발효한 지 10년이 지났다. 협상은 한참 전인 2006년 2월에 시작했다. 그 해 〈한미 FTA의 마지노선〉이라는 책을 썼다. 외국자본이라는 이유로 국가를 국제중재에 회부하는 특권(ISD)을 주는 제도를 도입하지 말자고 주장했다. 그리고 미국과 FTA를 하려거든 미국의 반덤핑 장벽의 모순을 해결할 수 있어야 한다고 말했다. 다음 해, 협정문이 공개되었다. 나는 두꺼운 조문을 읽었다. 국제통상법을 하는 입장에서 볼 때, 정책 주권을 제약하는 협정문이라고 발언했다. 그러나 발효했다. 그리고 10년이 지났다. 필자가 애초 제기하였던 문제를 시민과 함께 돌아보는 것이 마땅하다. 이른바 포괄적·점진적 환태평양경제동반자협정(CPTPP)을 추진해야 한다고 주장하는 사람들이 한미 FTA가 성공했다면서 이를 근거로 삼고 있는 지금 더욱 그러하다.

인플레이션 감축법

한국산과 미국산을 차별하지 않는다는 이른바 '내국민 대우'라고 하는 개념은 한미 FTA의 중요한 전제이다. 협정문의 내용이 본격적으로 시작하는 2장의 맨 앞에 자리잡고 있다(2.2 조). 주춧돌과 같다.

그러나 미국은 인플레이션 감축법을 입법했다. 전기차가 조립된 나라가 어디인지에 따라 세제 혜택을 차별한다. '북미주 최종 조립 요건'을 갖추어야만 세금 혜택을 준다고 아예 법에서 정했다. 입법 자체가 한미 FTA 내국민 대우 위반이다. 사실상의 차별이 아니라 법률에서 아예 차별을 입법했다. 어떤 경우에도 정당화될 수 없는 차별이다.

2022년 8월 16일 백악관에서 인플레이션 감축법에 서명하는 바이든. 출처: 민중의 소리

세계무역기구(WTO)는 일관되게 판단했다. '국산품 구매자에게 보조금을 지급하거나, 세제 지원하는 것은 정당한 생산자

보조금에 해당하지 않는다(이태리, 수입농기구에 대한 차별조치 사건, 1958. 10. 23. BISD75/60).' '국내 생산자에게만 차별적으로 세금 환급이나 세금감면과 같은 간접적인 보조금을 주는 것은 정당한 보조금이 아니다(미국, 알코올 및 주정음료에 영향을 미치는 조치 사건, 1992. 6. 29. DS 23/R).' '국산 제품 가공업자에게 차별적으로 보조금을 지급하면 정당한 보조금이 아니다(EEC, 사료용 단백질 가공업자 보조금 지급 사건, 1990. 1. 25. BISD 37S/86).' 일관된 판례이다.

한미 FTA 발효 10년, 그 기본을 깔아뭉개는 미국의 법을 목격하고 있다. 미국의 법은 한미 FTA의 기본 원칙을 무너뜨렸다.

미국이 한미 FTA에 구속되지 않은 것은 오래된 일이다. 트럼프 전 미국 대통령은 '안보'를 이유로 한국산 철강과 알루미늄 수입을 제한하였다. 바이든 대통령도 이를 그대로 유지하고 있다. 오히려 더 나아가 삼성전자와 SK에 반도체 영업비밀 자료 제출을 요구하였다. 그러나 단지 트럼프와 바이든에 시작된 일이 아니다. 더 정확히 말하면 미국은 이미 2007년, 한미 FTA의 협정문에 서명할 때부터 그것을 부정하였다.

처음부터 부정된 FTA

필자는 2007년에 한미FTA저지 범국민운동본부가 낸 〈한미

FTA는 우리의 미래가 아닙니다〉라는 책에서, 한미 FTA 23장 〈주석 2〉에 들어 온 '안보일방주의' 조항을 강력히 비판하였다. 그 내용은 아무리 한국(미국)이 미국(한국)을 한미 FTA 위반으로 제소한다고 하더라도 미국(한국)이 '안보 조치 사항'이라고 주장하면 미국이 승소한다는 조항이다. 이러한 안보일방주의는 현재의 WTO 체제에서도 날것 그대로는 인정되지 않다. 그리고 북미자유무역협정(NAFTA)과 같은 다른 FTA에 없는 조항이었다. 미국의 안보일방주의 조항은 현재 일본이 한국으로의 반도체 핵심 원료 수출을 통제할 때, 안보사항이므로 일본의 권한이라고 주장한 것과 같은 논리이다.

트럼프와 바이든에게 분노하기 전에 알아야 한다. 이미 15년 전 한미 FTA 협상에서부터, 한미 FTA는 미국의 안보 일방주의에 묶여 있었다. 한미 FTA는 처음부터 미국을 견제하지 못한다. 안보를 이유로 한국산 철강 수입량을 제한하는 미국을 한미 FTA 위반이라고 제대로 따지지 못하는 구조였다.

어리석게도 필자는 2007년 당시, 이 안보일방주의 조항을 '중국 조항'이라고 불렀다(위 책 p.111). 이 조항은 원래 그해 5월 25일의 협정문 공개에서는 없었다. 그러나 6월 30일자의 2차 공개에 갑자기 뛰어 들어 왔다. 그래서 필자는 이 독소 조항을 강력하게 비판하였다. 그러나 필자는 이 안보 조항이 실제로 한국산 철강 수입제한에 적용될지 몰랐다. 미국이 이 조항을 믿고 노골적으로 한국산 전기차를 차별하는 인플레이션 감축법을 제정할지 몰랐다. 그저 한국에 투자한 중국 기업이 한미 FTA를 이용하여 미국에 진입하는 것을 차단하는 조항이라고 시민에게 설명했다. 필자가 어리석었다.

인도태평양 경제협정에 덮히다

문제는 하나의 미국법이 아니다. 미국은 한미 FTA와는 다른 통상질서를 아시아에서 세우려고 한다. 그리고 한국은 한미 FTA를 목에 건 채, 다시 이 새로운 틀로 끌려가고 있다. 미국과 일본은 중국을 아시아에서부터 경제적으로 견제하는 인도태평양경제기본틀(IPEF)이라는 통상질서를 세우려고 한다. 이미 첫 각료회의를 미국에서 열었다. 이 새로운 협정은 무엇인가? 한미 FTA는 그 속에서 어떤 운명인가?

미국과 일본이 주도하는 '인태경제협정'의 성격은 그 각료회의 자료에서 농업 부문이 협상 대상에 포함되어 있는 점에서 분명하다. 그것은 단지 하나의 방향이나 선언을 하자는 것이 아니다. 미국과 일본의 의사가 관철되는 새로운 국제통상협정을 체결하자는 것이다. 그리고 그 안에서는 미국과 한국 사이에서 체결된 한미 FTA는 기본적 준거 틀로 작동하지 않는다. 반대로 낡은 것, 극복의 대상이 된다.

미국이 내세우는 7개의 기본 구성요소들, 공정하고 회복력 있는 무역, 공급망의 회복력, 공공인프라, 탈탄소와 청정에너지, 수출통제와 투자 검사, 조세와 반부패, 기술은 모두 중국을 겨냥하는 동시에 미국 제조업의 부흥을 목적으로 한다. 미국은 인태경제협정에 중국을 포함하지 않을 것이라고 공언하였다. 이 7개 요소에서 말하는 '공급망 회복력'이란 결국 중국이 없어도 교란되지 않는 공급망 구축을 의미한다. 2022년 1월 31일, 미국의 '폴리티코'가 입수하여 공개한, 미국 정부의 인-태 경제 기본틀의 내부 문서를 보면, 중국을 누르겠다는 것이 목표로 제시되어 있다. 전체 수출액 중 약 32%를 중국과 홍콩 등 중국권에 내보내는 한국은 중국을 견제하는 경제협정에 떠밀리고 있다. 그의 목에 걸린 한미 FTA라는 팻말은 이미 낡고 무기력하다.

한국으로 쓰러진 FTA

한미 FTA는 한국으로만 쓰러져 있다. 미국은 지키지 않는다. 그러나 한국에게는 철저하게 그 준수를 요구한다. 한국은 쌀값이 떨어져도 미국산 쌀을 포함하여 외국쌀을 연 40만톤 의무 수입해야 한다. 미국산 콩 무관세 수입량을 2만6천톤(2016년 기준)부터 매년 3%씩 무제한 복리로 늘려야 한다(한미 FTA 부속서 2-나-1). 그리고 〈표 1〉에서 알 수 있듯이 한미 FTA 이행을 위하여 법령 84개를 개정했다(2021. 3. 산업통상자원부 정보공개 답변 자료).

〈표 1〉 한미 FTA 이행법령 전체 건수

구분	계	법률	시행령	시행규칙	고시·예규
발효 전	66	23	16	18	9
발효 후	13	6	-	-	7
개정협상 후	5	-	-	-	5

정부가 2006년 한미 FTA 기대효과의 하나로 '미국의 한국산 제품에 대한 수입규제조치를 완화시킬 것으로 기대(국회 통외통위보고자료 p.239)'라고 한 것은 이루어지 않았다. 오히려 지난 한미 FTA 발효 10년 간 미국의 한국산 제품 수입규제는 더 늘었다. 미국은 2013년의 한국산 유정용 강관(OCTG)에서 2020년의 한국산 감열지에 대한 반덤핑 조사개시까지, 2020년 6월 기준으로, 지난 발효 10년 간 모두 23건의 수입규제관련조치를 하였다(산자부 2021년 6월 정보공개 자료).

기후위기

한미 FTA는 그저 경제적 문제가 아니다. 기후 위기를 낳은 대기업들이 앞다투어 탄소 중립을 말하는 시대이다. 모두가 알다시피 교통과 수송 부문은 온실가스의 주된 배출원이다. 그리고 고배기량의 중·대형차가 배출하는 탄소는 미세먼지 대기 오염의 큰 원인이다.

그러므로 한국이 2009년, 국가 온실가스 감축 계획을 발표하면서, 고배기량 자동차에는 탄소배출 부담금(저탄소차협력금)

을 부과하는 내용의 '저탄소차 협력금'을 시행하겠다고 예고한 것은 당연한 요구였다. 바로 시행했어야 할 일이었다.

그러나 탄소배출부담금을 규정한 대기환경보전법 조항(제76조의8)은 2020년 12월 29일 폐지되었다. 이 조항은 2013년 4월 5일 국회를 통과한 후, 단 하루도 세상의 빛을 보지 못하고, 두꺼운 법전의 어둠에 깔려 있다가 2020년에 그대로 죽었다. 시행일이 2013년 7월에서 2015년 1월로 연기되더니, 다시 2020년 말로 연기하였고 급기야 2020년이 되자, 한 해가 저무는 날에 아예 조항이 폐지되어 버렸다.

한국은 그리하여 전기차 등 이른바 친환경자동차를 새로 사는 데에는 보조금을 지급하지만, 당장 탄소를 과다 배출하는 고배기량차를 규제하는, 어떠한 환경관련 자동차세금제도를 갖지 못하는 나라가 되었다.

현행의 이른바 '자동차 환경개선부담금'이라는 이름의 부담금은 노후 경유차량을 대상으로 하고 있을 뿐이다. 쌩쌩 달리는 고배기량 휘발유 차량에 대해 어떠한 탄소배출부담금도 없다. 하지만 독일이 2009년 7월 1일부터, 일정한 탄소배출기준(95g/km) 이하의 승용차에게는 면제하고 그 이상의 고배기량 차량에 자동차세를 부과하는 것처럼 대부분의 유럽국가들은 탄소배출을 많이 하는 승용차에 세금을 더 매기고 있다.

왜 모두가 미세먼지와 기후위기를 염려하는 이때, 탄소를 많이 배출하는 고배기량 자동차에 탄소 부담금을 매기겠다는, 무려 2009년부터 준비한 계획이 물거품이 되었을까? 어떻게 대한민국 입법부가 통과시킨 법률이 햇빛조차 보지 못하고 죽었을까?

그 분명한 이유의 하나는 한미 FTA이다. 일찍이 2007년에 한미 FTA 협정문이 처음 공개되었을 때부터 지적하였듯이, 협정문(2.12조 3항)에는, 대한민국은 차량 배기량에 기초한 새로운 조세를 채택하거나 기존의 조세를 수정할 수 없다('may not')고 되어 있다.

미국은 한국의 탄소부담금 신설을 반대하면서 이 조항을 이용하였다. 2017년에, 김양희 당시 대구대학교 경제학과 교수가 발표한 〈한미 FTA 계기 국내 자동차세 개정에 대한 연구〉에서 쓰여 있듯이, 미국은 배기량이 큰 미국산 자동차에 부정적인 영향을 미칠 것이라며 반대하였다. 국내 자동차 독점 회사들도 강력히 반대했다. 배기량 기초 자동차세 개정 금지를 담고 있는 한미 FTA 조항은 기후위기 대응을 바라는 시민을 가로막는 큰 제도적 장애물이다.

한국의 통상관료들은 한미 FTA 10주년 기념식을 위해 미국에 갔다. 그리고 국내의 대부분의 언론들은 한미 FTA로 대미무역이 66% 늘었다고 칭찬하였다. 전경련은 조사 대상 기업의

94%가 한미 양국 모두에게 이익이 됐다고 응답하였다는 자료를 내어 놓았다. 그런데 전경련이 조사 대상으로 삼은 기업은 미국에 수출하거나 미국으로부터 수입을 하는 150개 회사이다. 이들에게 물건값 중 관세를 깎아 주는 한미 FTA가 도움이 되는 것은 당연한다.

그러나 대한민국 공동체는 외국과 상품무역을 하는 사람들만의 것이 아니다. 한미 FTA는 미국과 무역을 하는 회사에만 영향을 주는 것이 아니다. 하루하루 일상을 살아가는 시민 모두에게, 그리고 숨 쉴 공기에 영향을 준다. 그러므로 한국 통상은 시민의 삶과 공공성을 보듬고 그에 봉사해야 한다.

지속가능한 농업은 가능한가?

한미 자유무역협정(FTA)에도 불구하고 소를 키우는 농가들은 잘 살지 않느냐고 반문하는 사람들이 많다. 사실이다. 다만, 지금 소를 대규모로 키우는 농가들에게 한해서 맞는 말이다. 그리고 보이지 않는 대가를 기후 위기 시대의 한국 사회가 치르고 있다. 대규모화된 축산은 탄소배출 기지가 되었고, 곡물자급률은 20%선이 무너지고 있다.

한미 FTA 발효 후, 2020년 현재, 소규모로 한우를 기르는 사육농가는 52.7% 감소했다(출처: 농림축산식품 주요통계). 그러니까 20마리 미만으로 한우를 기르는 축산 농가는 2012년

10만8,000농가에서 2020년에는 5만1,000농가로 줄었다. 같은 기간 전체 한우 농가도 크게 줄었다.

한칠레 FTA 이후, 농정의 목표는 FTA와의 경쟁에서 이기는 규모화에 두었다. 소 사육 두수를 늘리기 위하여 농지법을 개정해 논에 축사를 짓도록 했다. 그리하여 국토계획법상 개발행위 허가를 받지 않고도 시멘트 축사 가설건축물이 농지에 대거 들어섰다. 2010년에는 대기업의 축산업 진출을 허용했다. 축산허가제를 도입하여 시설기준을 두어 소 사육의 대규모화를 촉진했다.

그 결과 소규모 한우 농가 2명 중 1명은 한우 축산에서 탈락

한칠레 FTA 이후 농정의 목표는 경쟁에서 이기는 규모화였다. 2010년에는 대기업의 축산업 진출을 허용했고 축산허가제를 도입하여 대규모 사육을 촉진했다. 그 결과 소규모 한우 농가 2명 중 1명은 축산에서 탈락한 것이다. 출처: 한국농정신문

한 것이다. 축산 농가들은 대규모화, 계열화되었다. 그리고 국내 한우 사육 두수는 증가했다. 한우는 한미 FTA 9년 간 305만 마리에서 339만마리로 늘었다. 돼지도 마찬가지이다. 2020년 현재 1,107만마리이다.

소똥을 품어 줄 농지는 줄고

그러나 이 과정에서 축산과 작물재배업(경종)의 연결고리는 끊어졌다. 대규모 축산 농가들은 사료를 해외에서 수입한다. 풀도 수입한다. 소가 먹을 풀을 기르는 초지는 한미 FTA 발효 기간동안 13.5% 감소했다(2020년 기준).

국내에서 기르는 소, 돼지, 닭 숫자는 계속 늘어 그들이 싸는 똥도 는다. 그러나 그 똥을 받아 퇴비로 돌려줄 농지는 줄고 있다. 한미 FTA 발효 기간동안 10.5% 감소했다(2021년 154만 7,000ha 기준).

여기에 더해, FTA 규모화 시대의 농민들은 소똥으로 퇴비를 만들지 않다. 화학비료를 쓰는 편이 돈벌이에 도움이 되기 때문이다. FTA 대책으로 정부가 지원하는 시설농업(비닐하우스, 스마트팜)도 대규모화되면서, 소와 돼지의 똥으로 퇴비를 만드는 자원 순환형 농업 방식은 성장할 기회가 없다. 1ha(헥타르)당 화학비료 사용량은 2012년 267kg(킬로그램)에서 2020년 266kg으로 그대로이다. 오히려 1ha당 농약사용량은 같은 기간

9.9kg에서 10.5kg으로 증가했다.

대신, 한미 FTA 발효 기간동안, 친환경생산농가는 2012년 10만7,000가구였으나 2020년 5만9,000가구로 감소했다(유기농가와 무농약농가 기준). 45%나 줄었다. 친환경경작농지는 2012년 12만7,124ha에서 2020년 8만1,827ha로 감소하였다. 농촌은 하나의 사회로서 유지되지 못하고, 농민들이 각자도생하는 공간이 되었다.

FTA에 맞선다는 규모화 경쟁력 정책에서, 축산과 경종의 상호 연계와 순환은 더욱 분명하게 끊어졌다. 축산은 탄소배출농업이 되었다. 가축을 기르는 과정에서 탄소가 배출되며, 그들의 똥을 퇴비로 자연에 되돌리지도 못한다. 오늘날 규모화된 축산은 석유, 화력발전, 원전을 동력으로 삼아 돌아간다. 농업 분야에 면세로 공급한 휘발유, 등유, 경유는 2020년 기준으로 141만Kl(킬로리터)이다. 대규모 축산은 기후 위기의 한 원인인 동시에 기후 변화에 취약하다.

곡물자급률 20%선 붕괴

한미 FTA는 이러한 모순을 더 격화시킨다. 앞에서 간략히 말한 미국산 콩 무관세 수입량 조항을 보자. 수입 콩에 매기는 487%의 높은 관세를 아예 없애주는 무관세 수입량을 한도가 없이 '복리로' 매년 3% 늘려야 한다(한미 FTA 〈부속서 2-B〉).

FTA로 수입농산물이 범람하면서 국내 농업 생산기반은 급속도로 붕괴됐다. 정부가 발표한 2020년 곡물자급률은 20.2%이며 20%선도 곧 무너질 위기다. 출처: 한국농정신문

이 무관세 미국산 콩 수입량이 국내 콩 생산량을 따라잡는 것은 시간의 문제일 뿐이다. 콩 재배 면적은 2012년 12만3,000ha에서 2020년 8만1,000ha로 감소하였다. 생산량도 같은 기간 12만3,000t(톤)에서 8만1,000t으로 감소하였다.

이 땅에는 곡물을 먹어야 사는 사람들과 가축들이 있다. 이들이 먹는 곡물 중 국내에서 자급하는 비율을 곡물자급률이라고 한다. 정부가 발표한 가장 최근의 자료인 2020년, 20.2%이다. 2021년 통계는 아직 발표되지 않았지만 20%선이 무너졌을 것이다.

땅을 돌보고 농촌 지역 사회를 유지하는 농업을 북돋아 주어

야 한다. 가축 사육과 논밭 경작이 서로를 지탱하는 순환을 회복해야 한다.

의약품 문제에 대한 체계적 연구가 필요

글을 끝내기 전에 건강보험 약값 20조원 돌파와 건강보험 약제비 지출 인상에 한미 FTA가 어떤 작용을 하고 있는지에 대한 체계적 연구가 필요하다는 점을 말씀드리고 싶다.

심평원의 2020년 '건강보험 약제비 지출효율화 방안 연구'에 의하면 2015년부터 2019년까지 의약품 사용량은 연평균 1.3% 줄었지만 총약제비는 연평균 약 7.6% 증가했다. 약품비는 지난 2016년부터 쭉 상승세다. 한미 FTA가 발효된 2012년에 13조 744억원이던 것이 2020년에는 19조9,116억원이다. 2021년 약제비 지출액은 20조가 넘었다(출처: 건강보험심사평가원의 년도별 급여의약품청구현황). 발효 10년 동안 약품비는 56%가 올랐다. 더욱이 이는 2012년 약가 일괄 인하 정책으로 약값을 통제하던 결과이다. 한미 FTA가 국민건강보험과 약값에 어떠한 영향을 주고 있는지에 대하여는 장기적이고 체계적인 연구가 필요하다.

그리고 한미 FTA에 의해 저작권법과 특허법에서 영리 목적이나 또는 상습으로 침해한 자에 대하여 피해자의 고소가 없더라도 기소할 수 있도록 비친고죄를 확대한 것의 사회적 영향에 대한 분석도 필요하다.

대검찰청의 '2009 범죄분석'에 따르면 2008년에 범죄 혐의로 조사받은 미성년자 13만4,992명 가운데 저작권법 위반 혐의자는 무려 15%로 2만272명이다. 2012년의 검찰청 자료에 의하면 저작권법 위반 사건은 미성년자의 비중이 13%나 된다.

한국의 대한변호사협회와 대한변리사회도 2015년 7월 저작권자의 의사에 반해 수사가 이뤄지거나 제3자의 고발권을 인정하는 것은 부당하므로 개정을 촉구하는 성명을 발표했다.

금융정보의 해외 처리 문제도 지속적 연구가 필요하다. 한미 FTA 협정문은 해외 이전과 처리가 허용되는 금융정보의 범위를 '일상적인 영업과정에서 데이터 처리가 요구되는 경우'라고 폭넓게 인정하였다.

한미 FTA 이전에는 미국은행의 한국지점(한국 현지 법인은 제외)의 경우만 고객 개인 금융 정보를 미국으로 이전하고 처리를 위탁할 수 있었다. 그러나 한미 FTA로 인하여 미국 은행·보험·증권 등 금융회사들의 금융 개인 정보의 해외 이전과 처리가 허용되었다.

〈금융회사의 정보 처리 및 전산설비 위탁에 관한 규정〉이 2013년 6월에 새로 제정되어, 금융 개인 정보의 해외 이전과 처리를 허용하고 금융감독원장이 인정하는 경우 해외 이전 재위탁도 가능하도록 하였다. 게다가 다시 2015년 위 규정을 개정하여 금융회사의 정보처리 위탁도 사후보고 형식으로 바꾸고 정보처리를 국외로 위탁할 경우 재위탁을 원칙적으로 금지했던 조항도 폐지했다.

아직 판정이 나오지 않아 자세히 살피지 못했지만, 엘리엇과 같은 국제금융자본은 한미 FTA가 부여한 국제중재회부특권을 사용하여 한국의 공공정책에 도전하고 있다.

한미 FTA 발효 10년, 수출대기업에게는 유리하였겠지만, 한국의 민주주의와 법치주의를 억눌렀다. 그것은 이제 한국에게만 구속력이 있는 낡은 FTA가 되었다. 미국과 일본이 주도하는 인태경제협정이라는 환경 변화에 무기력하다. 기후 위기를 헤쳐 나갈 한국의 자율성을 해치고 있다. 우리의 아이들의 아이들을 위하여 그 모순을 깨야 한다.

엮은이의 글   글을 마무리 하며

주제준 CPTPP 가입저지 및 식량주권 사수
범국민운동본부 정책팀장

햇수로 20년이 지났습니다. 2003년 한칠레 FTA를 시작으로 한국은 본격적으로 FTA를 맺기 시작했습니다.

2006년엔 한미 FTA 협상이 진행됐습니다. 당시 노무현 정부는 협상을 시작한 지 6개월 만에 한미 FTA를 타결하겠다고 했습니다.

그러면서 한미 FTA가 발효되면 국민총생산(GDP) 상승효과가 무려 5~6%를 넘어선다고 장밋빛 전망을 내놨습니다. 또 미국의 잘못된 무역 장벽도 허물 수 있다고 주장했습니다. 그러나 실상 한미 FTA 협정문 내에는 독소조항이 수두룩했습니다. 외국자본이라는 이유로 국가를 국제중재에 회부할 수 있는 특권인 '투자자-국가 간 분쟁해결제도(ISDS)'가 결국 한국의 주권을 침해할 것이라고 시민들과 농민들은 도입해선 안된다고 강조했습니다.

'반도체, 자동차 수출해서 값싼 해외 농산물을 사다 먹으면 된다'라는 얘기가 공공연하게 흘러나왔던 때입니다.

농민들이 앞장서서 한미 FTA 협상을 막아 나섰고, 영화인도 동참했습니다. 2006년 11월 열린 한미 FTA 저지 범국민대회는 전국에서 대규모 인원이 참가했고 노동자도, 국민들도 함께 저항의 목소리를 높였습니다.

한미 FTA 협상이 발효된 지 어느덧 10년이 넘었습니다.
우려했던 사항들이 현실로 드러나고 있습니다. 농축산업은 벼랑 끝으로 내몰렸고, 곡물자급률 20%선도 붕괴 직전입니다.

미국의 불공정한 무역 장벽도 허물 수 있다고 주장했지만, 2021년 인플레이션 감축법을 제정해 자국의 이익만 극대화하는 환경을 만들고 있습니다. 전기차가 미국에서 조립돼야만 세금혜택을 줄 수 있도록 법으로 정한 것이 대표적 사례입니다. 미국의 불공정은 이렇듯 변함이 없습니다.

론스타 사태를 통해 ISDS가 독소조항이라는 사실이 만천하에 드러났고, 많게는 6% 이상 GDP 상승효과가 있다던 장밋빛 전망도 거짓으로 판명났습니다.
그런데도 한국 정부는 그동안 전 세계 58개국 18건의 FTA를 체결했으며 여타 신흥국가와의 FTA 협상도 지속적으로 추진하고 있습니다.

그중 하나가 바로 포괄적·점진적 환태평양경제동반자협정(CPTPP) 협상입니다. 윤석열 정부는 애초 2022년 협상을 시작하겠다고 했지만 농민과 어민들의 저항으로 중단된 상황입니다.

하지만 윤석열 정부는 지난해 12월 28일 '윤석열 독트린'이라고 부르는 최초의 포괄적 지역 전략인 한국판 인도 태평양 전략을 발표하면서 CPTPP 논의에 참여하겠다고 밝혔습니다.

이제는 중단되어야 합니다.
이 책이 CPTPP 협상의 문제점을 세상을 알려 나가는데 기여할 수 있기를 간절히 바랍니다.

CPTPP 진실을 밝히는데 함께 해 주신 나원준 교수님, 백일 교수님, 그리고 이수미 연구원님, 김종우 변호사님, 송기호 변호사님 감사드립니다. 원재정 한국농정신문 편집부국장님께도 인사를 드립니다. 출판에 어려움이 생길 때마다 앞장서 해결해 주신 고창건 전국농민회총연맹 사무총장님께도 고맙다는 인사를 올립니다. 후쿠시마 방사선 오염 등 환경과 생명 그리고 안전 관련 내용에 도움을 주신 시민방사능감시센터 최경숙 활동가님께도 감사 드립니다. 박민주 한국진보연대 정책국장님 덕분에 무사히 책을 낼 수 있었습니다. 각별한 감사의 인사를 드립니다. 마지막으로 책을 쓰고 편집하는 내내 이분들이 머릿속에 떠나지 않았습니다. 불공정한 FTA와 싸우다 앞서가신 고 박상표 님, 고 남희섭 님, 고 정태인 선생님의 영전에 이 책을 바칩니다.

CPTPP 국민보고서
(포괄적·점진적 환태평양경제동반자협정)

- 정부보고서의 거짓 환상을 파헤친다

초판 발행	2023년 2월 1일
지은이	CPTPP 가입저지 및 식량주권 사수 범국민운동본부 산하
	CPTPP 국민검증단 전문가위원회
	(나원준, 백일, 김종우, 이수미, 주제준, 송기호)
펴낸곳	도서출판 한국농정
등록	제318-2007-000115호
주소	서울특별시 용산구 한강대로40가길 7 풍양빌딩 5층
	전화 : (02)2679-3693 / 팩스 : (02)2679-3691
전자우편	kplnews@hanmail.net
홈페이지	www.ikpnews.net

가격   30,000원
ISBN 979-11-89014-16-2